"十四五"职业教育国家规划教材

21世纪新概念教材·高等职业教育现代物流管理专业教材新系

XIANDAI WULIUXUE

现代物流学

梁金萍　齐云英　王宁　主　编

东北财经大学出版社　大连
Dongbei University of Finance & Economics Press

图书在版编目（CIP）数据

现代物流学 / 梁金萍，齐云英，王宁主编. —8 版. —大连：东北财经大学出版社，2025.6.—（21 世纪新概念教材·高等职业教育现代物流管理专业教材新系）. —ISBN 978-7-5654-5654-1

Ⅰ.F252

中国国家版本馆 CIP 数据核字第 2025HN2555 号

现代物流学

XIANDAI WULIUXUE

东北财经大学出版社出版

（大连市黑石礁尖山街 217 号　邮政编码　116025）

网　　　址：http://www.dufep.cn

读者信箱：dufep@dufe.edu.cn

大连天骄彩色印刷有限公司印刷　东北财经大学出版社发行

幅面尺寸：185mm×260mm　　　字数：408 千字　　　印张：18

2025 年 6 月第 8 版　　　　　　2025 年 6 月第 1 次印刷

责任编辑：郭海雷　　　　　　　责任校对：刘贤恩

封面设计：原　皓　　　　　　　版式设计：原　皓

书号：ISBN 978-7-5654-5654-1　　　定价：49.00 元

随着我国经济快速发展和产业结构不断优化，物流行业作为支撑国民经济发展的基础性、战略性、先导性产业，其重要性日益凸显。近年来，国家出台了一系列政策文件，如《物流业调整和振兴规划》《关于推动物流高质量发展的意见》《关于积极推进供应链创新与应用的指导意见》《有效降低全社会物流成本行动方案》等，明确了物流业在国民经济中的战略地位，并提出了提升产业链供应链现代化水平、构建现代物流体系的目标，进而实现交通物流降本提质增效。在此背景下，物流行业对高素质技能型人才的需求日益迫切，高等职业院校作为培养技能型人才的重要阵地，教学中需要与时俱进、符合行业发展趋势的教材作为依据。

自2003年首次出版以来，本教材经过二十多年的使用，获得了广大师生的广泛好评，并多次荣获国家级和行业级奖项：2006年被评为普通高等教育"十一五"国家级规划教材，2012年荣获第三届"物华图书奖"二等奖，2015年、2020年和2023年分别被评为"十二五"、"十三五"和"十四五"职业教育国家规划教材。这些荣誉不仅是对教材质量的肯定，更是对我们编写团队的持续激励。

第八版教材沿用了项目-任务式编写模式，以岗位能力培养为主线，推进教材建设与行业企业深度融合。教材共分为10个项目，分别是物流基础知识、物流主要作业活动、物流辅助作业活动、配送中心作业活动、第三方物流、物流服务与管理、物流成本控制、产业物流、现代物流业的发展、供应链管理。本次修订紧密对接教育部2025年修（制）订的物流类职业教育专业教学标准和相关行业标准，及时更新了物流行业的新知识、新技术、新工艺和新规范，反映了物流行业的最新发展动态。例如，新增了顺丰、京东、中外运等典型物流企业的最新发展动态；新增智慧物流、绿色物流等前沿内容，确保教材内容与行业发展同步。

根据习近平新时代中国特色社会主义思想和党的二十大精神进教材、进课堂、进头脑的要求，第八版教材坚持正确的政治方向和价值导向，全面贯彻党的教育方针，落实立德树人根本任务，注重铸魂育人，引导学生树立坚定的理想信念，树立正确的国家观、历史观、民族观、文化观。同时，注重服务国家战略、对接产业发展需求，适应国家职业教育教学改革要求，符合教情学情，以学生为中心，注重培养学生职业综合素质和行动能力，强化教材的育人功能，有机融入课程思政，注重培养学生的职业精神，尤其是劳模精神、劳动精神和工匠精神。

第八版教材进一步完善了配套的教学资源库，任课教师除了可以登录东北财经大学出版社网站（www.dufep.cn）免费下载电子课件、期末模拟试卷及答案、项目内思考问题答案提示、项目后习题答案等常规资源外，还可向出版社索取与教材配套的教学日历、教学大纲、微课、教学案例集、教学录像、试题库等资源。

本教材由具有多年教学经验的梁金萍、齐云英、王宁老师担任主编，梁金萍负责全书的策划、组织、大纲制定，齐云英、王宁负责全书的统稿工作。编写分工如下：张红哲负责项目一、项目七；梁冰负责项目二、项目六；曹琨负责项目三；王宁负责项目四；梁金萍、齐云英负责项目五；张睿智负责项目八；薛珂负责项目九、项目十。

本教材的编写得到了许多专家、学者和行业企业的大力支持和帮助，在此表示衷心的感谢。同时，我们也感谢广大师生对本教材的厚爱和支持，正是你们的鼓励和鞭策，才使得我们不断进步，不断完善。我们衷心希望本版教材能够继续为物流职业教育的发展贡献力量，培养更多高素质的物流技能人才。我们也将继续听取广大师生的意见和建议，不断完善教材内容，提高教材质量。

编　者
2025 年 2 月

目　录

项目一
物流基础知识

学习目标

知识目标：

1.认识现代物流及物流活动；了解物流的发展和物流科学的产生；了解物流的概念和物流的功能；掌握物流学的主要观点。

2.了解物流标准的概念和种类；了解物流标准制定的基本方法；掌握物流标准化的方法。

3.认识物流系统；了解物流系统分析；掌握完善物流系统的方法。

能力目标：

1.能引用物流学观点分析物流现象。

2.能准确应用物流标准；具备物流系统分析及系统优化能力。

素养目标：

1.认识物流行业对于国民经济的支撑作用。

2.明确物流人的责任和担当，增强使命感，提高专业认同度。

3.认识到物流标准化的价值，践行标准，强化推广物流标准化的意识。

价值引领案例

致敬劳动者｜青岛德邦物流有限公司快递员代小虎

4月28日，2024年庆祝"五一"国际劳动节暨全国五一劳动奖和全国工人先锋号表彰大会在北京举行，代小虎是青岛唯一一位新就业形态领域的全国五一劳动奖章获得者。送快递能送出一个"全国五一劳动奖章"，如果告诉10年前那个刚进入快递业、对未来迷茫的懵懂青年，代小虎说他是万万不敢想象的。

今年38岁的代小虎是德邦快递的一名快递员，"联系用户、确认在家、送货上门"，这三件事浓缩了快递员的工作日常。每天送的大件快递大概有30~50票，而一票里可能包含三四件，一件货有四五十斤重，平均下来，他每天要运送4吨左右的快件，上下楼梯往返四五十个来回。要做好一名快递员，除了要练好准确送达快递这个"基本功"，还要提前一步为客户考虑。如果客户不在家，代小虎送快递时就会附上自己的名片，方便客户及时联络。

学习微平台

拓展阅读1-1

对于未来的工作规划，代小虎坦言，身上的荣誉越多，肩负的重任越大。作为快递员，他将在安全驾驶、有效沟通、快件收寄派发、客户服务等方面继续努力，通过参加培训和技能竞赛，进一步提升技能素质，并以自身为向导，号召广大新就业形态劳动者走技能成才、技能报国之路。

资料来源 孔令茹.致敬劳动者｜青岛德邦物流有限公司快递员代小虎［EB/OL］.［2024-04-30］.https://baijiahao.baidu.com/s？id=1797744123081055129&wfr=spider&for=pc.

思考：（1）快递工作的价值体现在哪里？

（2）物流从业人员的职业素养包括哪些？

任务一 认识物流

★任务目标

认识现代物流及物流活动，了解物流的发展和物流科学的产生，掌握物流的概念和物流的功能；掌握物流学的主要观点，能运用这些观点来分析物流现象。

★课堂讨论

在学习物流课程之前，你认为物流工作包含哪些内容？物流工作的对象是什么？做好物流工作需要具备哪些素质？

★问题引导

通过深度融合 AI、大数据等前沿技术，"京东物流超脑"不仅将数智化技术渗透到仓运配、营销、客服的全链路全环节，还实现了全面的降本增效，为物流行业树立了新的标杆。

以智能仓储为例，京东物流超脑通过集成先进技术和软硬件协同，实现了存储、拣选、打包、分拣等场景的全面智能化。在存储环节，基于销售预测动态优化储位布局，大幅提升存储和拣货效率；在拣选环节，基于人机协同方案，拣货员与物流机器人紧密配合，通过系统指令快速准确地完成作业任务，实现高度智能化；在分拣环节，通过智能集包技术，依据包裹流向和时效类型智能决策分拣路径，提升分拣效率。

在智能运配场景中，京东物流超脑还能够驱动无人机和无人车资源动态匹配和高效利用。

资料来源　中国青年网. 京东物流超脑全面升级，数智化技术赋能物流全链路降本增效［EB/OL］.［2025-03-01］. https://d.youth.cn/newtech/202411t20241119_15658609.htm.

思考：现代物流的发展方向是什么？

小词典

物流是指根据实际需要，将运输、储存、装卸、搬运、包装、流通加工、配送、信息处理等基本功能实施有机结合，使物品从供应地向接收地进行实体流动的过程。

引导知识点

一、现代物流

现代物流的概念是随着全球经济环境和技术进步不断演化的，因此需要从历史和发展的角度来全面考察。在20世纪末至21世纪初，随着信息技术的迅猛发展和经济全球化进程的加快，物流的概念从传统的"physical distribution"（物的流通）逐渐扩展为更为广泛的"logistics"（物流管理），这一转变不仅反映了物流活动范围的扩大，也体现了其在企业战略和社会经济中地位的提升。

20世纪80年代，随着供应链管理（Supply Chain Management，SCM）理论的兴起，企业开始将物流视为供应链中的一个核心环节，而不仅仅是商品的运输和储存。现代物流管理（Logistics Management）强调对物流全过程的计划、执行和控制，涵盖了从原材料采购到最终产品交付给消费者的所有活动。这一理念的提出和实践，使得物流从单一的职能性活动转变为战略性管理工具，极大地提升了企业的竞争力和市场响应速度。

20世纪90年代，现代物流的概念又得到了进一步的发展和深化。随着经济全球化的深入，企业开始将物流视为提升国际竞争力的关键因素。政府和企业界积极推动物流现代化，通过引入先进的信息技术和自动化设备，优化物流网络，降低物流成本，提高服务水平。特别是在电子商务和全球化供应链的背景下，企业逐渐形成了以客户需求为导向的现代物流体系，实现了物流活动的高效化和智能化。

随着时间的推移，现代物流的概念逐渐从狭义的商品流通扩展为广义的供应链管理，强调通过信息技术和科学管理方法，实现物流资源的优化配置和高效利用，从而提升整个供应链的效率和效益。现代物流作为一种综合性的管理活动，不仅涵盖了传统的物流职能，还融入了现代科学技术和绿色环保理念，成为企业提升竞争力和实现可持续发展的重要工具。随着全球经济的不断发展和技术的持续进步，现代物流的概念和实践将继续演进，为社会经济的发展提供更加有力的支持。

> ▶ **小资料1-1**
>
> 　　1963年，美国成立了第一个物流组织——美国实体配送管理协会（NCPDM），指出物流管理是为了控制企业内物料移动、在制品库存和产成品分销活动。1985年，美国实体配送管理协会改名为美国物流管理协会（CLM），标志着物流管理进入现代物流管理阶段，研究领域扩大到物资供应、企业生产、企业分销以及废弃物再生等全范围和全领域。2005年年初，美国物流管理协会正式更名为美国供应链管理专业协会（CSCMP），标志着全球物流进入供应链时代。该协会官方网站已变更为"www.cscmp.org"，其中国代表处网址也变更为"www.cscmpchina.org"。

学习微平台

动画1-1
物流起源与
发展

★ **问题引导**

我们在超市选购饮料时，通常只关心它的品牌、口味和价格，而不关心它是如何生产和运输的。

思考：一瓶饮料要经过多少个环节才能被摆到货架上？

◎ **引导知识点**

二、物流的功能

物流的具体功能有如下几点：

（1）客户服务管理：掌握客户的需求动态，根据客户的要求和企业营销战略确定顾客服务水准，及时提供物流服务。

（2）物流需求预测：物流需求预测是对生产、装运、销售等方面有可能产生的物流数量的一种预示或估计。

（3）物流信息：物流信息在相关部门或企业之间的流动传递，是提高物流作业效率、实现物流系统化的关键环节。

（4）库存控制：在保障供应的前提下，使库存物品的数量最少所进行的有效管理的技术经济措施。库存控制是建立在对市场的科学预测基础之上的。库存控制是物流管理的核心。

（5）装卸搬运：在物流的过程中，保管和运输两端场所对货物进行的装车、卸车、移动、取货、分拣等作业活动。

（6）订单处理：接收订货信息，按照订单组织进货。

（7）工厂和仓库布局：根据物流合理化的要求，确定物流节点的数量和位置。工厂（包括商店等）和仓库（包括配送中心等）的位置及数量直接关系到物流网络的基本格局，影响到物流的走向、物流的流量等。

（8）物资采购：主要是指根据生产经营计划和库存状况，向供应商下订单补充库存。

（9）物流包装：为保证物流过程中货物不发生损坏，便于运输和保管进行的包装活动，也称之为运输包装。

（10）退货处理：将不合格货物和多余货物退还给供货部门的活动。

（11）废弃物处理：物流过程中的废弃物的回收活动。

（12）运输：作为物流的主要功能，其实现了商品的空间位移。合理安排运输，充分利用各种运输方式的优势，实现门到门的多式联运，对运输过程进行实时控制（货物跟踪系统、往返货物配载系统等），开展集装运输等是现代物流在运输领域的重要特征。

（13）仓库管理和保管：对入出库、装卸等作业活动实施的管理活动以及对库内物品进行妥善保管的相关作业活动。

（14）流通加工：流通加工是在流通领域从事简单生产活动，流通加工不改变商品的基本形态和功能，只是完善商品的使用功能，提高商品的附加价值。

（15）配送：配送属于由末端物流节点向最终用户进行的货物运输活动，具有小批量、多品种的特点。

★问题引导

目前，苏宁物流可为苏宁各门店提供多种物流配送服务，比如半日达、准时达、次日达、预约送、承诺达、大件送装一体、代客检、延时赔等，满足了用户多样化的需求。

苏宁物流还为其他合作伙伴转型升级提供了强有力的支撑。例如，苏宁物流与宜家家居达成合作，为其提供"揽配装"一体化服务，全链路时长缩短10.9%，包装费用降低36%，用户满意度提升到99.83%。

思考：苏宁电器门店和宜家家居的物流服务分别属于哪种类型？

引导知识点

三、现代物流的分类

社会经济领域中的物流活动无处不在，虽然各个领域物流的基本构成要素相同，但由于物流对象不同，物流目的不同，物流范围、范畴不同，就形成了不同的物流类型。

1.按物流活动的空间范围分类

（1）企业物流。企业物流是指生产和流通企业围绕其经营活动所发生的物流活动。企业物流属于微观物流。美国后勤管理协会认为企业物流是"研究对原材料、半成品、产成品、服务以及相关信息从供应始点到消费终点的流动与存储进行有效计划、实施和控制，以满足客户需要的科学"。

（2）城市物流。城市物流可表述为：在一定的城市行政区划条件下，为满足城市经济的发展要求和城市发展特点而组织的城市范围内的物流活动。城市物流属于中观物流，其研究目标是实现一个城市的物流合理化问题。

（3）区域物流。区域物流是按照自然经济联系、民族、文化传统以及社会发展需要而形成的经济联合体，是社会经济活动专业化分工与协作在空间上的反映。区域物流与区域经济是相互依存的统一体，区域物流是区域经济的主要构成要素，是区域经济系统形成与发展的一种主导力量。它在提高生产领域、流通领域的效率和经济效益，提高区域市场竞争能力，改变生产企业的布局和生产方式方面都发挥着积极的作用。

（4）国民经济物流。国民经济物流是指在一国范围内由国家统一计划、组织或指导下的物流，属于宏观物流。它是一国范围内最高层次的物流，其涉及的范围广、部门多、问题复杂，因而必须从整体上加强研究和组织。

（5）国际物流。国际物流是指跨越不同国家（地区）之间的物流。它是随着世界各国之间进行国际贸易而发生的商品实体从一个国家（地区）流转到另一个国家（地区）而发生的物流活动。

2.按物流作用的不同分类

根据物流活动发生的先后次序，企业物流可分为五部分：供应物流、生产物流、销售物流、回收物流、废弃物流。

（1）供应物流。供应物流是指为生产企业提供原材料、零部件或其他物料时所发生的物流活动。

企业为保证本身生产的节奏，需要连续不断地组织原材料、零部件、燃料、辅助材料的供应，这种物流活动对企业生产的正常、高效运行起着重大作用。企业供应物流的关键在于如何降低供应物流的成本并保证供应，这也是企业供应物流的最大难点。为此，企业供应物流就必须解决有效的供应网络问题、供应方式问题、零库存问题等。

（2）生产物流。生产物流是指在企业内部进行的涉及原材料、在制品、半成品、产成品等的物流活动。

原料、零部件、燃料等从企业仓库进入生产线的开始端，再进一步随生产加工过程流动，在流动的过程中本身被加工，同时产生一些废料、余料，直到生产加工终结，再流动至产成品仓库，便是完整的企业生产物流过程。

（3）销售物流。销售物流是指企业在销售商品过程中所发生的物流活动。

销售物流是企业为保证本身的经营效益，不断伴随销售活动，将产品所有权转给用户的物流活动。销售物流的特点是通过包装、送货、配送等一系列物流活动实现销售，其主要研究送货方式、包装水平、库存控制、运输路线等问题。

（4）回收物流。回收物流是指不合格物品的返修、退货以及周转使用的包装容器等从需方返回到供方所形成的物品实体流动。

企业在生产、供应、销售的活动中总会产生各种边角余料和废料，其回收需要伴随物流活动。在一个企业中，回收物品处理不当就会影响整个生产环境，甚至会影响产品质量，也会占用很大空间，造成资源浪费。

（5）废弃物物流。废弃物物流是指将经济活动中失去原有使用价值的物品，根据实际需要进行收集、分类、加工、包装、搬运、储存，并分送到专门处理场所的物流活动。

在循环利用过程中，基本或完全失去了使用价值，形成无法再利用的最终排放物，即废弃物。废弃物经过处理后返回自然界，形成了废弃物物流。废弃物的大量产生，严重地影响人类赖以生存的环境，必须妥善处理。因此，对废弃物物流的管理不仅要从经济效益角度考虑，还要从社会效益角度考虑。

小思考1-1

做好垃圾分类，共建绿色校园。你认为校园里可以做好哪些回收物流和废弃物物流？

3.按物流运作的主体不同分类

（1）自营物流。自营物流是一种传统的物流模式，它是由企业依赖自有的物流设施和人员的物流模式。自营物流具有较大的灵活性，由于企业自身是物流的组织者，所以可以按照企业的要求和产品的特点对物流进行设计与布局。

如果自有物流设施能得到充分利用，物流成本将低于外包物流，这是由于长期使用自有物流资源会降低单位货物的物流成本，在某种程度上这也是一种规模经济的表现。但是由于自营物流使企业物流资源不能随着需求的增加或减少而增加或减少，因而它存在着很大的局限性。当企业的物流需求减少时，仍需承担自有物流设施中未利用部分的成本；反之，当企业对物流资源有额外需求时，自有物流却无法满足。总之，在市场经济环境下自营物流存在着巨大的风险。

（2）第三方物流。第三方物流通常又称为"契约物流"或"物流联盟"，是指从生产到销售的整个流通过程中进行服务的第三方，通过签订合作协议或结成合作联盟，在特定的时间段内按照特定的价格向客户提供个性化的物流代理服务。

（3）第四方物流。第四方物流服务的提供者是一个供应链的集成商，它对公司内部和具有互补性的物流服务提供者所拥有不同的物流资源、能力和技术进行整合和管理，提供一整套供应链解决方案。

第四方物流的前景非常诱人，但是进入第四方物流领域的门槛也非常高。欧美国家的实践经验表明，要想进入第四方物流领域，企业必须在某一方面或某几方面具备很强的核心竞争力，并且有能力通过战略合作伙伴关系顺利进入其他领域。

4. 按物流组织的特征分类

（1）虚拟物流。虚拟物流是"以计算机网络技术进行物流运作与管理，实现企业间物流资源共享和优化配置的物流模式"。虚拟物流要求把物流资源视为商品，这就意味着物流资源可以被借进、借出或交易、合并和配置，从而为物流系统的设计创造具有强大潜力的可能性，也意味着可能在物流资源的配置效率方面取得重大突破。

（2）定制物流。定制物流是"根据客户的特定要求而设计的物流服务模式"。定制物流是物流企业快速响应客户个性化的物流需求，并及时按照客户的特定需求进行物流服务的设计与提供，从而在不牺牲成本和效率的基础上为客户提供个性化的物流服务。定制物流产生的动力源于物流服务购买者的物流外包，而且是独一无二的物流产品。因此，物流服务提供者必须根据每个潜在客户的需要制订不同的解决方案。

（3）精益物流。精益物流是"消除物流过程中的无效和非增值作业，以尽量少的投入满足客户需求，并获得高效率、高效益的物流"。

精益物流的目标可概括为：企业在提供给客户令其满意的服务水平的同时，把浪费降到最低程度。

（4）绿色物流。绿色物流是"通过充分利用物流资源、采用先进的物流技术，合理规划和实施运输、储存、装卸、搬运、包装、流通加工、配送、信息处理等物流活动，降低物流活动对环境影响的过程"。

（5）智慧物流。智慧物流是通过应用物联网、大数据、人工智能、云计算等先进技术，实现物流系统的智能化、自动化和高效化的现代综合物流模式。智慧物流的核心是将人工智能与物流业务进行结合。这有助于实现高效的物流管理和自动化控制，以及精细化的仓储管理和流程优化。

党的二十大报告指出，推动经济社会发展绿色化、低碳化是实现高质量发展的关键环节。加快推动产业结构、能源结构、交通运输结构等调整优化。

5. 其他物流分类

（1）按物流的对象划分，包括农产品物流、煤炭物流、钢铁物流和医药物流等。

（2）按对物流环境和运作有无特殊要求划分，包括军事物流、危险品物流、冷链物流、集装箱物流和托盘物流等。

（3）按物流服务方式划分，包括门到门物流、快递物流和电子商务配送等。

★ 问题引导

"一骑红尘妃子笑，无人知是荔枝来。"这是唐朝诗人杜牧所作《过华清宫》里的诗句。诗里描述了皇帝命人为杨贵妃千里快马送荔枝的情景。在唐朝，估计也只有像贵妃级的人物才能在长安吃到岭南荔枝，而现在，在荔枝成熟的季节，大小城市的超市里都有成堆的荔枝在售。

思考：物流创造了哪些价值？

引导知识点

四、物流活动创造价值

1.物流创造时间价值

"物"从供给者到需要者之间本来就存在一段时间差，由于改变这一时间差而创造的价值，称作"时间价值"。通过物流获得时间价值的形式有以下几种：

（1）缩短时间创造价值。

缩短物流时间，可获得多方面的好处，如减少物流损失、降低物流消耗、增加物的周转、节约资金等。马克思从资本角度早就指出过："流通时间越等于零或近于零，资本的职能就越大，资本的生产效率就越高，它的自行增殖就越大。"（《马克思恩格斯全集》第24卷第142页）这里马克思所讲的流通时间完全可以理解为物流时间，因为物流周期的结束是资本周转的前提条件。这个时间越短，资本周转越快，表现出资本的较高增殖速度。

从全社会物流的总体情况来看，加快物流速度、缩短物流时间，是物流必须遵循的一条经济规律。

（2）弥补时间差创造价值。

在经济社会中，供给与需求之间普遍存在时间差，正是因为具有时间差，商品才能取得自身最高价值，才能获得十分理想的效益。例如，粮食集中产出，但是人们的消费是一年365天，天天有需求。粮食本身是不会自动弥补这个时间差的，如果没有有效的方法，集中生产出的粮食除了当时的少量消耗外，其余大部分就会变质、腐烂，而到了非产出时间，人们就会缺少足够的粮食供应。物流便是以科学的系统方法对此进行弥补，通过"时间差"来实现其"时间价值"。

（3）延长时间差创造价值。

物流总体上遵循"加速物流速度，缩短物流时间"这一规律，以尽量缩小时间间隔来创造价值，但是在某些具体物流中也存在人为地、能动地延长物流时间来创造价值。例如，针对秋季集中产出的水果、棉花等农作物，通过物流的储存、储备活动，有意识地延长其物流的时间，以均衡人们的需求。这种配合时机销售的营销活动的物流便是有意识地延长物流时间来创造价值。

2.物流创造场所价值

"物"从供给者到需求者之间往往会有一段空间距离，供给者和需求者往往处于不同的场所，因改变"物"的不同场所而创造的价值称作"场所价值"。

物流创造场所价值是由现代社会产业结构、社会分工所决定的，主要原因是供给和需求之间的空间差。商品在不同地理位置有不同的价值，通过物流将商品由低价值区转移到高价值区，便可获得价值差，即"场所价值"。

（1）从集中生产场所流入分散需求场所创造价值。

学习微平台

动画 1-2
认识物流管理

现代化大生产的特点之一，往往是通过集中的、大规模的生产来提高生产效率，降低成本。在一个小范围集中生产的产品可以覆盖大面积的需求地区，有时甚至可覆盖一个国家乃至若干国家。通过物流将产品从集中生产的地区转移到分散于各地的消费地区，有时可以获得很高的利益。

（2）从分散生产场所流入集中需求场所创造价值。

和上面相反的情形在现代社会中也不少见。例如，粮食是在一亩地一亩地上分散生产出来的，而一个大城市的需求却相对大规模集中；一个大汽车厂的零配件生产分布得非常广，但却集中在一个大厂装配，这也形成了分散生产和集中需求，物流便依此取得了场所价值。

（3）在低价值地区生产流入高价值地区需求场所创造价值。

现代社会中供应与需求的空间差，有不少是自然地理和社会发展因素决定的，例如，农村生产粮食、蔬菜而于城市消费，南方生产荔枝而于各地消费，北方生产高粱而于各地消费等。物流将商品从低价值地区转移到高价值地区，人们从中获利。现代人每日消费的物品几乎都是在相距一定距离甚至十分遥远的地方生产的。这么复杂交错的供给与需求的空间差都是靠物流来弥合的，物流从业者也从中获得了利益。

在经济全球化的浪潮中，国际分工和全球供应链构筑的一个基本选择是在成本最低的地区进行生产，通过有效的物流系统和全球供应链，在价值最高的地区销售，信息技术和现代物流技术为此创造了条件，使物流得以创造价值，得以增值。

▶ **小资料1-2**

中欧班列（郑州）开行突破10 000列

目前，中欧班列（郑州）已累计开行超10 000列，通达欧洲40个国家140多个城市，为全球互联互通、共同发展注入新活力。2024年1—10月，中欧班列（郑州）累计开行1 797列，发送、到达货物15.98万个标准箱，较去年同比分别增长14.39%、16.27%。为提升服务品质，国铁集团郑州局强化与中铁集装箱运输有限公司郑州分公司联调协作，加快实施铁路电子货单，实现中欧班列（郑州）"一单制""门到门""数字班列""冷链班列""特种箱""运贸一体化"等一系列创新举措，不断优化陆上丝绸之路运输组织体系；加强铁路货运客户、货代公司市场调研力度，精准掌握多样化运输需求，指导相关企业开发集装箱集拼集运、跨境电商包裹业务、冷链货品集结等业务，为铁路货运客户提供"个性化"定制的运输方案。

资料来源 陈诗昂，路博舒. 国铁集团郑州局中欧班列（郑州）开行突破10 000列［EB/OL］.［2024-11-22］. https://baijiahao.baidu.com/s? id=1816407276346298461&wfr=spider&for=pc.

★ **问题引导**

目前，各大电器卖场通常只摆放样机而非现场提货。当顾客看中一款机型后，先付款拿发票，然后根据双方协商好的送货时间，由物流配送中心直接送货到家。

思考：这样做有什么好处？

引导知识点

五、物流学的主要观点

1.“商物分离说”（商物分流）

商物分离是物流科学赖以存在的先决条件。所谓商物分离，是指流通中的两个组成部分——商业流通和实物流通——各自按照自己的规律和渠道独立运动。

社会进步使流通从生产中分化出来之后，并没有结束分化及分工的深入和继续。第二次世界大战之后，流通过程中上述两种不同形式出现了更明显的分离，从不同形式逐渐变成了两个有一定独立运动能力的不同运动过程，这就是所谓的“商物分离”。

商物分离前后的流通过程如图1-1、图1-2所示，通过对比发现，商物分离后的流通过程显然要比商物分离前的流通过程合理得多。

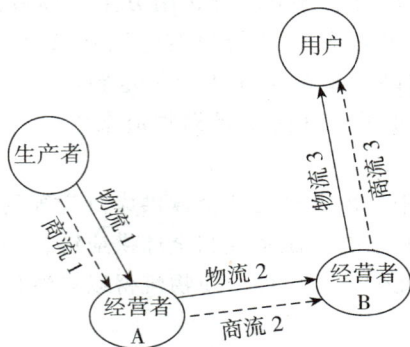

图1-1　商物分离前

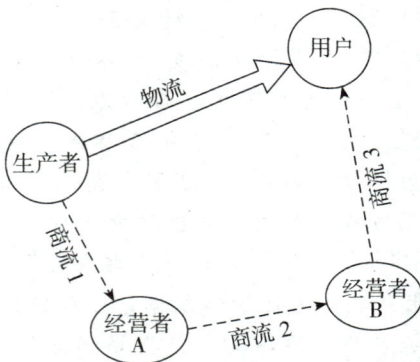

图1-2　商物分离后

商流和物流也有其不同的物质基础和不同的社会形态。商流明显侧重于经济关系、分配关系、权利关系，因而属于生产关系范畴，而物流明显侧重于工具、装备、设施及技术，因而属于生产力范畴。

所以，商物分离实际是流通总体中的专业分工、职能分工，是通过这种分工实现大生产式的社会再生产的产物。这是物流科学中重要的新观念。物流科学正是在商物分离基础上才得以对物流进行独立的考察，进而形成的科学。

2."黑大陆说"

著名的管理学权威彼得·德鲁克曾经讲过："流通是经济领域里的黑暗大陆。"彼得·德鲁克泛指的是流通，但是，由于流通领域中物流活动的模糊性尤其突出，是流通领域中人们尚未认清的领域，所以"黑大陆说"现在主要针对物流而言。

"黑大陆"主要是指尚未认识、尚未了解的领域。"黑大陆说"也是对物流本身的正确评价，这个领域未知的东西还很多，理论和实践皆不成熟。从某种意义上看，"黑大陆说"是一种未来学的研究结论，是战略分析的结论，带有很强的哲学的抽象性，这一学说对于研究这一领域起到了启迪和动员作用。

3."物流冰山说"

"物流冰山说"（如图1-3所示）是日本早稻田大学西泽修教授提出来的，他专门研究物流成本时发现，现行的财务会计制度和会计核算方法都不可能掌握物流费用的实际情况，因而人们对物流费用的了解是一片空白，甚至有很大的虚假性，他把这种情况比作"物流冰山"。冰山的特点是，大部分沉在水面之下，而露出水面的仅是冰山的一角。物流便是一座冰山，其中沉在水面以下的是我们看不到的黑色区域，我们看到的水面之上的不过是物流的一部分。

图1-3 "物流冰山"示意图

西泽修教授用物流成本的具体分析论证了彼得·德鲁克的"黑大陆说"，事实证明，我们对物流领域的方方面面还是不清楚的，黑大陆和冰山的水下部分正是物流尚待开发的领域，正是物流的潜力所在。

4."第三个利润源说"

"第三个利润源说"主要出自日本。第三个利润源是对物流潜力及效益的描述。从历史发展来看，人类历史上曾经有过两个大量提供利润的领域——第一个是资源领域，第二个是人力领域。资源领域起初是廉价原材料、燃料的掠夺或获得，其后则是依靠科技进步，节约消耗、代用、综合利用、回收利用乃至大量人工合成资源而获取高额利润，习惯称之为"第一个利润源"。人力领域最初是廉价劳动，其后则是依靠科技进步提高劳动生产率，降低人力消耗或采用机械化、自动化来降低劳动耗用从而降低成本，增加利润，这个领域习惯称为"第二个利润源"。

小思考 1-2

为什么称物流为"第三个利润源"？

这三个利润源注重于生产力的不同要素：第一个利润源的挖掘对象是生产力中的劳动对象；第二个利润源的挖掘对象是生产力中的劳动者；第三个利润源则主要挖掘

生产力要素中劳动工具的潜力，与此同时又挖掘劳动对象和劳动者的潜力，因而更具有全面性。

第三个利润源的最初理论认识基于两个前提条件：

第一，物流是可以完全从流通中分化出来的，自成系统独立运行，有本身的目标、本身的管理，因而能对其进行独立的、总体的判断。

第二，物流和其他独立的经营活动一样，它不是总体的成本构成因素，而是单独盈利因素，物流可以成为"利润中心"型的独立系统。

第三个利润源的理论，反映了日本人对物流的理论认识和实践活动，反映了他们与欧洲人、美国人在物流认识上的差异。一般而言，美国人对物流的主体认识可以概括为"服务中心"型，而欧洲人的认识可以概括为"成本中心"型。显然，"服务中心"和"成本中心"与"利润中心"的差异很大。"服务中心"和"成本中心"主张的是总体效益或间接效益，而第三个利润源的"利润中心"的主张，指的是直接效益。但是如果广义理解第三个利润源，把第三个利润源不仅看成直接谋利的手段，而且特别强调它的战略意义，特别强调它是在经济领域中潜力将尽的情况下的新发现，是经济发展的新思路，也许其对今后经济的推动作用真正如同经济发展中曾有的廉价原材料的推动作用一样，这恐怕是现在学术界更多人的认识，第三个利润源的真正价值恐怕是从直接利润延伸的战略意义了。

5. "效益背反说"和物流的整体观念

效益背反是物流领域中很常见、很普遍的现象，是这一领域中内部矛盾的反映和发现。

效益背反指的是物流的若干功能要素之间存在着损益的矛盾，也即某一个功能要素的优化和利益发生的同时，必然会存在另一个或另几个功能要素的利益损失，反之也是如此。这是一种此长彼消、此盈彼亏的现象，虽然在许多领域中这种现象都是存在的，但在物流领域中，这个问题似乎尤其突出。

"效益背反说"得到了许多有力的实证支持。例如，包装问题，在产品销售市场和销售价格皆不变的前提下，假定其他成本因素也不变，那么包装方面每少花一分钱，这一分钱就必然转到收益上来，包装费越节省，利润则越高。但是，一旦商品进入流通之后，如果因节省包装费而降低了产品的防护效果，造成了大量损失，就会造成储存、装卸、运输功能要素的工作劣化和效益大减。显然，包装活动的效益是以其他的损失为代价的，我国流通领域每年因包装不善出现的上百亿元的商品损失，就是这种效益背反的实证。在认识效益背反的规律之后，物流科学也就迈出了认识物流功能要素这一步，从而寻求克服和解决各功能要素效益背反现象的出路。当然，或许也曾有过追求各个功能要素全面优化的企图，而在系统科学已在其他领域形成和普及的时代，科学的思维必将导致人们寻求物流的总体最优化。不但将物流细分成若干功能要素来认识物流，而且将包装、运输、保管等功能要素的有机联系寻找出来，作为一个整体来认识物流，进而有效解决效益背反，追求总体效益，这是物流科学的一大发展。

6. "成本中心说"

"成本中心说"的含义是，物流在企业战略中只对企业影响活动的成本产生作用，物流是企业成本重要的产生点，因而，解决物流的主要问题并不是要搞合理化、现代化，也不在于支持保障其他活动，而是通过物流管理和物流的一系列活动降低成本。所以，成本中心既是主要成本的产生点，又是降低成本的关注点。假定销售额为100万元，利润是10万元，物流成本为10万元，物流成本占销售额的10%，那么每当物流成本降低1万元，就相当于多盈利1万元，而创造1万元的盈利需要10万元的销售额，也就是说降低1万元的物流成本相当于创造了10万元的销售业绩。这类似于物理学中的杠杆原理，物流成本的下降通过一定的支点，带来相当于几倍的销售额增长。

7."服务中心说"

"服务中心说"代表了美国和欧洲等一些学者对物流的认识。他们认为，物流活动最突出的作用并不在于为企业降低了消耗、增加了利润，而在于提高企业对用户的服务水平进而提高企业的竞争能力。因此，他们在用来描述物流的词汇上选择了"后勤"一词，特别强调其服务功能。通过物流的服务保障，企业以其整体能力来压缩成本和增加利润。

8."战略说"

"战略说"是当前盛行的一种说法，实际上学术界和产业界越来越多的人已逐渐认识到，物流更具有战略性，是企业发展的战略而不是一项具体操作性任务。应该说，这种看法把物流放在了很高的位置。企业战略是什么呢？是生存和发展。物流会影响企业的生存和发展，而不局限于在流通环节上搞得合理一些，它追求的是整体的改进而非部分改良。

◉ 小案例1-1

DHL集团发布全新"2030战略"以加速可持续增长

DHL集团发布了下一个"五年计划"——"2030战略：加速可持续增长"。集团致力于至2030年实现收入比2023年增长50%，将通过各业务单元和集团层面的增长举措，充分释放增长潜力，推动目标达成。

在复杂多变的环境中，物流行业也在发生变化。DHL集团致力于至2050年实现业务脱碳。为此，集团将可持续发展整合进现有的"三大首选"战略框架中，"绿色物流首选（Green Logistics of Choice）"成为第四大战略"首选"。

集团的目标是利用自身的专业知识支持客户实现供应链去碳化，从而在不断发展的市场中实现业务拓展。相关举措包括建立战略合作伙伴关系和加大去碳化力度，以确保实现至2030年可持续航空燃料（SAF）混合比例达到30%等目标。

资料来源 DHL快递Views.DHL集团发布全新"2030战略"以加速可持续增长［EB/OL］．［2024-09-30］．https://www.spb.gov.cn/gjyzj/c200007/202409/36b2157bd33f4f0eb8fff7f209568f09.shtml.

思考：DHL集团"2030战略：加速可持续增长"对企业发展有何作用？

★问题引导

某物流公司为解决物流配送效率低下、成本较高等问题引入了智能物流规划系统。引入智能物流规划系统后，配送时间缩短了20%，配送成本降低了15%；运输任务完成时间缩短了30%，空驶率降低了20%；仓储作业效率提高了15%，库存成本降低了10%；提前预判物流需求，优化供应链决策，提高了库存周转率。

思考：该物流公司如何实现物流合理化？

小词典

物流合理化是指设备配置和一切活动趋于合理化的物流过程。所谓合理化就是对物流整体系统进行调整改进的优化，目的是以尽可能低的物流成本，获得尽可能高的服务水平。

引导知识点

六、物流合理化

1.物流合理化的含义

"最高的服务水平和最低的物流成本"，这只是一种理想化的物流模式，在现实中，两者之间存在着一种"二律背反"，是不可能同时成立的。高水平、高标准的服务要求有大量的库存、充足的运力和充足的仓容，这些势必产生较高的物流成本；而低的物流成本所要求的是少量的库存、低廉的运费和较少的仓容，这些又必然减少服务项目，降低服务水平和标准。例如，从连锁店的角度来讲，要求物流系统提供尽可能高的服务水准，而从配送中心的角度来讲，为提高部门效益，又要求尽可能低的物流成本。这样，高水准的服务和低的物流成本就产生了矛盾。

处理好降低物流成本与提高服务水平之间的关系就是物流合理化的过程，最终要找到一个既能让用户满意的服务水平，又能兼顾企业利益的平衡点。

在某一项目标可以实现，而另一项目标却不能够同时实现的情况下，我们只能追求一种合理化物流的模式，通过权衡利弊进行抉择，用综合方法来求得服务与成本之间的平衡，以取得最佳的综合经济效益。

2.物流合理化的四种模式

（1）服务水平提高，同时降低成本。

这种所有企业梦寐以求的合理化形式似乎过于理想化，但这的确是可能实现的，也是物流合理化的最高标准。随着物流服务水平的提高，物流成本中有一部分会随着服务水平的提高而上升，但也有一部分不受服务水平提高的影响，可以使这一部分成本的降低额不小于服务水平提高而增加的成本，这样就达到了物流合理化的目的。

（2）提高服务水平，使增加的销售额远远大于增加的物流成本。

物流合理化很大一部分是在成本与销售额之间进行的平衡，原则是保证企业利润的最大化。销售额与成本的关系可以用图1-4来表示。

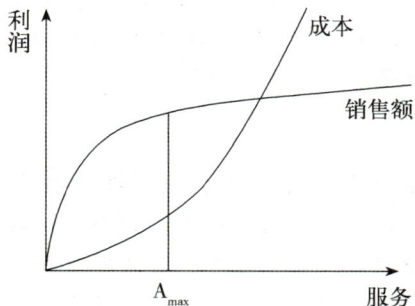

图1-4 销售额与成本的关系

物流合理化，适用于处于图 1-4 中 A_{max} 点左侧的范围，提高服务，增加的销售额大于成本增加量，利润趋于最大。但同时还有一种情况，就是处于 A_{max} 点右侧时，适当降低服务水平，会导致成本大量地下降，但对销售额影响不是很大。

（3）保持原有服务水平和适当降低服务水平，使成本下降的幅度远远大于销售额的下降。

这是许多企业为降低成本而普遍采用的一种合理化模式，可以考虑采用的具体方式有：

① 联合配送，这是缘于各家公司都在为运输费用的不断上升而烦恼，由此产生的一种省钱节能的物流方式。联合配送方式极大地降低了运费，提高了作业效率。虽然不如企业自有配送灵活、方便，但是对于体积小、每日各门店销售量不是很大，而且又无生命时限的商品（如照相机）来说，共同配送可以保证供应，对于其销售量的影响不会很大，但运输成本显著下降。

② 最小订货量限制。采取扩大每一次订货量的方法，能够使运输量不致浪费、订货次数不致太频繁，同时也可以节省费用。采用这种方式的前提是采用帕累托 80/20 效率法则进行顾客服务调查，区别不同的顾客，提供适当的物流政策，这样做销售额可能会略微下降，但物流成本将大幅度降低。

③ 进行商流、物流的合理化分离。根据商品的周转、销售对象的不同，将保管场所和配送方式差别化。根据合理化物流模式的不同表现，采用不同的物流作业、订货标准以及物流计划。

以上方式虽然都可以对物流成本的降低有所帮助，优化库存、提高作业效率和专业化，但共同的缺点是缺乏灵活性，对于紧急订货的应变能力差等。企业应根据成本管理的不同目标，采取能保证利润最大化的合理化物流的方式。

（4）建设高效顺畅的流通体系，实现全社会物流降本提质增效。

建设高效顺畅的流通体系、实现全社会物流降本提质增效，是推动经济高质量发展的重要任务。以下是实现这一目标的关键路径：

① 优化物流基础设施。强化物流枢纽和运输通道建设，构建"通道+枢纽+网络"的现代物流运行体系。依托国家综合立体交通网，布局国内物流大通道，推动区域物流资源整合。同时，加快国际物流通道建设，提升与周边国家的互联互通水平。

② 推动物流数字化与智能化。加快物流行业的数字化转型，利用物联网、大数据、人工智能等技术，提升物流效率和管理水平。

③ 促进绿色物流转型。推动物流行业的绿色化发展，推广新能源货车和绿色运输装备，减少碳排放。

④ 加强供应链协同与创新。推动物流与制造业、商贸业的深度融合，构建集约高效的现代物流服务体系。通过数字化平台，促进企业间的信息共享和资源整合，实现物流操作的无缝对接。同时，鼓励物流企业深度嵌入产业链，提供多元化、专业化服务。

学习微平台

微课 1-2
物流合理化

课堂提问 ✔

　　某知名全国连锁的电器销售商，搭建了总部集中采购、各专卖店集中销售并充分利用地区大库和专卖店小库构成的配送体系，实现了全国范围内的配送。

　　请回答：

　　（1）该电器销售商采取了什么措施来降低成本？

　　（2）你认为降低成本的措施还有哪些？

课堂实训 ✔

　　（1）说说你看到过的物流公司，讲讲你对这些公司的印象，并描绘你理想中的物流公司是什么样子的。

　　（2）请根据自己网上购物的经历，设计一下货物的运输流程，看看不同货物的流程有何不同。

案例分组讨论 ✔

　　一汽物流有限公司以技术驱动为初心，加速向科技型物流企业转型。公司智能物流技术实验室成立至今已验证22项技术42个项目实施落地。天津自动化立体库项目是国内汽车物流领域首次应用多层穿梭车技术，实现汽车物流"货到人"的拆零拣选模式；长春智能物流配送中心项目，融合立体库、智能AGV等技术，首次实现跨库房自动上线，拿下业内多项第一；商品车溯源技术，实现商品车从下线至4S店全程数据追溯可视；物流倒运自动驾驶项目是全国仅有18个智能交通先导应用试点项目，起到引领示范作用。此外，在深入践行绿色物流创新发展方面，公司着力推进循环器具、新能源物流车辆等技术的应用及推广，倡导建设可持续发展的绿色汽车物流供应链。

　　面向未来，一汽物流将大力建设基于互联网、云存储的网络智能运营系统，发挥规模效应，降低运营成本，创新合作模式，聚焦技术融合、创新场景应用，数智赋能、拓展服务边界，实现生态圈共享共赢，为一汽物流转型升级赋能。一汽物流的目标是做大物流事业、做优物流服务、做强物流品牌，努力成为"国内顶级、世界一流"汽车物流综合解决方案提供者。

资料来源　"长春国际汽车城&一汽物流杯"第八届全国大学生物流设计大赛案例［EB/OL］.［2024-12-23］. http://www.clpp.org.cn/uploadfile/2024/1213/20241213093704165.zip.

问题：现代物流企业怎样才能更好地转型和实现可持续发展？

任务二　　了解物流标准

★任务目标

　　了解物流标准的基本概念和物流标准的种类，以及物流标准制定的基本原则；掌握物流标准制定的基本方法，掌握物流标准化的方法。

★课堂讨论

"不以规矩，不能成方圆"。规矩就是约定大家共同要做到的标准。请大家先讨论现实生活中的一些标准，再来分析标准化带来的好处。

★问题引导

2024版《物流标准目录手册》收集了截止到2024年底我国已颁布的现行物流国家标准、行业标准目录共计1 377项，其中物流相关的标准1 332项，标准化指导性文件45项。在1 332项物流相关标准中，国家标准有721项，行业标准有611项。

该手册按其内容分为基础性标准、公共类标准、专业类标准和标准化指导性文件四大部分，便于使用者进行查询，可供物流标准化工作者、物流专业研究人员、物流企业管理者和物流从业人员参考、学习、使用。

思考：你知道的物流标准有哪些？物流标准的制定对物流业发展有什么作用？

引导知识点

小词典

标准是指为取得全局的最佳效果，在总结实践和充分协商的基础上，对人类生活和生产技术活动中具有多样性和重复性特征的事物和概念，以特定的程序和形式颁发的统一规定。

物流标准化指的是以物流为一个大系统，制定系统内部设施、机械装备、专用工具等各个分系统的技术标准；制定系统内各分领域如包装、装卸、运输等方面的工作标准；以系统为出发点，研究各分系统与分领域中技术标准与工作标准的配合性要求，统一整个物流系统的标准；研究物流系统与其他相关系统的配合性，进一步谋求物流大系统的标准统一。

一、物流标准的种类

1.统一性标准

（1）专业计量单位标准。

除国家公布的统一计量标准外，物流系统有许多专业的计量问题，必须在国家及国际标准基础上，确定本身专门的标准，同时，由于物流的国际性很突出，专业计量标准需考虑国际计量方式的不一致性，还要考虑国际习惯用法，不能完全以国家计量标准为唯一依据。

（2）物流基础模数尺寸标准。

基础模数尺寸指标准化的共同单位尺寸，或系统各标准尺寸的最小公约尺寸。在基础模数尺寸确定之后，各个具体尺寸标准都要以基础模数为依据，选取其整数倍作为规定的尺寸标准。物流基础模数尺寸的确定，不但要考虑国内的物流系统，而且要考虑与国际物流系统的衔接，这是具有一定难度和复杂性的。

（3）物流建筑模数尺寸标准。

物流建筑模数尺寸标准主要是物流系统中各种建筑所使用的基础模数，它是以物流基础模数尺寸为依据确定的，也可以选择共同的模数尺寸。该尺寸是设计建筑物长、宽、高尺寸，门窗尺寸，建筑物间距离，建筑物开间及进深等尺寸的依据。

（4）集装模数尺寸标准。

集装模数尺寸标准是在物流基础模数尺寸基础上，推导出的各集装设备的基础尺寸，以此尺寸作为设计集装设备三项尺寸的依据。在物流系统中，由于集装是起贯穿作用的，集装尺寸必须与各环节物流设施、设备、机具相配合，因此整个物流系统设计时往往以集装尺寸为核心，然后在满足其他要求的前提下决定设计尺寸。因此，集装模数尺寸影响和决定着与其相关各环节的标准化。

（5）物流专业名词标准。

为了使大系统配合和统一，尤其是在建立系统的情报信息网络之后，要求信息传递非常准确，这首先便要求专用语言及所代表的含义实现标准化。对于同一个指令，如果不同环节有不同的理解，这不仅会造成工作的混乱，而且容易出现大的损失。物流专业名词标准，包括物流用语的统一化及定义的统一解释，还包括专业名词的统一编码。

▶ **小资料1-3**

《物流术语》（GB/T 18354—2021）界定了物流活动中的物流基础术语38个、物流作业服务术语61个、物流技术与设施设备术语47个、物流信息术语26个、物流管理术语33个、国际物流术语及其定义45个，适用于物流及其与物流相关领域的术语应用。

《物流术语》国家标准在2001年首次发布，此次为该标准经第二次修订后发布。本次修订后共分7章，269条术语。

标准的修订，除了进一步推动国内物流产业和物流理论发展外，还将为国家更大规模、更高层次对外开放提供物流术语传播、沟通和应用标准，从而推动中国物流理论、技术、方法和模式在国际上的应用。

（6）物流核算、统计的标准化。

物流核算、统计的标准化是建立系统情报网、对系统进行统一管理的重要前提条件，也是对系统进行宏观控制与微观监测的必备前提。这种标准化包含下述内容：①确定共同的、能反映系统及各环节状况的最少核算项目；②确定能用于系统进行分析并可供情报系统收集储存的最少的统计项目；③制定核算、统计的具体方法，确定共同的核算统计计量单位；④确定核算、统计的管理、发布及储存规范等。

（7）标志、图示和识别标准。

物流中的物品、工具、机具都是在不断运动的，因此识别和区分便十分重要，对于物流中的物流对象，需要有易于识别区分的标志，有时需要自动识别，这就需要用复杂的条形码来代替用肉眼识别的标志。标志、条形码的标准化已成为物流系统中重要的标准化内容。

以上并未将物流系统中需贯彻应用的全部标准化内容列入，仅仅列举了有物流突出特点的标准化内容。

2.技术标准

（1）运输车船标准。

该标准的对象是物流系统中从事物品空间位置转移的各种运输设备，如火车、货船、拖拉车、卡车、配送车辆等。其包括从各种设备的有效衔接等角度制定的车厢、船舱尺寸标准，载重能力标准，运输环境条件标准等；从物流系统与社会关系角度制定的噪声等级标准、废气排放标准等。

（2）作业车辆标准。

该标准的对象是物流设施内部使用的各种作业的车辆，如叉车、台车、手推车等，包括尺寸、运行方式、作业范围、作业重量、作业速度等方面的技术标准。

（3）传输机具标准。

该标准包括水平、垂直输送的各种机械式、气动式起重机和提升机的尺寸、传输能力等技术标准。

（4）仓库技术标准。

该标准包括仓库尺寸、建筑面积、有效面积、通道比例、单位储存能力、总吞吐能力、湿度等技术标准。

（5）站台技术标准。

该标准包括站台高度、作业能力等技术标准。

（6）包装、托盘、集装箱标准。

该标准指包装、托盘、集装箱系列尺寸标准，包装物强度标准，包装物、托盘、集装箱重量标准，以及各种集装、包装材料、材质标准等。

（7）货架、储罐标准。

该标准包括货架净空间、载重能力、储罐容积尺寸标准等。

（8）信息标准。

该标准包括EDI标准、GPS标准等。

3.工作标准与作业规范

工作标准与作业规范是对各项工作制定的统一要求及规范化规定。工作标准及作业规范可确定各种岗位职责范围、权利与义务、工作方法、检查监督方法、奖罚方法等，可统一全系统工作方式，大幅度提高办事效率，方便用户的工作联系，防止在工作及作业中出现遗漏、差错，并有利于监督评比。主要工作标准及作业规范有：

（1）岗位责任及权限范围。

（2）岗位交换程序及工作执行程序。例如，规定配送车辆每次出车应由司机进行的车检程序、车辆定期车检时间及程序等。

（3）物流设施、建筑的检查验收规范。

（4）货车和配送车辆运行时间表、运行速度限制等。

（5）司机顶岗时间，配送车辆的日配送次数或日配送数量。

（6）吊钩和索具使用、放置规定。

（7）情报资料收集、处理、使用、更新规定。

（8）异常情况的处置办法等。

★ 问题引导

2024年1月29日，国家标准委发布的统计数据显示，我国国家标准有效实施率达到93.7%。数据一出炉，便引起广泛关注和对标准化与效率话题的热议。标准是提升产业链供应链韧性的纽带和催化剂。近年来，我国物流业标准化设施在降本增效、绿色发展中起到重大作用，标准的实施落地，标志着我国的产业化体系间互换性、通用性水平大大提高，将有效提升经济运行效率、降低运行成本。

资料来源　孙辉，韩莹. 以标准化建设助推产业稳链发展［N］. 现代物流报，2024-02-21（3）.

思考：制定物流相关标准应考虑哪些因素？

◎ 引导知识点

二、物流标准制定的基本原则

1.确定物流标准的基点

物流是一个非常复杂的系统，涉及面又很广泛，过去构成物流这个大系统的许多组成部分也并非完全没搞标准化，但是这只形成了局部标准化或与物流某一局部有关的横向系统的标准化。从物流系统来看，这些互相缺乏联系的局部标准化之间缺乏配合性，不能形成纵向的标准化体系，所以要形成整个物流体系的标准化，必须在这个局部中寻找一个共同的基点，这个基点能贯穿物流全过程，形成物流标准化工作的核心，这个基点的标准化成为衡量物流全系统的基准，是各个局部标准化的准绳。

为了确定这个基点，将进入物流领域的产品（货物）分为三类：零星货物、散装货物与集装货物。在对零星货物和散装货物进行换载、装卸等作业时，实现操作及处理的标准化是相当困难的。集装货物在流转过程中始终都以集装体为基本单位，其集装形态在运输、储存、装卸搬运各个阶段都基本上不会发生变化，也就是说集装货物容易实现标准化处理。人们通过对物流现状的调查及对发展趋势的预测，肯定了集装形式是物流通行的主导形式，而散装只是在某些专用领域可能有发展，而在这些专用领域很容易建立独立的标准化系统。至于零星货物，一部分可以向集装靠拢，另一部分则还会保持其多样化的形态而难以实现标准化。

不论是国际物流还是国内物流，集装系统是保持物流各环节上使用设备、装置及机械之间整体性及配合性的关键，所以集装系统是使物流过程连贯并建立标准化体系的基点。

2.体系的配合性

配合性是建立物流标准化体系必须体现的要求，它是衡量物流系统标准化体系成败的重要标准。物流系统配合性的主要范围有：

（1）集装与生产企业最后工序至包装环节的配合性。为此要研究集装的"分割系列"，以此来确定包装环节的要求，如包装材料种类、材料的强度、包装方式、规格尺寸等。

（2）集装与装卸机具、装卸场所、装卸小工具（如索具、跳板）的配合性。

（3）集装与仓库站台、货架、搬运机械、保管设施乃至仓库建筑的配合性。

（4）集装与保管条件、工具、操作方式的配合性。

（5）集装与运输设备、设施，如运输设备的载重、有效空间尺寸等的配合性。例如，将集装托盘货载放入大集装箱或国际集装箱，就组成了以大型集装箱为整体的更大的集装单位，将集装托盘或小型集装箱放入货车车厢，货车车厢就组成了运输单位，为此要研究基本集装单位的"倍数系列"。

（6）集装与末端物流的配合性。根据当前状况和对将来的预测，关注消费者需求的转移，"用户第一"的基本观念，在物流中的反映就是末端物流越来越受到重视。集装物流转变为末端物流，一方面是要对简单性的集装进行多样化的分割，就必须研究集装的"分割系列"；另一方面是进行"流通加工"活动，以解决集装简单化与末端物流多样化要求之间的矛盾。衔接消费者的"分割系列"与衔接生产者的"分割系列"有时是相互矛盾的，所以集装的配合性不能孤立地研究，要与生产及包装的配合性结合起来，这样就增加了复杂性。

（7）集装与国际物流的配合性。由于国际贸易的迅猛发展以及跨国公司的建立，集装与国际物流的配合性的研究成为物流标准化的重要方面。标准化空间越大，标准化的利益就越大。向国际标准靠拢，积极采用国际标准，将是今后的发展趋势。标准化在国际贸易中将发挥越来越大的作用。

3.传统、习惯及经济效果的统一性

物流活动是和产品生产系统、车辆设备制造系统、消费使用系统等密切联系的。早在物流的系统思想出现之前，这些与物流密切联系的系统就已经建立起各自的标准体系，或者形成了一定的习惯。在这种情况下，物流标准体系的建立只考虑本系统的要求是不行的，还必须适应这些既成事实，或者改变这些既成事实。这就势必与早已实现标准化的各个系统、长期形成的习惯及社会的认识产生矛盾，这些矛盾涉及个人的看法、习惯，也涉及宏观及微观的经济效果。

所以，单从技术角度来研究个别标准的配合性虽然是必要的，但最后不一定以研究的结论作为定论，因为上述问题涉及物流系统标准化经济效果的计算问题。如上所述，由于物流系统标准化往往涉及其他系统，所以标准化经济效果的计算是十分复杂而困难的事情。目前，物流系统标准化工作进展较快的日本等国，也正在研究经济效果的计算方法，但还没有形成一套成熟的方案。

4.与环境及社会的适应性

物流对环境的影响在近些年来表现出尖锐化和异常突出的倾向，主要原因是物流量加大、物流速度加快、物流设施及工具大型化使环境受到影响。对环境影响主要表现在噪声对人精神、情绪、健康的影响，废气对空气的污染，运输车辆对人身的伤害等。这些影响与物流标准化有关，尤其是在推行标准化过程中，只重视设施、设备、工具、车辆技术标准等内在标准的研究，而忽视物流对环境及社会的影响，加深了上述矛盾，这是有悖于物流标准化宗旨的。

所以，在推行物流标准化时，必须将物流对环境的影响放在标准化的重要位置上，除了有反映设备能力、效率、性质的技术标准外，还要对安全标准、噪声标准、排放标准、车速标准等做出具体的规定，否则，再高的标准化水平如不被社会接受，甚至受到居民及社会的抵制，也很难发挥作用。

5.贯彻安全与保险的原则

物流安全问题也是近些年来非常突出的问题，往往一个安全事故会将一个公司拖垮，几十万吨的超级油轮、货轮遭受灭顶之灾的事故也并不少见。当然，除了经济方面的损失外，人身伤害也是物流过程中经常出现的，如交通事故的伤害，物品对人的碰撞伤害，危险品爆炸、腐蚀造成的伤害等。所以，物流标准化中的一项重要工作是对物流安全性、可靠性的规定，并为安全性、可靠性统一技术标准、工作标准。

物流保险的规定也是与安全性、可靠性标准有关的标准化内容。在物流中，尤其是在国际物流中，都有世界公认的保险险别与保险条款，虽然许多规定并不是以标准化形式出现的，而是以立法形式出现的，但是其共同约定、共同遵循的性质是相同的，是具有标准化内涵的，其中不少手续、文件等都有具体的标准化规定，保险费用等的计算也受标准规定的约束，因而物流保险的相关标准化工作也是物流标准化的重要内容。

★问题引导

物流国家（行业）标准的技术归口单位是全国物标委。全国物标委可依据各分标委工作范围及工作能力，委托分标委具体执行。专业领域没有分标委的标准项目，由全国物标委归口管理，或指定分标委、标准化工作组具体执行，完成项目的制（修）订。

任何物流社会团体、企事业组织和公民均可以提出物流国家（行业）标准的立项建议。立项建议应由一家牵头，宜联合5家及以上企业（标准所规范的主体对象）共同申报。

思考：物流标准化有何好处？物流作为交叉性学科，在制定标准时如何划分范围更合理？

📍引导知识点

三、物流标准化

1.物流标准化方法

从世界范围来看，各个国家的物流体系的标准化都还处于初级阶段，这一阶段的重点在于通过制定标准规格尺寸来实现全物流系统的贯通，取得提高物流效率的初步成果。这里介绍标准化的一些方法，主要是初步的规格化的方法及做法。

（1）确定物流的基础模数尺寸。

物流基础模数尺寸的作用和建筑模数尺寸的作用是大体相同的，其考虑的基点主要是简单化。基础模数尺寸一旦确定，设备的制造、设施的建设、物流系统中各环节的配合协调、物流系统与其他系统的配合就有所依据。目前，国际标准化组织（ISO）中央秘书处及欧洲各国已基本认定600mm×400mm为基础模数尺寸，如图1-5所示。我国应当研究这个问题，为以后的发展做好准备。

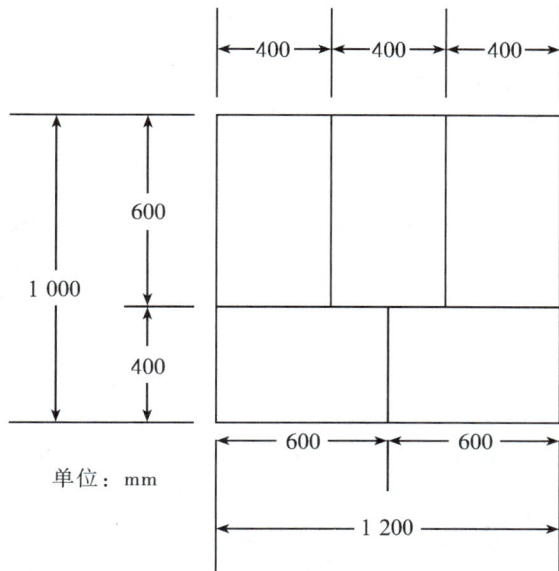

图1-5 模数尺寸的配合关系

如何确定基础模数尺寸呢？大体方法如下：由于物流标准化系统建立较晚，所以确定基础模数尺寸主要考虑了目前对物流系统影响最大而又最难改变的事物，即输送设备，从而采取"逆推法"，由输送设备的尺寸来推算最佳的基础模数。当然，在确定基础模数尺寸时也考虑到了现在已通行的包装模数和已使用的集装设备，并从行为科学的角度研究了对人及社会的影响。从与人的关系看，基础模数尺寸是适合人体操作的高限尺寸。

（2）确定物流模数。

物流模数是物流设施与设备的尺寸基准。物流标准化的基点应建立在集装的基础上，所以，在基础模数尺寸之上，还要确定集装的基础模数尺寸（即最小的集装尺寸）。

集装基础模数尺寸可以从600mm×400mm开始，按倍数系列推导出来，也可以在满足600mm×400mm的基础模数的前提下，从卡车或大型集装箱的分割系列推导出来。日本在确定物流模数尺寸时，就是采用后一种方法，以卡车（早已大量生产并实现了标准化）的车厢宽度作为确定物流模数的起点，推导出集装基础模数尺寸，如图1-6所示。

（3）以分割及组合的方法确定系列尺寸。

物流模数作为物流系统各环节的标准化的核心，是形成系列化的基础。依据物流模数进一步确定有关系列的大小及尺寸，再从中选择全部或部分，确定为定型的生产制造尺寸，这就完成了某一环节的标准序列。

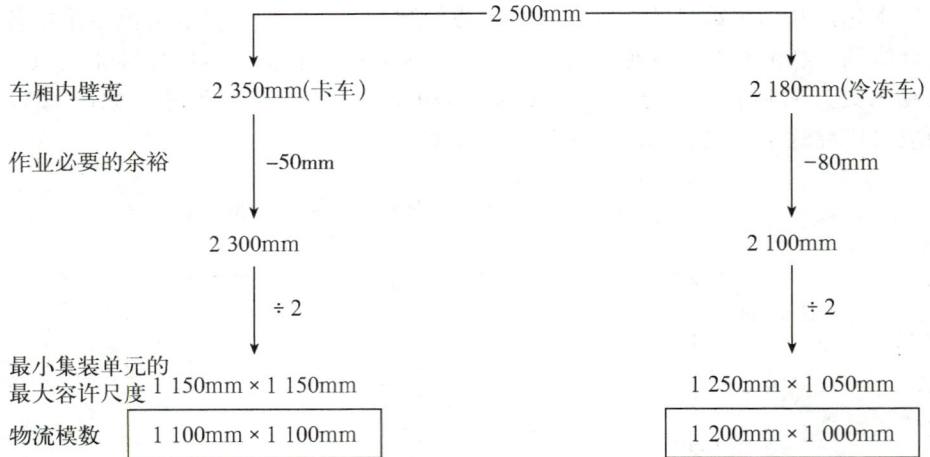

图1-6 以卡车车厢宽度为起点推导集装基础模数尺寸过程

小资料1-4

目前，冷链物流、医药物流、应急物流、汽车物流等专业类物流标准的制修订工作均已完成，专业类物流标准数量和水平大幅提升，有力地推动了专业物流的快速发展。物流全流程、各领域逐步实现"有标准可依"。

2024年11月，我国联合多国共同制定的国际标准《冷链物流无接触配送要求》（ISO 31511：2024）正式发布。该标准规定了冷链物流服务供应商通过无接触配送方式将货物从配送中心配送到收货人过程中应满足的要求，包括对服务供应商的要求，对冷链物流无接触配送过程中涉及的设施设备、操作流程的要求，以及对异常情况处理的要求等。

资料来源 编者根据相关报道整理编写。

2.国际物流标准化

目前，国际物流模数尺寸的标准化正在研究及制定中，但与物流有关的设施、设备的技术标准大多早已发布，并有专门的专业委员会负责制定新的国际标准。

国际标准化组织内与物流有关的技术组织包括技术委员会（TS）及技术处（TD）。每个技术委员会或技术处都有其指定负责常务工作的秘书国，我国也明确了各标准的归口单位。

目前，国际标准化组织对物流标准化的研究工作还在进行中，对于物流标准化的重要模数尺寸已大体取得了一致意见或拟订了初步方案。几个基础模数尺寸如下：

① 物流基础模数尺寸：600mm×400mm。

② 物流模数尺寸（集装基础模数尺寸）：以1 200mm×1 000mm为主，也允许1 200mm×800mm及1 100mm×1 100mm。

许多国家都以此为基准，修改本国物流的有关标准，以便与国际发展趋势吻合。例如，英国、美国、加拿大、瑞典等国家都已放弃国内原来使用的模数尺寸，而改用国际标准化组织发布的模数尺寸。日本等一些国家在采用1 200mm×1 000mm的模数尺寸系列的同时，还发展了1 100mm×1 100mm正方形的集装模数尺寸，以形成本国的物流模数系列。

课堂提问 ✓

（1）列举一至两个物流标准化实例。

（2）标准化有什么作用？

课堂实训 ✓

请说出以下包装储运标志的含义。

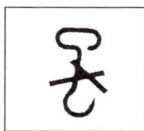

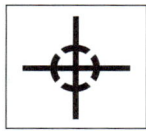

案例分组讨论 ✓

2024年，全国民营企业科技创新与标准创新大会在哈尔滨召开，河南华鼎冷链仓配科技有限公司凭借《食品冷链综合物流服务》标准入选2024年企业标准"领跑者"名单。作为中国式现代化和高质量发展的重要力量，华鼎冷链通过自主研发的SaaS平台，连接了2 500余家食材工厂、连锁餐饮品牌和经销商，服务超过20万家餐饮终端门店。公司先后获得"国家服务型制造业示范平台""中国冷链百强企业""高新技术企业"等多项荣誉，并参与国家城乡高效配送服务标准的制定，成为行业标杆。

华鼎冷链的标准化建设是其高质量发展的核心驱动力，通过制定和实施"食品冷链综合物流服务"标准，企业不仅提升了服务质量和运营效率，还推动了行业规范化发展，增强了在行业中的话语权和影响力。标准化建设不仅提升了企业的市场竞争力，还促进了产业链的高效协同，为行业树立了标杆。当前，作为中国式现代化的生力军和高质量发展的重要基础，民营企业在"领跑者"制度的引导下，正积极营造学标准、讲标准、用标准、创标准的良好氛围，不断以高标准促进高技术创新、高水平开放和高质量发展，为实现经济社会持续健康发展贡献力量。

资料来源 编者根据相关新闻报道编写。

问题：标准化如何帮助华鼎冷链提升服务质量和运营效率？

任务三　知晓物流系统

★任务目标

掌握物流系统的概念，了解物流系统的构成要素；熟练掌握物流系统分析和完善物流系统的方法。

小词典

物流系统是在一定的时间和空间里，由所输送的物品和其他相关的设施设备、人员以及信息技术等若干相互作用、相互制约的动态要素构成的能实现物流目标的有机整体。物流系统是由物流要素组成的、各相关要素有机结合并使物流功能合理化的统一体，是现代经济和企业管理的重要组成部分，涉及物品从供应方到需求方的高效流动与管理。

★课堂讨论

我国大学通常在每年9月1日开学，9月6日、7日新生报到。除新生外，各年级学生的教材必须在第一周周一前发到每个学生手上，以保证正常的教学。请分组讨论教材的物流过程，经过哪些环节、哪些人经手、涉及哪些事务。

★问题引导

以6个人为一个小组，分别扮演某物流公司的运输经理、运输调度员、司机、装卸工人、仓库管理员、客户6个角色。客户发出需求通知，运输经理安排运输相关事宜等，模拟一个小型运输系统。

思考：感受系统内部各岗位之间的联系，找出本组模拟小型运输系统的薄弱之处。

引导知识点

一、物流系统的构成要素

物流系统是一个复杂的、多层次的过程，涉及多个环节的协调与优化，有效的物流系统不仅能保证物资的及时流动，还能提高整个供应链的效率和经济性。

1.物流系统的一般要素

（1）物资流。物流系统的核心是物资流，即商品、原材料、半成品等的流动。它包括运输、仓储、分拣、配送等过程，通过不同的方式和途径实现物资的流转。

（2）信息流。在现代物流中，信息流的作用越来越重要。信息流是指涉及物流各环节的相关数据和信息的传递、存储和处理。例如，库存信息、运输状态、订单信息等，这些数据能够帮助各方协调和优化物流过程。

（3）资金流。资金流是物流系统中与物资流和信息流相关联的财务流动。它包括付款、结算、运输费用的管理等。资金流的有效管理有助于确保物流各环节的顺畅运作。

（4）人员与设备。人员与设备是物流系统中必不可少的资源。物流人员负责操作和管理各项工作，而各种运输工具、仓储设施、信息管理系统等设备则是支撑物流流转的基础设施。

2.物流系统的功能要素

物流系统的功能要素指的是物流系统所具有的基本能力，这些基本能力有效地组合、连接在一起，便成了物流系统的总功能，便能合理、有效地实现物流系统的总目标。其主要包括运输、储存保管、包装、装卸搬运、流通加工、配送、物流信息等要素。

3.物流系统的支撑要素

（1）法律制度，决定物流系统的结构、组织、领导、管理方式，国家对其控制、指挥以及这个系统的地位、范畴，是物流系统的重要保障。

（2）行政命令（行政手段），是决定物流系统正常运转的重要支持要素。

（3）标准化系统，是保证物流各环节协调运行，保证物流系统与其他系统在技术上实现联接的重要支撑条件。

（4）经营模式，是整个物流系统为了使客户达到满意所提供服务的基本要求，了解经营模式将使物流系统始终围绕客户进行运营，达到企业的目的。

4.物流系统的物质基础要素

（1）基础设施是组织物流系统运行的基础物质条件，包括物流场站、物流中心、仓库、物流线路、建筑、公路、铁路、港口等。

（2）物流装备是保证物流系统开动的条件，包括仓库货架、进出库设备、加工设备、运输设备、装卸机械等。

（3）物流工具是物流系统运行的物质条件，包括包装工具、维修保养工具、办公设备等。

（4）信息技术及网络是掌握和传递物流信息的手段，包括通信设备及线路、传真设备、计算机及网络设备等。

（5）组织及管理是物流系统的"软件"，起着联结、调运、运筹、协调、指挥其他各要素以保障物流系统目标的实现之作用。

5.物流系统的流动要素

从"流"的角度，任何一个具体的物流业务都可以分解为七个要素的结合，即流体、载体、流量、流向、流程、流速和流效。流体，即"物"；载体，即承载"物"的设备和这些设备据以运作的设施，如汽车和道路；流量，即物流的数量表现；流向，即"物"转移的方向；流程，即物流路径的数量表现，是物流经过的里程；流速，即物流的速度；流效，即物流的效率和效益、成本与服务。

6.物流系统的客户要素

（1）客户群体：包括企业客户和个人客户。企业客户对物流服务的要求通常更复杂，涉及批量运输、仓储管理等；个人客户则更关注配送速度和服务质量。

（2）客户需求：客户需求包括货物的及时性、准确性、安全性等。物流系统需要根据客户需求设计和优化服务流程。

（3）客户关系管理：通过有效的客户关系管理（CRM）系统，物流系统可以更好地了解客户需求，提高客户满意度和忠诚度。

7.物流系统的网络要素——点（节点）、线

（1）点：物流过程中供流动的商品储存、停留以便进行相关后续作业的场所，如工厂、商店、仓库、配送中心、车站、码头等。

① 单一功能点：只具有某一功能，或者以某一功能为主。其业务比较单一，比较适合进行专业化经营。如何将许多单一功能的点集成起来，由谁来集成以及如何集成是研究的主要问题。

② 复合功能点：具有两种以上主要物流功能，具备配套的基础设施，一般处于物流过程的中间，如周转型仓库、港口、车站、集装箱堆场等。

③ 枢纽点：物流功能齐全；具备庞大、配套的基础设施以及附属设施；庞大的吞吐能力；对整个物流网络起着决定性和战略性的控制作用；一般处于物流过程的中间。

（2）线：连接物流网络节点的路线。

其特点：方向性、有限性、多样性、连通性、选择性、层次性。

其具体形式：铁路线、公路线、水路线、航空线、管道线。

线间关系：干线、支线。

物流流向：上行线、下行线。

物流系统要素配置见表1-1。

表1-1　　　　　　　　　　　　物流系统要素配置

物流系统要素	基本配置	较好的配置	完善的配置
功能要素	满足基本功能需求的运输、储存、装卸搬运、物流信息处理等	具备较高自动化水平和管理能力的运输、储存、包装、装卸搬运、物流信息处理等	具备高度自动化、智能化和多样化的运输、储存、包装、装卸搬运、流通加工、物流信息处理、增值服务
网络要素	一对一的运输系统	多对一或者一对多的物流网络	多对多的物流网络
流动要素	基本的流体、普通的载体、人工统计的流量、固定的流向、简单的流程	分类管理的流体、多种且高适应性的载体、自动化的流量、灵活的流向、优化的流程	智能管理的流体、智能载体、实时监控的流量、智能优化的流向、智能优化的流程
资源要素	具有满足基本功能要素、网络要素及流动要素的资源	具有满足较高水平需求的功能要素、网络要素及流动要素的资源	具有满足多样化、自动化、智能化需求的功能要素、网络要素及流动要素的资源

学习微平台

微课1-3：物流系统的目标是什么？

↑小思考1-3

物流系统的目标是什么？

★问题引导

某制造企业的物流系统涉及采购、生产、仓储、配送和销售五个主要环节。公司内部的每个部门都根据自己的职责做出决策。

采购部门选择了低成本的供应商，但供应商无法按时交货，导致生产部门无法按计划生产；生产部门为提高效率减少了生产产品的种类，但没有考虑到库存减少后的供应风险，导致某些产品缺货；仓储部门减少了库存储备，虽然仓储费用降低，但当市场需求突然增加时，库存无法满足客户需求；配送部门的低成本运输方式导致了运输延迟，影响了及时配送；销售部门希望加快发货，但因为生产和仓储之间的沟通不畅，最终未能及时满足客户需求。

思考：该企业应如何调整其物流系统模式进而实现改进？

◉ 引导知识点

二、物流系统的模式

物流系统具有输入、处理（转化）、输出、限制（或制约）和反馈等功能，其具体内容因物流系统的性质不同而有所区别（如图1-7所示）。

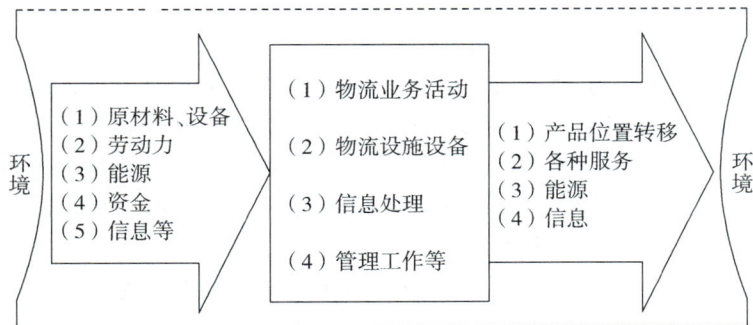

图1-7 物流系统的模式

1.输入

输入包括原材料、设备、劳动力、能源等，就是通过提供资源、能源、设备、劳动力等手段对某一系统发生作用，统称为外部环境对物流系统的输入。

2.处理（转化）

处理（转化）是指物流本身的转化过程。从输入到输出之间所进行的生产、供应、销售、服务等活动中的物流业务活动称为物流系统的处理或转化。其具体内容有：物流设施设备的建设；物流业务活动，如运输、储存、包装、装卸、搬运等；信息处理及管理工作等。

3.输出

物流系统的输出则指物流系统与其本身所具有的各种手段和功能，对环境的输入进行各种处理后所提供的物流服务。其具体内容有：产品位置与场所的转移；各种服务，如合同的履行及其他服务等；能源与信息。

4.限制（或制约）

外部环境对物流系统施加一定的约束称为外部环境对物流系统的限制和干扰。其具体包括：资源条件限制，资金与生产能力的限制；价格影响，需求变化；仓库容量；装卸与运输的能力；政策的变化等。

5.反馈

物流系统在把输入转化为输出的过程中，由于受系统各种因素的限制，不能按原计划实现，需要把输出结果返回给输入，进行调整，即使按原计划实现，也要把信息返回，以对工作做出评价，这称为信息反馈。信息反馈的活动包括：各种物流活动分析报告；各种统计报告数据；典型调查；国内外市场信息与有关动态等。

发展至今，物流系统是典型的现代机械与电子技术相结合的系统。现代物流系统由半自动化、自动化以及具有一定智能的物流设备和物联网管理与控制系统组成。任何一种物流设备都必须接受物流系统的管理控制，接受系统发出的指令，完成其规定的动作，反馈动作执行的情况或当前所处的状况。智能程度较高的物流设备具有一定的自主性，能更好地识别路径和环境，本身带有一定的数据处理功能。现代物流设备是在计算科学和电子技术的基础上，结合传统的机械科学发展起来的机电一体化的设备。

◉ 小案例 1-2

物联亿达创新国内仓储物流系统的新模式

四川物联亿达科技有限公司成立于 2011 年，是一家致力于提供数智化仓储物流综合服务的科技公司，旗下得物联云仓平台是中国仓储协会指定合作的仓储大数据平台。公司以 5G、大数据、云计算、人工智能、物联网等技术为基底，以物联云仓平台为支撑，构建可提供物流系统科技服务、仓储大数据与经纪平台服务、仓配一体数智化运营服务的产业互联网平台。

公司自研物流系统，通过 SaaS 平台全面统一管理订单—仓库—运配—结算的全链路物流作业场景，运用物联网、5G、人工智能、云计算等技术与行业发展高度结合，助力客户实现供应链仓储物流的数字化管理。"仓储资源+物流 SaaS 平台+专业的运营管理服务团队"，为客户提供一站式、轻重结合的标准化数字化仓配服务，帮助客户管理众多第三方仓储物流服务商。同时，依托物联云仓平台海量数据、强大的数据挖掘能力和经验，提供仓储大数据、规划咨询等服务，助力行业发展和企业升级。

目前公司依托平台整合仓储资源 3.8 亿平方米，覆盖 230 个园区，合作仓库、园区达 8 400 多个，与顺丰速运、美团、中国联通、黄石新港、欧派等公司建立合作关系，共成功服务了 12 个行业超过 500 家客户。

资料来源　根据物联亿达官网（https://www.50yc.com）资料改编。

思考：物联亿达仓储物流系统的新模式"新"在哪里？

★ 问题引导

马钢苏锡常杭地区铁路运输比例提升

习近平总书记强调"要完整、准确、全面贯彻新发展理念，坚持共抓大保护、不搞大开发，支持生态优先、绿色发展。"据此国家有关部门加强了对长江岸线港口码头专项整治、长江经济带饮用水水源地整治等系列治理行动，关停取缔了长江上近千座码头，后续还将对内河码头进行集中整治。

马钢是我国特大型钢铁联合企业，A+H股上市公司，由安徽省政府授权经营。

马钢钢材销售产品重要的集散地——苏锡常杭地区——每月通过水运方式发送到浙江地区的钢材量为4万吨以上。码头关停、航道限制后，马钢计划把苏锡常杭水路运输转为铁路运输。但铁路运输存在外发装车的时效性不强、时空灵活性不够、近距离费用高、行车路线固定等缺点，难以满足发货的要求。同时，马钢钢厂布局分散，装车点点多线短，下属各车站运能不平衡，一批货位数量少，运输网规模总量不足，不能满足集中发运，都是铁路的制约环节。

如何重组马钢在华东地区物流运输中过度依赖水路运输的物流运输网络，把运力更多地转向铁路，成为公司运输系统中亟需解决的问题。

资料来源　据"马钢杯"第六届全国大学生物流设计大赛案例（http://www.clpp.org.cn/index.php?m=content&c=index&a=show&catid=261&id=397）改编。

思考：马钢应如何提升苏锡常杭地区铁路运输比例？

引导知识点

小词典

物流系统分析是指在一定的时间和空间里，对其所从事的物流活动和过程作为一个整体来处理，以系统的观点、系统工程的理论和方法进行分析研究，以实现其空间和时间的经济效益。关于其更详细的描述是指从对象系统整体最优出发，在优先系统目标、确定系统准则的基础上，根据物流的目标要求，分析构成系统各级子系统的功能和相互关系，以及系统同环境的相互影响，寻求实现系统目标的最佳途径。

三、物流系统分析

1.物流系统分析的目的

物流系统分析的目的就是要使输入（资源）最少，而输出的物流服务效果最佳。物流系统分析时要运用科学的分析工具和计算方法，对系统的目的、功能、结构、环境、费用和效益等进行充分、细致的调查研究，收集、比较、分析和处理有关数据，拟订若干个方案，比较和评价物流结果，寻求系统整体效益最佳和有限资源配备最佳的方案，为决策者最后抉择提供科学依据。

物流系统分析的作用在于通过分析比较各种拟订方案的功能、费用、效益和可靠性等各项技术、经济指标，向决策者提供可做出正确决策的资料和信息。所以，物流系统分析实际上就是在明确目的的前提下，来分析和确定系统所应具备的功能和相应的环境条件。

根据系统分析的基本含义，物流系统分析的主要内容有系统目标、系统结构、替代方案、费用和效益、系统模型、系统优化、系统的评价基准及评价等。

2.物流系统分析的步骤

一般来说，物流系统分析需要回答下面几个问题：

（1）我们为什么要进行这项工作？

（2）进行该项工作能增加什么价值？

（3）为什么要按照现有程序进行该项工作？

（4）为了提高效率，能否改变作业步骤的次序？

（5）为什么要由某一个小组或个人来完成这些工作？

（6）其他人可以完成这项工作吗？

（7）还有更好的系统运行方式吗？

对物流系统的分析、设计可以由企业专职的系统分析设计师完成，但更多的企业乐于借助外部咨询机构的专业力量。

物流系统分析的步骤为：

第一步，划分问题的范围。

首先，要明确问题的性质、划定问题的范围。由于问题通常是在一定的外部环境的作用下和系统内部发展的需要中产生，只有明确了问题的性质和范围，进行系统分析时才有可靠的起点。其次，还要研究问题的要素及其相互关系，如研究要素与环境的关系，进一步划清问题的界限。

第二步，确定目标。

为了解决问题，就要确定具体的目标。指标是衡量目标达到的尺度，物流系统的目标通过一些指标来表达。物流系统分析是针对所提出的目标来展开的，由于实现系统功能的目标是靠多方面因素来保证的，因此系统也会有若干个目标，如物流系统的目标包括物流费用、物流服务水平等，而其总的目标是以低的物流费用获得最好的物流服务水平。

第三步，收集资料，提出方案。

建立系统模型或提出方案，必须有资料作为依据，方案的可靠性论证更需要精确可靠的数据，为系统分析做好准备。收集资料通常较多地借助调查、实验、观察、记录及引用国内外同类型资料等。

第四步，建立模型。

建立模型就是找出说明系统功能的主要因素及其相互关系。由于表达方式和方法不同，模型有图式模型、模拟模型、数学模型等。通过建立模型，可以确认影响系统功能和目标的主要因素及其影响程度，同时确认这些因素的相关程度、总目标和分目标的达成途径及其约束条件。

第五步，系统优化。

系统优化是运用优化的理论和方法，对若干替代方案的模型进行仿真和优化计算，求出几个替代解。

第六步，系统评价。

根据系统优化得到的有关解，在考虑前提条件、假定条件和约束条件后，在总结实践和知识的基础上确定最优解，从而为选择最优的系统方案提供足够的信息。

小案例1-3

"公转铁"响应国家号召 打造现代物流运输新格局

近年来，国家提出要"调整运输结构，增加铁路运输量，减少公路运输量"，这"一增一减"体现了交通运输业向着更加专业化的目标协同发展。同时，"公转铁"对于实现交通运输业的环保目标、缓解道路交通压力都大有裨益。

思考：请思考如何实现多种运输模式的协同发展，协同发展将带来哪些方面的效应？

资料来源 编者根据中国物流与采购联合会官网资料整理。

★问题引导

SGM是一家中美合资的汽车公司，它拥有世界上最先进的弹性生产线，能在一条流水线上同时生产不同型号、不同颜色的车辆，每小时可生产27辆汽车，在国内首创订单生产模式，即根据市场需求控制产量；同时生产供应采用JIT运作模式。为此该公司需实行零库存管理，所有汽车零配件的库存集中在运输途中，不占用大型仓库，仅在生产线旁设立小型配送中心，维持最低安全库存。这就要求公司在采购、包装、海运、港口报关、检疫、陆路运输等一系列操作之间的衔接必须十分密切，不能有丝毫差错。

在实际执行过程中，SGM公司的市场计划周期为一周，而运输周期为4个月。这样一来，市场计划无法指导运输的安排，为了确保生产的连续性，该公司只能扩大其零配件的储备量，造成大量到港的集装箱积压，结果形成以下状态：库存量加大，不得不另外租用集装箱场地；为解决部分新零件的供应问题，在库存饱和状态下，只能采取人工拆箱的办法，工人们24小时拆箱仍跟不上生产计划的进度。由于拆箱次数增多，SGM公司的信息管理系统混乱，无法确认集装箱的实际状态，造成了该公司的物流总成本出现较大幅度上升。

思考：请分析该公司的"瓶颈"所在，你认为该公司如何才能走出困境？

◉ 引导知识点

四、完善物流系统的方法

完善物流系统的方法可以从以下多个方面入手：

1.强化物流成本控制

物流成本是企业运营成本的重要组成部分。企业应建立完善的物流成本控制体系，对物流成本进行精细化管理：明确成本构成，尽可能减少不必要的开支；建立成本管理体系，制定物流成本管理制度和流程，明确责任人和考核标准；加强合作与信息共享，构建与供应商、分销商关联的信息共享平台，避免库存积压和缺货。

2.优化物流管理

物流管理的水平决定了物流服务的水平与质量。企业可以从优化库存管理、优化运输管理、提升人员技能和管理水平等方面进行优化：优化仓储布局，采用先进库存管理系统；数据化运输管理、多式联运优化，提高客户满意度；加强培训、优化薪酬体系进而提升服务的专业性。

3.提升信息化水平

信息化是物流系统优化和完善的重要手段。企业可以优化物流管理信息化系统，尽可能实现信息共享和协同作业；应用物联网技术尽可能实时监控货物位置和状态，提高物流运作的可视化和安全性。

4.优化物流网络布局

合理的物流网络布局可以降低运输成本，提高配送效率。企业可以从建立多级配送中心、根据实时路况动态调整运输路线等方面优化物流网络布局。

5.加强供应链合作

21世纪的竞争不再是企业与企业之间的竞争，而是供应链与供应链之间的竞争。企业可以从优化供应链管理来加强供应链合作：建立统一信息平台，让供应链各环节实时共享信息，降低沟通成本；通过优化供应商选择、库存管理和订单处理流程，提升供应链效率。

6.引入绿色物流策略

党的二十大报告中对绿色物流发展提出了明确要求，强调加快发展方式绿色转型，推动经济社会发展全面绿色转型。企业可以从绿色化转型、绿色化协同、绿色化供应链等方面进行绿色化发展：推广绿色低碳运输工具、发展多式联运、推动物流包装绿色化实现绿色化转型；深度应用5G、北斗、大数据、人工智能等技术进行智慧物流建设，加强绿色物流新技术和设备研发应用，推广使用循环包装，减少包装废弃物，进行绿色物流技术创新进而实现绿色化协同；引导企业建立绿色供应链，带动上下游企业协同转型，推动全产业链绿色化。

学习微平台

微课 1-4
库存量分别与
库存成本、物
流服务水平、
系统优化程度
之间的关系

📍 小思考 1-4

举例说明物流系统中库存量分别与库存成本、物流服务水平、系统优化程度之间的关系。

课堂提问 ☑

连锁超市对外宣传时，往往强调"集中采购、直达运输、货真价实"，请从物流系统的角度分析这样做会为消费者带来哪些便利和实惠。

课堂实训 ☑

以托盘货物为例，到物流实训室做一次完整的供货—收货—入库上架—分拣—流通加工（贴标签）—配送流程，体会系统的物流管理，并分析物流系统中存在哪些二律背反现象。

案例分组讨论 ☑

实顺物流拓展运输新蓝海

实顺物流紧跟汽车行业变革，将目光聚焦于新能源汽车整车运输领域。公司不仅立足于服务集团内部业务，还积极拓展集团外部业务，与新能源汽车品牌建立合作关系，不断拓展新能源整车运输业务，以适应市场发展的新趋势。

实顺物流始终坚持以客户为中心的服务理念，注重技术创新和服务质量的提升。公司引入智能化、信息化手段，升级物流管理系统，实现订单处理、车辆调度、在途监控等全链条的智能化管理。通过技术创新，公司提高了运输效率，降低了运营成本，并为客户提供更加高效、便捷、安全的整车运输服务。

实顺物流在发展过程中，不断优化资源配置，拓展运输网络。公司加强与铁路、公路等运输方式的合作，提高物流效率。同时，公司还积极拓展国内外市场，建立更加完善的运输网络，为客户提供更加全面的物流服务。通过主动布局新能源汽车整车运输业务，实顺物流在实现业务拓展的同时，也丰富了整车运输网络和承运商运力池。

资料来源　江铃集团实顺职工之家. 聚焦新能源，实顺物流拓展运输新蓝海［EB/OL］.［2024-11-17］. https://mp.weixin.qq.com/s/r8CabpZW_WCvkHrverZ0GQ.

问题：实顺物流是如何不断完善物流系统的？

●●项目考核

1.单项选择题

（1）企业为了满足客户的物流需求，开展的一系列物流活动的结果，称为（　　　）。

A.物流质量　　　　　B.物流成本　　　　　C.物流价值　　　　　D.物流服务

（2）物流基础模数尺寸是（　　　）。

A.1 200mm×1 000mm　　　　　　　　B.1 200mm×800mm

C.1 100mm×1 100mm　　　　　　　　D.600mm×400mm

（3）与物流基础模数尺寸有配合关系的集装基础模数是以（　　　）为主。

A.1 200mm×1 000mm　　　　　　　　B.1 200mm×800mm

C.1 100mm×1 100mm　　　　　　　　D.600mm×400mm

（4）物流系统的输出是（　　　）。

A.物流情报　　　　　B.流通加工　　　　　C.产品配送　　　　　D.物流服务

（5）物流系统在把输入转化为输出的过程中，由于受系统各种因素的限制，不能按原计划实现，需要把输出结果返回给上一输入环节去进行调整，即（　　　）。

A.控制　　　　　B.组织　　　　　C.协调　　　　　D.反馈

2.多项选择题

（1）物流活动的价值主要体现在（　　　）。

A.时间价值　　　　　B.使用价值　　　　　C.剩余价值

D.空间价值　　　　　E.加工附加价值

（2）下列属于物流系统中存在制约关系的有（　　　）。

A.物流服务和物流成本之间

B.构成物流服务的子系统功能之间

C.构成物流成本的各个环节费用之间

D.各子系统的功能和所耗费用之间

E.仓储费用和运输费用之间

（3）目前国际通用的集装基础模数包括（　　　）。

A.1 200mm×1 000mm　　　B.1 200mm×800mm　　　C.1 100mm×600mm

D.1 100mm×1 100mm　　　E.600mm×400mm

（4）物流发展过程中人们对物流主体的认识主要有（　　　）。

A.服务中心说　　　　　　B.利润中心说　　　　　　C.成本中心说

D.价值中心说　　　　　　E.物流冰山说

（5）物流常见的学说包括（　　　）。

A.商物分离　　　　　　　B.黑大陆说　　　　　　　C.第三利润源

D.效益背反　　　　　　　E.物流冰山说

3.判断题

（1）"物流冰山说"的观点体现的是企业所掌握的物流成本只占企业物流成本的一小部分，大部分物流成本并未被管理者所认识。　　　　　　　　　　　　（　　）

（2）商流和物流都是流通的组成部分，二者结合才能有效地实现商品由供方向需方的转移，因此商流与相应的物流必是合二为一、安全一致的。　　　　　　（　　）

（3）服务水平越高，物流成本肯定越高。因此，要提高物流服务水准，将不可能降低物流成本。　　　　　　　　　　　　　　　　　　　　　　　　　　　（　　）

（4）要建立物流标准化体系就必须实现物流系统各环节之间标准化的一致性。

　　　　　　　　　　　　　　　　　　　　　　　　　　　　　　　　　（　　）

（5）物流系统的要素可以是三大要素（输入要素、处理要素、输出要素）也可以是二大要素（节点和线路）。　　　　　　　　　　　　　　　　　　　　　（　　）

4.问答题

（1）物流合理化有哪几种模式？

（2）物流标准的种类有哪些？

● ● ● 项目实训

1.实践训练

试通过以下信息，分析社会物流系统现状，并提出解决方案或思路。

（1）一车包心菜从山东寿光运到武汉，包心菜售价约0.7元/千克，运费达0.2元/千克。

（2）宜昌秭归盛产脐橙。但该地区村级公路大多只有3米宽，坡陡弯急，大部分农副产品只能用3吨的小农卡从村组先运到乡镇，再转大车运输。如遇阴雨天气，车无法进山，只能靠人肩挑背驮。

（3）物流有限公司经常在为"货找车，车找货"犯愁。物流公司每天要从武汉往十堰发3车货，运送汽车零配件及生活用品。由于未与当地物流集散中心实现信息共享，公司货车在十堰只能点对点运输，四五家企业分别送货上门，耗时近1天，车找货回武汉又需要1~2天。

2.课外实训

学生分组调研全国及某省的物流政策和标准，并进行分类梳理和展示。

3.拓展训练

某仓储公司仓库固定资产价值超过 8 000 万元，而每年的利润不足 500 万元，资产回报率较低。公司领导认为，提升利润率需要开展物流增值服务，开发更多的利润贡献率高的优质客户。你认为可以通过哪些手段实现该目标？

项目二
物流主要作业活动

学习目标

知识目标：

1.了解运输的概念；熟悉运输作业活动；掌握合理运输的措施。

2.了解仓储的概念与地位；熟悉仓储作业活动；掌握合理仓储的方法；掌握仓储业务流程。

能力目标：

1.能够合理选择运输方式，辨别运输不合理现象。

2.能够完成简单的入库流程方案。

素养目标：

1.感受国家工程建设时奋斗者的创新精神、工匠精神。

2.领悟古人"积谷防饥""兵马未动粮草先行"的智慧。

3.深入了解仓储与运输的价值。

价值引领案例

匠心精神 | 港珠澳大桥正式开通

学习微平台

拓展阅读 2-1

2018年10月23日，习近平主席郑重宣布："港珠澳大桥正式开通！"全长55公里的港珠澳大桥集桥梁、隧道和人工岛于一体，建设难度之大，被业界称为桥梁界的"珠穆朗玛峰"。据不完全统计，港珠澳大桥创下了8个"世界之最"。

世界之最与举世瞩目的背后，凝聚着众多设计者、建造者多年的心血与汗水。1983年，港商胡应湘首次倡议；2004年3月，前期工作协调小组办公室成立；2009年12月15日，工程正式开工建设；2018年5月23日，建设完工。从倡议到开通，港珠澳大桥前后历时35年！

在港珠澳大桥建设之初，中国团队赴韩国考察学习，想看一看已建成的巨加跨海大桥的设备情况，却被一口回绝，最后只能在远处观看。中国与世界最有经验的荷兰公司洽谈合作，对方要价15亿元，中国3亿元的报价遭到对方嘲笑。走投无路，只剩下一条路可以走：自主攻关！孟凡超作为港珠澳大桥总设计师，带领珠澳大桥设计与建设团队展开科研攻关，掌握了具有自主知识产权的外海沉管安装成套技术。

这个曾经被外国专家断言"中国人无法做到"的工程，只是中国近年来"大国工程"的一个缩影。"大国工程"不仅展示了中国的"软实力"，更推动着中国的经济、科技实力再上一层楼。

资料来源　编者根据央视网资料改编。

思考：（1）港珠澳大桥的建成对于中国发展有何意义？

（2）港珠澳大桥建设者们的事迹带给我们哪些启示？

任务一　熟悉运输作业

★任务目标

　　了解运输的概念，熟悉运输作业活动，掌握合理运输的措施；能够合理选择运输方式，能够辨别运输不合理现象。

★课堂讨论

　　下列货物可选用哪几种运输方式？哪一种方式最合理？

1. 将鲜花从广州运到北京。
2. 将煤炭从山西运到秦皇岛。
3. 将新鲜蔬菜从郑州郊区运到郑州市区。
4. 将一批钢材从重庆运到武汉。
5. 将两箱急救药从成都运到重庆。

★问题引导

网络货运蓬勃发展　畅通经济发展"动脉"

　　与传统物流相比，网络货运最突出的特征是全流程线上化。中国物流与采购联合会2024年6月21日公布的《网络货运行业研究报告》（以下简称《报告》）显示，2020—2023年，我国网络货运行业正在从快速扩张期向高质量发展期转变，市场集中度逐步提高。

　　我国公路货物运输量占总货运量比重超过70%。作为平台经济在道路货物运输领域的典型代表，网络货运平台的出现，改变了长期以来我国公路运输市场"小、散、乱"的特点。在降低全社会物流成本的过程中，可以进一步发挥网络货运平台在整合资源、降本增效方面的积极作用。

　　根据《报告》，从运输货物品类来看，70.35%的平台型物流企业涉及矿产、建材、煤炭等大宗商品运输业务，其比例高于传统物流企业，说明平台型物流企业在大宗商品运输方面具有较大的资源聚集优势。另外，从事快递电商产品及冷链运输的网络货运平台比例有所提高，说明网络货运平台企业正在各垂直细分领域向专业化、精细化方向发展。据统计，73.5%的传统物流企业有参与网络货运或拓展网络货运业务的意愿，这意味着网络货运行业规模将进一步扩大。

资料来源　央视网. 7 000亿元、1.3亿单，网络货运蓬勃发展 畅通经济发展"动脉"［EB/OL］.［2024-06-21］. https://baijiahao.baidu.com/s？id=1802458938558357047&wfr=spider&for=pc.

思考：网络货运平台如何改变运输行业格局？

小词典

　　运输是指利用载运工具、设施设备及人力等运力资源，使货物在较大空间上产生位置移动的活动。

引导知识点

一、运输原理

运输原理是指导运输管理和营运的最基本的原理，是每次运输或配送中如何降低成本、提高经济效益的途径和方法。

1.规模原理

规模原理是指随着一次装运量的增大，每单位重量的运输成本下降。这是因为与货物运输有关的固定费用按整票货物的重量分摊时，一票货物越重，分摊到单位重量上的成本越低。货物运输的固定费用包括接受运输订单的行政管理费用、定位运输工具装卸的费用、开票以及设备费用等。铁路运输和水路运输的运输工具装载量大，其规模经济相对于运输量小的汽车、飞机等运输工具要好；整车运输由于利用了整个车辆的运输能力，固定费用也低，因而单位重量货物的运输成本也会低于零担运输。

2.距离原理

距离原理是指随着一次运输距离的增加，运输成本的增加会变得越来越缓慢，或者说单位运输距离的成本减少。运输成本与一次运输的距离有关：第一，在运输距离为零时，运输成本并不为零，这是因为存在一个与货物提取和交付有关的固定费用；第二，运输成本的增加随运输距离的增加而降低，即递减原理，这是因为与货物提取和交付有关的固定费用随着运输距离增加，分摊到单位运输距离上的运输成本降低。

根据距离原理，长途运输的单位运输距离成本低，短途运输的单位运输距离成本高。配送一般属于短途运输，而且受多批次、少批量需求的限制，运量不可能大，运输工具的装载率也较低，因此单位运输距离的成本肯定高于一般运输。配送可以通过优化配货和运输路线，尽可能降低本身的运输成本，更重要的是配送可以降低库存、降低存储费用，以及为用户提供更多的增值服务来降低整个物流系统的成本并提高社会效益。

3.速度原理

速度原理是指完成特定的运输所需的时间越短，其效用价值越高。首先，运输时间缩短，实际上是单位时间里的运输量增加，与时间有关的固定费用分摊到单位运量上的费用减少，如管理人员的工资、固定资产的使用费、运输工具的租赁费等；其次，由于运输时间短，物品在运输工具中滞留的时间缩短，从而使到货提前期变短，有利于减少库存、降低存储费用。因此，快速运输是提高运输效用价值的有效途径。快速运输不仅指提高运输工具的行驶速度，还包括提高其他辅助作业的速度及加强相互之间的衔接，如分拣、包装、装卸、搬运以及中途换乘等。运输方式当然是影响运输速度的重要因素，但是速度快的运输方式一般运输成本较高，如铁路运输成本高于水路运输，航空运输成本高于铁路运输。因此，通过选择高速度的运输方式来实现快速运输时，应权衡一下运输的速度与成本之间的关系，而在运输方式一定的情况下，应尽可能加快各环节的速度，并使其更好地衔接。

小思考 2-1

物流速度是越快越好吗？

★ 问题引导

假设你是某跨国公司的物流经理，负责协调公司的全球供应链。公司最近需要将一批重要的货物从中国发往欧洲，货物是电子设备，包含一些高价值的产品和易损部件。该批货物的总重量为 50 吨，需要在 30 天内送达。你有四种运输方式可以选择：海运、空运、铁路运输和公路运输。

（1）该批货物的交付时间需要在 30 天内完成。你认为哪种运输方式能更好地满足这个时间要求？

（2）运输的货物（电子设备）包含一些高价值的产品和易损部件。你认为哪种运输方式能够确保货物的安全，并降低运输过程中可能出现的风险？

（3）费用预算有限，且公司希望尽可能降低运输成本。哪种运输方式最符合成本控制的要求？是否有必要为更快的运输速度支付更高的费用？

（4）由于是跨国运输，可能会遇到不确定因素（海关政策、天气原因等）。你认为哪种运输方式能够更好地应对这些不确定因素，并确保按时到达？

（5）公司对环境影响也有一定的要求。你认为哪种运输方式对环境的影响较小，符合公司绿色物流的战略目标？

思考：请从不同的角度考虑运输方式的选择问题。

引导知识点

二、运输方式

1. 铁路运输

铁路运输是指使用铁路列车运送货物。它主要承担中长距离、大批量的货物运输，是干线运输的主力。其优点是运送速度快、载运量大、不大受自然条件影响；缺点是建设投资大、只能在固定线路上行驶、灵活性差、需要其他运输方式配合与衔接。长距离铁路运输分摊到单位运输成本的费用较低，而短距离铁路运输单位成本相对较高。

2. 水路运输

水路运输是指使用船舶经过内河或海洋运送货物。它与铁路运输共同发挥综合交通运输体系中主要运力的作用。其优点是成本低，能进行长距离、大批量的货运；缺点是受自然条件（如水域、港口、水文、气象等）影响较大，以致有时要中断运输，还有就是运输速度慢，同样需要其他运输方式配合与衔接。

小案例 2-1

中远海控全球通道建设加速推进

2025 年，科技变革、地缘政治动荡与经济波动相互交织，全球不确定性剧增。在此背景下，全球贸易虽稳步前行，却对物流运输的时效、成本、服务和环保提出了更高要求。作为航运业的领军者，中远海控开年即展现出强大的行动力，立体化推进全球通道建设。新船加速投入，航线持续优化拓展，枢纽港升级稳步推进，协同合作不断深化。各环节紧密配合，打造高效、便捷、绿色的供应链，引领行业驶向新阶段。

中远海控通过新船启航、航线拓展、枢纽港建设以及携手合作等举措进一步提升了全球供应链韧性，为全球经济增长提供了有力支撑。未来，中远海控将继续深化"集装箱航运+港口+相关物流"一体化服务建设，以更密集的航线网络覆盖、更智能的物流技术应用、更低碳的航运解决方案，为全球客户传递价值，为全球贸易发展贡献更大力量。

资料来源　中远海运. 新船舶 新航线 新枢纽 中远海控全球通道建设加速推进［EB/OL］. ［2025-02-28］. https://www.zgsyb.com/news.html? aid=716639.

思考：为什么海运是国际物流中最主要的运输方式？

3.公路运输

公路运输是指使用机动车辆在公路上运送货物。它主要承担短距离、小批量货运，成为铁路、水路运输方式不可缺少的接驳工具，以及铁路、水路运输难以到达地区的长距离、大批量货运。其优点是灵活性强、建设投资低、便于因地制宜、实现"门到门"运输，因此近年来在有铁路、水运的地区，较长距离大批量运输也较多采用公路运输；缺点是单位运输成本相对比较高。

4.航空运输

航空运输是指使用飞机等航空器运送货物，主要承担价值高或赶时间的货运。其优点是速度快；缺点是单位运输成本很高，受自然条件影响大。

▶ 小资料2-1

中国民航货运市场：规模与效益双突破

2024年，中国民航货运市场在全球供应链重构、跨境电商爆发及政策支持的推动下，实现了量质齐升的跨越式发展。全年货邮运输量达898.2万吨，同比增长22.1%，较2019年增长19.3%，创历史新高。国际航线货运需求持续强劲，2024年1—10月，民航日均货运航班约597架次，比2019年同期增长超过50%。从区域来看，东南亚、中西亚、南亚、欧洲、美洲等区域的货运航班量与2019年同期相比涨幅都超过100%。跨境电商与冷链物流等新兴业态成为核心增长引擎，上市航司与机场的协同发展进一步巩固了行业全球竞争力。2024年全年，中国民航货运量增速远超全球平均水平（11.3%），其中国际航线货邮运输量同比增速达29.3%，占全球增量贡献的30%以上。跨境电商需求激增是核心驱动力。

我国枢纽机场货邮吞吐量总体呈现显著增长态势，部分机场在区域协同、新设施投入及航线网络优化下表现尤为突出。2024年全国民用运输机场货邮吞吐量达2 005.8万吨，同比增长19.2%，达到2019年水平的117.3%。2024年全国机场货邮吞吐量排名第1—10位的依次为上海浦东机场、白云机场、深圳宝安国际机场、首都机场、鄂州花湖机场、郑州新郑机场、杭州萧山机场、成都双流机场、重庆江北机场及上海虹桥机场。除杭州萧山机场由于顺丰航空货运航线转场等原因货邮吞吐量下降外，其余9家机场货邮吞吐量均实现同比增长。值得注意的是，鄂州花湖机场异军突起，全年货邮吞吐量同比增幅高达296.8%，此外郑州新郑机场货邮以35.7%的涨幅成绩同样亮眼。

资料来源　丁一璠. 盘点2024年中国民航货运市场：规模与效益双突破［EB/OL］.［2025-03-05］. http://www.cea.org.cn/content/details_10_25485.html.

5.管道运输

管道运输是指使用管道运送气体、液体和粉状固体货物等流体或半流体物质。它是靠压力推动物体在管道内移动实现运送。其优点是封闭运输，可避免货损货差；缺点是管道设备固定，运输货物受限制，灵活性较差。

▶ 小资料2-2

美国是最早使用管道输送流体的国家。第一条原油管道于1865年在美国出现，它使用管径50毫米的熟铁管，全长9.75公里，每小时输送原油13立方米。20世纪50年代，随着石油开采业的迅速发展，各采油国开始大量兴建油气管道。

各种运输方式的优缺点参见表2-1。

表2-1　　　　　　　　　　　　　各种运输方式的优缺点

运输方式	优点	缺点
铁路运输	1.可以满足大量货物一次性、高效率运输 2.对于运费负担能力一般的货物，单位运费较低，比较经济 3.事故相对较少，安全性高 4.受天气影响小	1.近距离运输费用较高 2.不适合紧急运输的要求 3.长距离运输的情况下，由于需要进行车辆配装，中途停留时间较长
公路运输	1.可以进行"门到门"运输 2.适合近距离运输，比较经济 3.使用灵活，可以满足用户的多种需求	1.运输单位小，不适合大量运输 2.长距离运输运费较高
水路运输	1.适合运费负担能力一般的大宗货物的运输 2.适合宽大、重量大的货物运输	1.运输速度较慢 2.港口的装卸费用较高 3.受天气的影响较大，运输的准时性和安全性较差
航空运输	1.运输速度快 2.适合运费负担能力强的少量货物的长距离运输	1.运费高，不适合低价值货物和大量货物的运输 2.重量受到限制 3.机场所在地以外的城市在利用上受到限制
管道运输	1.运输效率高，适合于自动化管理 2.适合气体、液体和粉状固体货物的运输	运输对象受到限制

★**问题引导**

进入冬季，我国大部分地区都会有下雪、大雾等天气来袭，有时持续的时间比较长，这给交通运输带来了众多不确定因素，公路封路现象时有发生，所以冬季也成为物流经理最头痛的季节。

思考：冬季应如何选择运输方式？

引导知识点

三、运输方式的选择

选择运输方式一般要考虑如下要素：货物的性质、运输时间、交货时间、运输成本、批量、运输的机动性和便利性、运输的安全性和准确性等。对于货主来说，运输的安全性和准确性、运输费用的低廉性以及缩短运输总时间等因素是其关注的重点。从业种看，制造业重视运输费用的低廉性，批发业和零售业重视运输的安全性和准确性以及缩短运输总时间等方面。

第一要考虑运输物品的种类。在运输物品的种类方面，物品的形状、单件重量、容积、危险性、稳定性等都成为选择运输方式的制约因素。

第二要考虑运输量。在运输量方面，一次运输的批量不同，选择的运输方式也会不同。一般来说，原材料等大批量的货物运输适合于铁路运输或水路运输。

第三要考虑运输距离。货物运输距离的长短直接影响运输方式的选择。一般来说，中短距离的运输比较适合采用汽车运输。

第四要考虑运输时间。货物运输时间长短与交货期有关，应该根据交货期来选择适合的运输方式。

第五要考虑运输费用。虽然货物运输费用的高低是选择运输手段时要重点考虑的内容，但在考虑运输费用时，不能仅从运输费用本身出发，而必须从物流总成本的角度联系物流的其他费用综合考虑。物流总成本除包含运输费用外，还包含包装费用、保管费用、库存费用、装卸费用以及保险费用等。因此，考虑最为适宜的运输方式的时候，在成本方面应该保证物流总成本最低。

当然，在具体选择运输方式的时候，往往要受到当时运输环境的制约，而且也没有一个固定的标准。必须根据运输货物的各种条件，通过综合判断来加以确定。

小思考 2-2

运输企业的竞争主要表现在哪几个方面？

★**问题引导**

开放公路运输市场以后，在公路货物运输量剧增的同时，超载超限现象愈演愈烈，导致道路损坏加速、交通事故频发、环境污染，严重影响了运输市场的健康发展。究其原因，主要有：

（1）公路运输业负担过重，运输成本过高。

（2）运力失控，运价过低。

（3）大吨位、小标志导致的超限现象已经成为公路运输业发展的一个痼疾，是公路货物运输中一个必须重视的问题。

思考：你能说出现实生活中还有哪些运输问题吗？

引导知识点

四、不合理运输的形式

1.空驶

空车空载行驶，可以说是不合理运输的最突出表现。造成空驶的不合理运输主要有以下几种原因：①能利用社会化的运输体系而不利用，却依靠自备车送货提货，往往出现单程实车、单程空驶的不合理运输。②由于工作失误或计划不周，造成货源不实，车辆空去空回，形成双程空驶。③由于车辆过分专用，无法搭运回程货，只能单程实车、单程回空周转。

2.对流运输

对流运输亦称"相向运输"或"交错运输"，指同一种货物在同一线路上或平行线路上作相对方向的运送，而与对方运程的全部或一部分发生重叠交错的运输。

3.迂回运输

迂回运输是舍近求远的一种运输，是应选取短距离进行运输却选择路程较长路线进行运输的一种不合理形式。

4.重复运输

本来可以直接将货物运到目的地，但是未达目的地就将货卸下，再重复装运送达目的地，这是重复运输的一种形式；另一种形式是同品种货物在同一地点一面运进，一面又运出。重复运输的最大问题是增加了非必要的中间环节，这就延缓了物流速度，增加了费用和货损。

5.运力选择不当

它是指未根据各种运输工具的优势，不正确地利用运输工具造成的不合理现象。常见的有以下若干形式：①弃水走陆。它是指在同时可以利用水运及陆运时，不利用成本较低的水运或水陆联运，而选择成本较高的铁路运输或汽车运输，使水运优势不能发挥的做法。②铁路、大型船舶的过近运输。它是指不是铁路及大型船舶的经济运行里程，却利用这些运力进行运输的不合理做法。其主要不合理之处在于火车及大型船舶起运及到达目的地的准备、装卸时间长，且机动灵活性不足，在过近距离中利用，发挥不了运输工具的优势。相反，由于装卸时间长，反而会延长运输时间。另外，和小型运输设备比较，火车及大型船舶装卸难度大，费用也较高。③运输工具承载能力选择不当。它是指不根据承运货物数量及重量选择，而盲目决定运输工具，造成过分超载、损坏车辆或货物不满而浪费运力的现象，尤其是"大马拉小车"现象发生较多。由于装货量小，单位货物运输成本必然增加。

6.托运方式选择不当

它是指对于货主而言，可以选择最好的托运方式而未选择，造成运力浪费及费用支出增加的一种不合理运输。应当选择整车而未选择，反而采取零担托运，应当直达而选择了中转运输，应当中转运输而选择了直达运输等都属于这一类型的不合理

学习微平台

微课 2-3：
不合理运输
类型

运输。

7.超限运输

超过规定的长度、宽度、高度和重量，容易引起货损、车辆损坏和公路路面及公路设施的损坏，还会造成严重的安全事故。超限运输是当前表现突出的不合理运输。

🔵 小案例2-2

长江航运集团公司与武汉钢铁集团公司、沿江两岸大型火力发电厂等国有企业签订了运输进口铁矿石和煤炭的长期包运运输合同，就是由船方在规定的时间内用若干条船运完合同规定的货物数量，企业按合同向船方结算运费。

零星货源或少量件杂货源由地方航运企业承担航次租船运输业务；价值高的货物一般走集装箱船运输。

思考：公司这样开展运输合理吗？

★ 问题引导

某物流企业目前面临严峻挑战。分散的仓库与配送中心因缺乏统一协调机制，导致运输路线规划冗余，重复配送与迂回运输频发；车辆负载失衡和载重空间利用率不足进一步推高空驶率，加剧资源浪费。在新兴市场，基础设施薄弱与极端天气频发形成叠加风险，致使运输延误率攀升，准时交货率下降。而传统依赖人工调度与老旧系统的运营模式，难以应对订单高峰期的动态需求，不仅响应滞后，更因资源错配放大了效率与成本的双重压力。

思考：哪些因素影响着企业的运输合理化？

📍 引导知识点

📖 小词典

运输合理化是指物品在从生产地到消费地的运输过程中，从全局利益出发，力求运输距离短、运输能力省、运输费用低、中间转运少、到达速度快、运输质量高，并充分有效地发挥各种运输工具的作用和运输能力，这是运输活动所要实现的目标。

五、运输合理化的影响因素

1.运输距离

在运输时，运输时间、运输货损、运费、车辆或船舶周转等运输的若干技术经济指标，都与运输距离有一定比例关系，运输距离长短是运输是否合理的一个最基本因素。缩短运输距离从宏观、微观来看都会带来好处。

2.运输环节

每增加一次运输，不但会增加起运的运费和总运费，而且必然会增加运输的附属活动，如装卸、包装等，各项技术经济指标也会因此恶化。所以，减少运输环节尤其是减少同类运输工具的环节，对合理运输有促进作用。

3.运输工具

各种运输工具都有各自的优势领域，对运输工具进行优化选择，按运输工具特点进行装卸运输作业，最大限度地发挥所用运输工具的作用，是运输合理化的重要一环。

4.运输时间

运输是物流过程中需要花费较多时间的环节，尤其是远程运输，在全部物流时间中，运输时间占绝大部分，所以运输时间的缩短对整个流通时间的缩短具有决定性的作用。此外，运输时间短，有利于运输工具的加速周转（充分发挥运力的作用），有利于货主资金的周转，有利于运输线路通过能力的提高，对运输合理化有很大作用。

小思考 2-3

为什么航空运输长距离更有优势？

5.运输费用

运输费用的降低，无论对货主企业来讲还是对物流经营企业来讲，都是运输合理化的一个重要目标。

★ 问题引导

安徽省港航集团有限公司通过推动大宗物资中长距离运输"公转水"和铁水联运，打造了芜湖至上海联盟直达航线。这一模式实现了集装箱中转效率提升1倍，企业运输费用下降近20%，长江、淮河流域企业物流成本分别降低800~1 000元/箱。

资料来源　荆文娜. 加大创新打通物流降本提质增效"筋络"［N］. 中国经济导报，2024-11-28（1）.

思考：安徽省港航集团有限公司采取了哪些运输合理化的措施？

引导知识点

六、运输合理化的有效措施

1.提高运输工具实载率

提高实载率的意义在于：充分利用运输工具的额定能力，减少车船空驶和不满载行驶的时间，减少浪费，从而达到运输的合理化。运输工具的实载率包括重量的实载率和体积的满载率两方面。

当前，国内外开展的"配送"形式，就是社会化的运输体系的发展。优势之一就是将多家需要的货物或者一家需要的多种货物实行配装，以达到容积和载重的充分合理运用，比起以往自家提货或一家送货车辆大部分空驶的状况，是运输合理化的一个进步。在铁路运输中，采用整车运输、合装整车、整车分卸等具体措施，都是提高实载率的有效措施。

2.采取降低动力投入、提高运输能力的有效措施

这种合理化的要点是少投入、多产出，走高效益之路。运输的投入主要是能耗和基础设施的建设，在设施建设已定型和完成的情况下，尽量减少能源投入是减少投入的核心。做到了这一点就能大大节约运费，降低单位货物的运输成本，达到合理化的目的。国内外在这方面的有效措施有：①在机车能力允许的情况下，加挂车皮。②水运拖排和拖带法。竹、木等物资的运输，利用竹、木本身的浮力，不用运输工具载运，采取拖带法运输，可省去运输工具本身的动力消耗从而实现合理运输；将无动力驳船编成一定队形，一般是"纵列"，用拖轮拖带行驶，可以比船舶载乘运输运量大。③顶推法。它是指将内河驳船编成一定队形，由机动船顶推前进的航行方法。作为我国内河货运采取的一种有效方法，其优点是航行阻力小，顶推量大，速度较快，运输成本很低。④汽车列车。汽车列车的原理和船舶拖带、火车加挂基本相同，都是在充分利用动力能力的基础上，提高运输能力。⑤选择大吨位汽车。在运量比较大的路线上，采用大吨位汽车进行运输，比小吨位汽车进行运输费用更节约。

3.尽量发展直达运输

直达运输是追求运输合理化的重要形式，其对合理化的追求要点是通过减少中转、过载、换载，从而提高运输速度，省去装卸费用，降低中转货损。直达的优势，在一次运输批量和用户一次需求量达到一整车时表现最为突出。

例如，"四就"直拨运输就是一种运输合理化的表现形式。"四就"直拨，包括就厂直拨、就车站直拨、就仓库直拨和就车船直拨。一般批量到站或到港的货物，首先要进分配部门或批发部门的仓库，然后再按程序分拨或销售给用户，在这种方式下，往往会出现不合理运输。"四就"直拨能够减少中转运输环节，力求以最少的中转次数完成运输。其具体形式见表2-2。

学习微平台

动画 2-1：
"四就"直拨

表2-2　　　　物流运输"四就"直拨的具体形式

主要形式	含义	具体形式
就厂直拨	物流部门从工厂收购商品，经工厂验收后，不经过中间仓库和不必要的转运环节，直接调拨给销售部门或直接送到车站或码头运往目的地	厂际直拨 厂店直拨 厂批直拨 用工厂专用线、码头直接发运
就车站直拨	物流部门对外地到达车站的货物，在交通运输部门允许占用场站的时间内，经交接验收后，直接分拨或发送到各销售部门	直接运往市内各销售部门 直接运往外埠要货单位
就仓库直拨	在货物发货时越过逐级调拨，省略不必要的中间环节，直接从仓库拨给销售部门	对需要储存保管的货物就仓库直拨 对需要更换仓库的货物就仓库直拨 对常年生产、常年销售货物就仓库直拨 对季节性生产、常年销售货物就仓库直拨
就车船直拨	对外地用车、船运的货物，经交接验收后，不在车站或码头停放，不入库保管，随即通过其他运输工具换装，直接运至销售部门	就火车直装汽车 就船直装火车或汽车 就大船过驳小船

4.配载运输

配载运输是充分利用运输工具载重量和容积，合理安排装载的货物及载运率的一种有效运输形式。

配载运输往往是轻重商品的混合配载，在以重质货物运输为主的情况下，同时搭载一些轻泡货物，如海运矿石、黄沙等重质货物，在上面捎运木材、毛竹等。铁路运矿石、钢材等重物上面搭运轻泡农副产品等，在基本不增加运力投入、不减少重质货物运输的情况下，解决了轻泡货物的搭运问题，因而效果显著。

5.发展特殊运输技术和运输工具

依靠科技进步是运输合理化的重要途径。例如，专用散装车及罐车，解决了粉状、液状物运输损耗大及安全性差等问题；集装箱货船比一般船舶能容纳更多的箱体，集装箱货船高速直达，加快了运输速度等，都是通过采用先进的科学技术实现高效率运输。

◉ 小案例 2-3

某运输船在船长及一名船工的驾驶下，装载约45吨电石由吴淞口水域驶往上海某氧气厂，在遭遇5～6级大风的情况下依然冒险航行，强劲的大风将本不严实的货舱油布掀开，导致电石暴露，遇水后发生强烈反应起火爆炸，船长当场死亡。

思考：试分析事故的原因。

6.通过流通加工，使运输合理化

有不少产品由于其本身形态及特性问题，很难实现运输的合理化，如果进行适当加工，就能够有效解决合理运输问题。例如，将造纸材料在产地预先加工成干纸浆，然后压缩体积运输，就能解决造纸材料运输不满载的问题；轻泡产品预先捆紧包装成规定尺寸，装车就容易提高装载量；水产品及肉类预先冷冻，就可提高车辆装载率并降低运输损耗。

课堂提问 ✔

某公司建有一仓库，为一些日用品商店提供仓储服务。该仓库货源来自对上千家供应商的小批量采购。为降低运输成本，该公司在主要供货商所在地建立了合并运输的集运站，通知供货商将该公司采购的货物运往集运站。当货物累积到一整车时，该公司自己的卡车就会将货物由集运站运到仓库。请问：该公司这样做有何好处？

课堂实训 ✔

有一家运输公司，车型有5吨、10吨两种。所有的货物都是当天收货当天晚上发运，第二天晚上能到达目的地；顾客发货的要求是三天内到达。运输公司近三天的发货量见表2-3。

表2-3　　　　　　　　　　运输公司近三天的发货量

天数＼地点	石家庄	北京	徐州	上海	武汉	西安
第一天	4吨	3吨	2吨	9吨	5吨	6吨
第二天	2吨	6吨	8吨	7吨	12吨	8吨
第三天	3吨	1吨	5吨	3吨	7吨	5吨

发运方案如下：

第一天：发石家庄5吨的车一辆、发北京5吨的车一辆、发徐州5吨的车一辆、发上海10吨的车一辆、发武汉5吨的车一辆、发西安10吨的车一辆。

第二天：发石家庄5吨的车一辆、发北京10吨的车一辆、发徐州10吨的车一辆、发上海10吨的车一辆、发武汉5吨和10吨的车各一辆、发西安10吨的车一辆。

第三天：发石家庄5吨的车一辆、发北京5吨的车一辆、发徐州5吨的车一辆、发上海5吨的车一辆、发武汉10吨的车一辆、发西安5吨的车一辆。

试分析：近三天的运输哪些是不合理的，请给出你的方案。

案例分组讨论 ✓

环球维萨有限公司（简称"环球公司"）购买了大量太平洋鲱鱼，并委托俄罗斯海事检验公司（简称"检验公司"）进行运输。该运输使用的"米科夫教授"轮存在严重的适航问题，尤其是辅机无法正常工作，船舶未能按预定计划启航。由于检验公司未及时修复船舶的设备，导致船舶在多个港口滞留，运输路线不合理且耗时过长。船舶在俄罗斯海参崴停留17天，又绕行至韩国釜山停留69天，最终延迟了数月才抵达目的港大连。

该运输安排导致货物在长时间的运输过程中遭遇严重的风干、变质和质量下降，最终影响了环球公司与客户之间的交易履行。环球公司原计划将鲱鱼加工成风干调味鱼片出口，但因货物质量问题，未能按时交货，导致合同违约并支付了赔偿金。

检验公司未能确保船舶的适航性和运输的合理性，严重影响了货物的运输时效和质量。法院最终判定，检验公司在运输过程中存在重大疏忽，应对货物的损失和违约赔偿负责。

资料来源 施场. 承运人因船舶不适航和不合理绕航而迟延交付货物则不能援用海商法关于限制赔偿责任的规定［EB/OL］.［2024-12-12］. https://www.dlhsfy.gov.cn/court/html/2020/aldx_0430/1537.html？utm_source=chatgpt.com.

问题：案例在运输合理化方面带给我们哪些启示？

任务二　熟悉仓储作业

★任务目标

了解仓储的概念与地位，熟悉仓储作业活动；掌握合理仓储的方法，能够掌握仓储业务流程。

📖小词典

仓储是利用仓库及相关设施设备进行物品的入库、储存、出库的活动。

储存是指贮藏、保护、管理物品。

保管是指对物品进行储存，并对其进行保护和管理的活动。

仓储管理是对仓储及相关作业进行的计划、组织、协调与控制。

★课堂讨论

某连锁企业的进货情况如下：牛奶、果汁等商品每周进一次货，有时因需求量很大，周五就开始缺货，但采购部认为其保质期较短不能多进。有些冷门商品需求量小，周转慢，平均两到三周进一次货，这些存货占用了很大的空间，很多时候由于货品存放时间太长而过了保质期，只好扔掉。

请问：该企业进货存在什么问题？你将如何解决？

★问题引导

有这样一道数学题：有一个蓄水池，当你打开进水管时，每小时进水12立方米；打开出水管，每小时出水10立方米，水池能蓄水100立方米。如果进出水管同时打开，问多长时间能把水池灌满？

思考：过去我们把仓库比作蓄水池，现在我们还要不要把"水池"灌满？如何控制"水龙头"？

引导知识点

一、仓储的功能

（1）仓储是社会生产顺利进行的必要过程。现代社会生产的一个重要的特征是专业化和规模化。一方面，企业生产的绝大多数产品不能被立即消费，需要使用仓储的手段进行储存；另一方面，仓储能够提供合理的原材料储备，保证及时供应，避免生产过程因缺原材料而中断，保证生产过程持续进行。

（2）调节生产和消费的时间差，维持市场稳定。人们的需求与产品的集中供给之间存在时间差矛盾。集中生产的产品若立即推向市场，则短期内必然造成产品供大于求，使产品价格大幅度下跌；反之，市场供应不足势必导致产品价格上涨。通过将产品储存起来，均衡地向市场供给，可起到稳定价格、稳定市场的作用。

（3）保持产品的使用价值。企业生产出来的产品在消费之前必须保持其使用价值，通过仓储对产品进行保护、养护、管理，可以防止其损坏而丧失使用价值，甚至可对其进行处理、加工，提高产品的附加值，促进产品的销售，增加收益。

（4）衔接流通过程。产品从生产到消费，经过分散—集中—分散的过程，需要通过仓储进行集货、候车、配载、包装、分散等，也需要在仓储过程中进行整合、分类配送等处理。

（5）仓储是市场信息的传感器。任何产品的生产者都需要把握市场的动向，而仓储的变化是了解市场信息变动的重要途径。

（6）仓储是开展物流管理的重要环节。仓储是物流的重要环节，仓储的成本是物流成本重要的组成部分。开展物流管理必须特别重视对仓储的管理。

（7）提供信用保证。存货人把商品存放在仓库，购买人可以到仓库查验商品，双方可以在仓库进行转让交割。另外，仓单是有价的实物交易凭证，作为金融工具，可使用仓单进行质押。

★问题引导

有一个深潭，养了很多鱼，品种繁多，生机勃勃。可有一天气温骤降，潭里的水渐渐开始结冰。冰越结越厚，水却越来越少。虽然，从化学成分上来说潭里的"水量"还是那么丰富，可鱼类却已无法生存。

思考：如果你是养鱼人，你将怎么办？

引导知识点

二、仓储的逆作用

在物流系统中，仓储是一种必要的活动，但其本身也存在冲减物流系统效益、恶化物流系统运行的情况。因为仓储的代价太高，所以有人认为，仓储中的"库存"是企业的"癌症"。

（1）固定费用支出。仓储作业活动会引发仓库建设、仓库管理、招聘仓库工作人员等一系列连锁反应，必然产生相应的固定费用支出。

（2）利息损失和机会成本。仓储物资会占用大量的资金，这部分资金如果用于其他项目可能会产生更高的收益，所以利息损失和机会成本都是很大的。

（3）陈旧损坏与跌价损失。物品在储存期间可能因物理、化学、生物等方面的破坏而遭受损失，严重者会失去全部价值及使用价值。随仓储时间的增加，存货无时无刻不在发生陈旧变质等损失；一旦错过有利的销售期，又不可避免地出现跌价损失。

（4）保险费支出。为分担风险，企业会对仓储物资投保，保险费用支出在有些国家和地区已达到相当高的比例。随着仓库的大型化和企业风险防范意识的增强，保险费用支出的比例将呈现上升的趋势。

（5）进货、验收、保管、发货、搬运等可变作业费支出。

★问题引导

某公司的自动化立体库的库房为混凝土两层建筑，层高6米。中部是滚动式货梯；库区全部采用条码识别系统，机械化作业，采取先进先出原则；库区与上货区、下货区彻底隔离，库区内严禁人员进入。

思考：库区内严禁人员进入，货物是如何进出库区的？

引导知识点

三、仓储作业环节

仓储作业过程可以分为物流和信息流。物流是物品从库外流向库内，并经过合理停留后流向库外的过程。就其作业内容和作业顺序看，主要包括接运、验收、入库、保管、保养、出库、发运（配送）等环节。

信息流是指保管物品的信息流动，它是借助于一系列信息文件来实现的。这些文件包括各种物资单据、凭证、台账、报表、资料等。它们在仓库作业各阶段的传递过程中逐渐形成了信息流。信息流一方面伴随着物流而产生，另一方面它又保证和调节着物流的数量、方向、速度和目标，使之按一定的目标和规则运动。因此，仓储作业过程是以物流为主，物流与信息流并行的过程。随着现代通信技术的进步，信息流在仓储系统中的作用越来越重要，正在改变着传统仓库作业和作业管理模式。

仓储的基本作业过程可以分为三个阶段，即货物入库阶段、货物保管阶段和货物出库阶段（如图2-1所示）。下面简要介绍一下入库阶段和出库阶段。

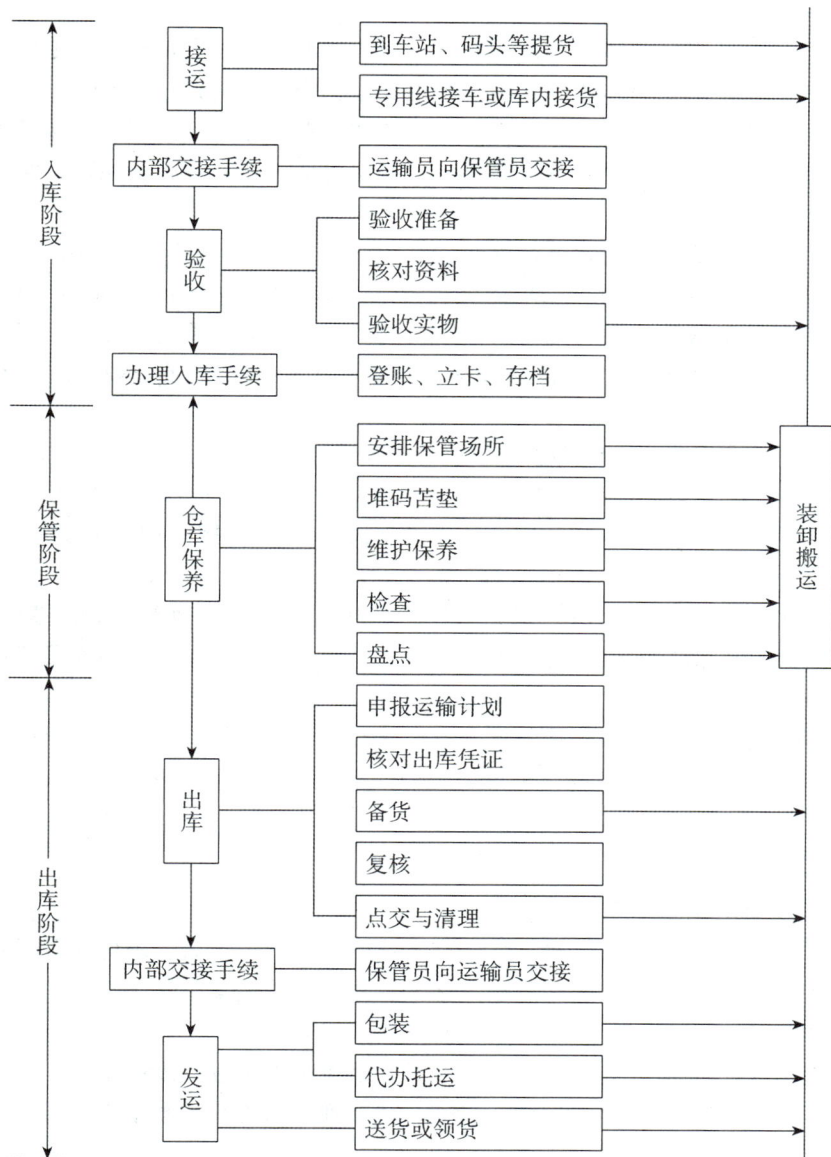

图2-1 仓储基本作业流程图

1.入库阶段

（1）货物接运。货物接运的主要任务是与托运者或承运者办理业务交接手续，保质、保量、及时地将货物安全地接运回库。

①到车站、码头等提货。这是由外地托运单位委托铁路、水运、民航等运输部门或邮局代运或邮递货物到达本埠车站、码头、民航站、邮局后，仓库依据到货通知单

派车提运货物的作业活动。这种到货提运形式大多适用于零担托运、到货批量较小的货物。在汽车运输与其他运输方式联合运输的过程中会出现这种方式的作业活动。此外，在接受货主的委托，代理完成提货、末端送货活动的情况下也会发生到车站、码头等提货的作业活动。

②到货主单位提取货物。这是仓库受托运单位的委托，直接到供货单位提货的一种形式。这种提货形式的作业内容和程序主要是：当货栈接到托运通知单后，做好一切提货准备，并将提货与物资的初步验收工作结合在一起进行。因此，接运人员要按照验收注意事项提货，必要时可由验收人员参与提货。在供货人员在场的情况下，当场进行验收。

③托运单位送货到库接货。这种接货方式通常是托运单位与仓库在同一城市或附近地区，不需要长途运输时所采取的一种形式。这种接货方式的作业内容和程序是：当托运方送货到货栈后，根据托运单（需要现场办理托运手续的先办理托运手续）当场办理接货验收手续，检查外包装，清点数量，做好验收记录。如有质量和数量问题，托运方应在验收记录上注明。

④铁路专用线到货接货。这是指仓库备有铁路专用线，大批整车或零担到货接运的形式。它是公（路）铁（路）联合运输的一种形式。在这种运输形式下，铁路承担主干线长距离的货物运输，汽车承担支线部分的直接面向收货方的短距离的运输。

（2）货物验收。货物验收是保证入库物品数量和质量准确无误的关键作业环节，物品的验收不仅要做好验收本身的工作，而且要为下一步的保管和出库阶段服务。货物验收应遵循认真、准确、及时的原则。

货物验收作业程序一般包括验收准备、核对凭证、数量验收、质量验收、填写验收报告、处理验收问题等。

学习微平台

微课 2-4：
为什么要进行
商品检验？

小思考 2-4

为什么要进行商品检验？

（3）货物入库。货物经过验收合格或发现问题处理完毕后，即应办理货物入库手续。货物入库作业的主要内容是登账、立卡及建立货物档案。

2.出库阶段

货物出库是仓储业务的最后一个阶段。它是指根据运输调度的指示，经过货物出库前准备、凭证核对、备货、复核、点交、清理到发运为止的整个作业过程。出库方式有以下几种：

（1）自提方式。货主凭提货单经过一定手续，到货栈仓库提货，仓库依据出库凭证发货。

（2）送货方式。根据运输合同的规定，在指定的时间内将运抵到货栈的货物分别送达到货主手中。

（3）中转发运。小批量的货物在经过一定时间聚集成大批量后，将进行干线运输。根据运输调度的指示，运输员凭调度单办理出库手续。

学习微平台

微课 2-5:
商品在出库时,
容易出现什么
问题? 如何解
决这些问题?

小思考 2-5

　　商品在出库时, 容易出现什么问题? 如何解决这些问题?

★ 问题引导

　　某公司通过合理规划仓库空间, 将产品按型号分类存放, 提高了空间利用率。同时, 通过精细化的库存管理, 减少了库存积压和缺货现象。根据货物的出入库频率, 合理安排货位, 确保高流量货物的存放位置便于操作, 提高出入库效率。同时, 公司引入仓储管理系统(WMS), 实现库存的实时监控和管理, 自动生成入库、出库和盘点任务, 通过 RFID 技术实时更新库存数据。

　　思考: 该公司运用了哪些仓储原则?

引导知识点

四、仓储的基本原则

　　(1) 面向通道进行保管的原则。为便于物品上架存放和取出, 提高保管效率, 物品的码放、货架的朝向应该面向通道, 这也是库内设计的原则。

　　(2) 高层堆码的原则。尽可能地向高处码放, 提高保管效率, 有效利用库内容积。为防止破损, 保证安全, 应当尽可能使用货架等保管设备。

　　(3) 先进先出原则。对于易变质、易破损、易腐败的物品以及机能易退化、老化的物品, 应尽可能按先进先出的原则, 加快周转。由于商品的多样化、个性化、使用寿命普遍缩短, 因此贯彻这一原则显得十分重要。

　　(4) 周转对应保管原则。根据出库频率选定位置。出货和进货频率高的物品应放在靠近出入口、易于作业的地方; 流动性差的物品放在距离出入口稍远的地方; 季节性物品则依其季节特性来选定放置的场所。

　　(5) 同一性原则。为提高作业效率和保管效率, 同一物品或相同品种物品应放在同一地方保管。

　　(6) 类似性原则。将类似的物品放在邻近的地方保管。

　　(7) 重量特性原则。根据物品重量安排保管的位置。安排放置场所时, 要把重的物品放在货架的下边, 把轻的物品放在货架的上边; 需要人工搬运的大型物品码放在腰部以下的位置, 轻型物品码放在腰部以上的位置。

　　(8) 形状特性原则。这是依据形状安排保管的方法, 如标准形状商品应放在托盘或货架上来保管, 特殊形状的商品采用相应的器具保管。

　　(9) 位置标志原则。货物存放的场所要有明确的标志, 以便于货物的查找, 提高上货和取货的速度, 减少差错的发生。标志的位置要便于作业人员的视觉识别。

　　(10) 关联商品保管原则。以货物出库方式为前提, 将相关联的物品(按照预计的出库货物构成确定的关联物品)码放在相近的场所, 以便提高出库作业效率。

小思考 2-6

　　茶叶在仓库中如何保管保养?

学习微平台

微课 2-6:
茶叶在仓库中
如何保管保养?

★ 问题引导

某零售企业库存管理成本较高，部分滞销品占用了大量的仓储空间。为此，公司引入了ABC分类法，将库存物品分为A、B、C三类，根据价值和销售频率进行差异化管理。同时，优化库存布局，将A类商品靠近出库口存放，B类和C类商品依次调整存放位置。另外，利用大数据分析工具预测市场需求，调整采购计划。最终库存成本显著降低，资金周转率提高，客户满意度提升。

思考：该零售企业在储存合理化方面做对了什么？

📍 引导知识点

五、储存合理化的实施

1.将静态储存变为动态储存

这包括以下几方面：①加快储存的周转速度。周转速度一快，会带来一系列的合理化好处：资金周转快、资本效益高、货损降低、仓库吞吐能力增加、成本下降等。在网络经济时代，信息技术和现代管理技术、现代科技手段可以有效地支持库存周转的加快。例如，通过快速、及时的信息传递，掌握资源和需求，做到有效的衔接，而不完全通过库存数量提供保证。另外，许多物流技术可以缩短操作时间，加快周转，诸如采用单元集装存储、建立快速分拣系统等。②视野从仓库储存放大到整个物流系统。在整个物流系统的运行过程中，许多物品动态地存在于运输车辆、搬运装卸的过程之中，也可以把它看成是一种动态的储存。只要有有效的信息管理技术的支持，这些动态的储存完全可以起到一般储存的作用，取代静态的库存。③对静态的仓库实行动态的技术改造。

学习微平台

微课2-7：云仓

2.实施重点管理

储存是一种相当繁杂的经济活动。对于工业企业而言，总是要处理上万种供应品和销售品的物流问题，这么庞杂的体系，其对于企业供应、企业经营和企业销售的影响是不同的，对于企业经济效益的贡献也是不同的。任何一个企业，即使采取最先进的信息技术和计算机管理手段，受管理成本的约束，管理的力量也是有限的。所以，采取重点管理的方法是使复杂物流系统实现合理化的手段之一。

实施重点管理，一般通过ABC分类管理来实现。ABC分类管理就是将库存物品按品种和占用资金的多少分为特别重要的库存（A类）、一般重要的库存（B类）和不重要的库存（C类）三个等级，然后针对不同等级分别进行管理与控制。

ABC分类管理（见表2-4）是通过对库存进行统计、综合、排列、分类，找出主要矛盾、抓住重点进行管理的一种科学有效的管理方法。把品种少、占用资金多、采购较难的重要物品归为A类；把品种多、占用资金少、采购较容易的次要物品归为C类；把处于中间状态的归为B类。A类物品在订货批量、进货时间和库存储备方面采用定量订货的方法，实行重点管理、定量供应，严格控制库存；C类物品可采用简便方法管理，如固定时间订货；B类物品实行一般控制，如采取定期订货、批量供应等办法。

表2-4　　　　　　　　　　　　　　　　ABC分类管理

分类结果	管理重点	订货方式
A类	为了压缩库存，投入较大力量精心管理，将库存压到最低水平	计算每种物品的订货量，采用定量订货方式
B类	按经营方针来调节库存水平，例如，要降低库存水平时，就减少订货量和库存	采用经济批量订货方式
C类	集中大量的订货，不费太多力量，增加库存储备	双仓法储存，采用固定时间进行订货

ABC分类管理的应用，在库存管理中比较容易取得以下成效：一是压缩了总库存量；二是释放了被占用的资金；三是使库存结构合理化；四是节约了管理力量。

3.采用有效的"先进先出"方式

就物流系统而言，即使整个系统形成了有效的动态运转，也经常会出现一部分物品的储存期过长的现象。为了保证每个被储存物品的储存期不致过长，"先进先出"的管理措施是一种有效的方式，也是储存管理的准则之一。

有效的"先进先出"方式主要有：①采用计算机存取系统。采用计算机管理，根据入库时的时间记录，可以自动排列出出货的顺序，从而实现"先进先出"。这种计算机存取系统还能将先进先出和快进快出结合起来，即在保证先进先出的前提下，将周转快的物品随机存放在便于存储之处，以加快周转，减少劳动消耗。②在仓库中采用技术流程的办法可保证"先进先出"。最有效的方法是采用重力式货架系统，利用货架的每层倾斜形成自然下滑的通道，从一端存入物品，从另一端取出物品，物品在通道中自行按先后顺序排队，不会出现越位等现象。重力式货架系统可以从技术手段上解决"先进先出"问题，提高仓库的利用率，又能使仓库管理实现机械化、自动化，是现代仓库的重要技术措施。③"双仓法"储存。给每种被储物都准备两个仓位或货位，轮换进行存取，再配以必须在一个货位中取尽才可补充的规定，则可以保证实现"先进先出"。这种方法在管理上比较简单，设备的投入、管理的投入都比较低，但是库存水平一般比较高，适合于资金占用量不大、经常使用又无须进行重点管理的物资采用。

4.提高储存密度，提高仓容利用率

这样做的主要目的是减少储存设施的投资，提高单位存储面积的利用率，以降低成本、减少土地占用。具体有三类方法：①采取高垛的方法，增加储存的高度。例如采用高层货架仓库、采用集装箱等，都可比一般堆存方法大大增加储存高度。②缩小库内通道宽度以增加有效储存面积。例如，采用窄巷道式货架，配以轨道装卸车辆，以减少车辆运行宽度要求；采用侧叉车、推拉式叉车，以减少叉车转弯所需的宽度。③减少库内通道数量以增加有效储存面积。例如，采用密集型货架、可进车的可卸式货架、各种贯通式货架，采用不依靠通道的桥式吊车装卸技术等，如密集式仓库（如图2-2所示）。

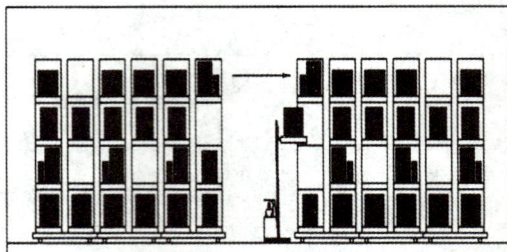

图2-2　密集式仓库

5.采用有效的储存定位系统

储存定位是指被储物位置的确定。如果定位系统有效，就能大大节约寻找、存放、取出的时间，节约不少物化劳动及活劳动，而且能防止出现差错，减少空位的准备量，提高储存系统的利用率。

对于存储品种多、数量大的大型仓库而言，采取计算机储存定位系统已经成为必不可少的手段。计算机定位系统是利用计算机储存容量大、检索迅速的优势，在入库时将存放货位输入计算机，出库时向计算机发出指令，并按计算机的指示人工或自动寻址，找到存放货位，再用人工方法或自动方法拣选取货。一般采取自由货位方式，计算机指示入库货物存放在就近易于存取之处，或根据入库货物的存放时间和特点，指示合适的货位，取货时也可就近就便。这种方式可以充分利用每一个货位，而不需专位待货，有利于提高仓库的储存能力，当吞吐量相同时，可比一般仓库减少建筑面积。

6.采用有效的监测清点方式

监测储存物品的数量和质量，对于掌握其基本情况和科学控制库存是非常必要的。实际工作出现差错，就会使账实不符，所以必须及时且准确地掌握实际储存情况，经常与账卡核对，无论是人工管理还是计算机管理这都是必不可少的。此外，日常的监测也是掌握被储存物品质量状况的重要工作。

监测清点的有效方式主要有：①"五五化"堆码。它是我国手工管理中采用的一种科学方法。储存物堆垛时，以"五"为基本计数单位，堆成总量为"五"的倍数的垛形，有经验者可过目成数，大大加快了人工点数的速度，且少出差错。即使在网络经济时代，也不可避免会有一些临时性的存储需求可以使用"五五化"堆码进行管理，例如，建筑工地的临时仓库、开发前期的用料准备仓库和出于各种原因暂时无法建立计算机管理系统的仓库等。②光电识别系统。在货位上设置光电识别装置，该装置对被储存物品扫描，并将准确数目自动显示出来。这种方式不需要人工清点就能准确掌握库存的实有数量。③电子计算机监控系统。用电子计算机指示存取，可以避免人工存取容易导致的差错。如在被储存物品上采用条形码认寻技术，使识别计数和计算机联结，每存取一件物品时，识别装置自动将条形码识别并将其输入计算机，计算机会自动进行存取记录。

7.采用现代储存保养技术

现代储存保养技术是防止储存损失、实现储存合理化的重要措施。

（1）气幕隔潮。"气幕"就是在库门上方安装鼓风设备，使之在门口处形成一道气流。由于这道气流有较高压力和流速，在门口便形成一道气墙，可有效阻止库内外空气交换，防止湿气侵入。气幕还可以起到保持室内温度的隔热作用。

（2）气调储存。它是通过调节和改变环境空气成分，抑制被储存物品的化学变化和生物变化，抑制害虫生存及微生物活动，达到保持被储存物品质量的目的。

其具体方法有：在密封环境中更换配好的气体；充入某种成分的气体；抽去或降低某种成分气体等。气调储存对于有新陈代谢作用的水果、蔬菜、粮食等物品的长期保质、保鲜储存很有效。例如，粮食可长期储存，苹果可储存三个月。气调储存对于防止生产资料在储存期的有害化学反应也有一定作用。

（3）塑料薄膜封闭。塑料薄膜虽不能完全隔绝气体，但是能隔水、防潮。用塑料薄膜封垛、封袋、封箱，可有效地造成封闭小环境，阻隔内外空气交换，完全隔绝水分。在封闭环境内如果再加入杀虫剂、缓蚀剂或某种抑制微生物生存的气体，则内部可以长期保持这种物质的浓度，形成一个长期稳定的小环境。

8.采用集装箱、集装袋、托盘等运储装备一体化的方式

这种方式通过物流活动的系统管理，使储存、运输、包装、装卸实现了一体化，不但能够使储存实现合理化，更重要的是促使整个物流系统的合理化。

9.采用虚拟仓库和虚拟库存

采用虚拟库存方式，可以防止实际库存带来的一切弊端，同时，可以有效实现储存的功能，实现储存对于社会生产、社会流通的保证作用。在网络经济时代，这是将信息技术、网络技术、市场经济条件下买方市场环境等结合起来的一个创新，对于解决储存问题和优化整个物流系统都有重大意义。

学习微平台

动画 2-2：
不同物品储存
温度和方法

课堂提问 ✓

（1）商品在出入库时容易出现什么问题？如何解决这些问题？

（2）储存的合理化表现在哪些方面？

课堂实训 ✓

（1）食品、生物药品等对温度有特殊要求的货物需要采用冷藏库储存；原油或成品油等液体则需要使用油品库储存。请同学们分组讨论自己家中冰箱里的物品（如蔬菜和水果）是如何储存的？如何储存最科学？

（2）将学生每3人分为一组，构造饮料商品供应链。1人做零售商，1人做经销商，1人做生产商。零售商从经销商进货、经销商从生产商进货、生产商自行启动生产；所有的进货（生产）时间为2天，老师可作为顾客，预计平均每天到零售商购买饮料10罐；开始时每个商人库存饮料30罐。其他条件见表2-5。

老师可根据课堂时间控制操作天数，最后剩余的商品要按进价的50%清算。操作结束后，学生计算自己的利润。

表 2-5　　　　　　　　　　　　　　　　　　实验资料　　　　　　　　　　　　　　　　　单位：元/罐

渠道商	买入价	卖出价	每天单位库存成本	每次订货成本	延迟销售成本
零售商	2.0	3.0	0.1	2.0	0.1
经销商	1.5	2.0	0.02	3.0	0.1
制造商	1.1	1.5	0.01	3.0	0.1

案例分组讨论 ✔

　　山东港口渤海湾港集团有限公司是山东省港口集团的全资子公司，统一负责潍坊、东营、滨州三市国有港口、岸线、航线资源的规划、投资、建设和经营管理。在追求卓越运营的道路上，山东港口渤海湾港广利港区积极投身仓库标准化建设，一场从传统到智能的"变形记"正在悄然上演。

　　广利港区首先通过优化油漆库、危废库、物资库布局等措施打造物资流转新动脉，运用物资摆放"四原则"，实现通道畅通、先进先出、分类明晰，让物资收发流程如丝般顺滑，大幅提升仓管效能与服务品质。其次，广利港区引入物资仓库二维码管理系统，为物资管理插上科技翅膀，推动"无纸化"办公，提升仓库运营效率，释放人力物力，支持高效生产。最后，广利港区通过常态化消防安全自查与设施维护，消除隐患，确保库内消防设备时刻待命。

资料来源　东营网. 看看他们的仓库"变形记"［EB/OL］.［2024-12-21］. https：//news.dongying-news.cn/system/2024/12/20/010860804.shtml.

问题：广利港区有哪些物流合理化的经验值得我们借鉴学习？

● ● ●**项目考核**

1.单项选择题

（1）以下（　　　）是不合理的。

A.直达运输　　　　　　B.配载运输　　　　　　C.拖挂运输　　　　　　D.超载运输

（2）各种运输方式之所以均有其生存和发展空间，是因为（　　　）。

A.各种运输方式的市场对象完全不一样

B.各种运输方式的成本不一样

C.各种运输方式的速度不一样

D.各种运输方式均拥有自己固有的技术经济特征和优势，以及运输市场的多样性需求

（3）关于运输具有的短期储存功能，下面说法中错误的是（　　　）。

A.如果转移中的产品需要储存，而短时间内产品又将重新转移的话，卸货和装货的成本也许会超过储存在运输工具中的费用，此时将运输工具作为暂时的储存工具是可行的

B.在仓库空间有限的情况下，利用运输工具储存也不失为一种可行的选择

C.采用运输工具作为储存工具，需要综合考虑系统的总成本

D.将运输工具作为储存工具，其成本比传统意义上的储存要低

（4）仓储是物资流通中不可缺少的环节，这是因为（　　　）。

A.仓储是物流中的支柱环节

B.仓储是物资流通必然产生的形式

C.仓储是解决社会分工中产品的生产与消费之间时间差异的途径

D.仓储具有蓄水池的功能

（5）能够明确哪些货物合格、哪些货物不合格时，库存企业可以（　　　）。

A.全部拒收　　　　　B.部分拒收　　　　　C.修缮入库　　　　　D.以上都不对

2.多项选择题

（1）（　　　）不属于配送运输方式。

A.汽车整车运输　　　　　　　　　　B.火车整车运输

C.汽车零担运输　　　　　　　　　　D.快运

（2）交通运输发达的地区和不发达地区对合理库存量影响的区别关键在于（　　　）。

A.在途时间不同　　　B.经济条件不同　　　C.生产能力不同　　　D.社会需求不同

（3）影响合理库存量的因素有（　　　）。

A.商品再生产时间　　　　　　　　　B.交通运输条件

C.管理水平　　　　　　　　　　　　D.设备条件

（4）影响合理库存时间的因素包括（　　　）。

A.仓库的库存容量　　　　　　　　　B.仓库服务水平

C.商品销售时间　　　　　　　　　　D.商品的性能

（5）在某一时期和一定的组织技术条件下，仓储的吞吐能力主要取决于（　　　）。

A.机械设备的作业能力　　　　　　　B.作业有效率

C.操作人员的操作熟练程度　　　　　D.以上三个都不是

3.判断题

（1）商品储存管理主要就是保证商品的安全。　　　　　　　　　　　　　　（　　　）

（2）国际物流距离长，使大批量货物运输受到了限制，因为国际物流距离往往超出了汽车等运输工具的经济里程，所以大批量货物只能选择航空运输。　　（　　　）

（3）烟、香皂和茶叶可以存放在同一个库房。　　　　　　　　　　　　　　（　　　）

（4）先进先出的原则适用于对于易变质、易破损、易腐败的物品以及机能易退化、老化的物品，例如感光纸、软片、食品等。　　　　　　　　　　　　（　　　）

（5）ABC分类管理法中，C类商品占用货币量最高，品种可能只占库存总数的15%，但用于它们的库存成本却占到总数的70%~80%。　　　　　　　　　（　　　）

4.问答题

（1）如何进行储存的合理化？

（2）铁路运输、水路运输、公路运输、航空运输各有什么特点？

●●● 项目实训

1.实践训练

某物流公司运输部接到以下货运任务，见表2-6。针对每一项运输任务公司应该选用哪种运输方式及货运车辆（船）设备？

表2-6　　　　　　　　　　　货运任务明细

任务	货物名称	货物数量	发货地	收货地
1	机器设备（30米长）	125T	河北省唐山市	福建省厦门市
2	石油焦	500T	河南省濮阳油田	安徽省合肥市
3	玉米	10T	山东省淄博市	山东省菏泽市
4	集装箱	20TEU	青岛前湾港	河南省郑州市
5	冷冻水产品散货	8T	青岛黄岛保税区	山东省济南市
6	袋装货物	100T	北京市	河南省洛阳市
7	新鲜荔枝	200kg	广东省中山市	北京市

2.课外实训

通过网络调研或实地走访收集仓储企业数据，掌握企业库存商品的数量、品种和价值，了解该企业目前采取的库存控制方法和取得的成效，利用ABC分类方法分析货物的分类和管理方法。

3.拓展训练

作为中国冷链物流行业第一个强制性标准，2021年3月11日开始执行的《食品安全国家标准　食品冷链物流卫生规范》提到要"一冷到底"，明确冷冻食品的温度环境不应高于-18℃。冷链物流公司在运输速冻食品时，一直坚持按照国家标准的要求保持运输-12℃以下。新标准提出后，冷链物流公司为了应对"温度环境不应高于-18℃"新要求做出了很多调整。

冷链物流公司为了应对"温度环境不应高于-18℃"新要求需要从哪些方面进行改进？

项目三
物流辅助作业活动

学习目标

知识目标：

1.了解包装的功能。

2.了解装卸搬运的特点。

3.明确流通加工的作用、类型，知晓流通加工合理化的内容。

4.了解物流信息的特征、作用和种类。

能力目标：

1.能够辨别包装不合理现象。

2.能够合理选择装卸搬运方式。

3.能够掌握流通加工的方式。

4.能够运用物流信息进行物流决策。

素养目标：

1.培养物流人严谨细致的职业素养。

2.培养物流人吃苦耐劳的职业精神。

3.注意新型包装材料应用，培养创新意识。

4.树立可持续发展意识。

价值引领案例

绿色发展 | 标准化引领行业高质量发展

学习微平台

拓展阅读 3-1

　　近年来，我国生鲜冷链、农村寄递、仓配一体等新兴业态不断涌现，自动化、信息化、数智化、绿色化全面加速，快递业务量连续10年位居世界第一。为进一步规范邮政行业发展，提升快递服务质量水平，推动快递业绿色低碳发展，国家标准化管理委员会于2024年1月25日召开快递业五项国家标准新闻发布会，解读《快递包装重金属与特定物质限量》《快递服务》《快递循环包装箱》等五项国家标准，为进一步规范邮政行业发展、提升快递服务质量水平、推动快递业绿色低碳发展提供技术支撑。其中，《快递包装重金属与特定物质限量》是首部关于快递包装的强制性国家标准。标准分别针对纸类、塑料类、纺织纤维类及复合材料类快递包装产品，提出了铅、汞、镉、铬等重金属总体限量要求和单独限量要求，规定了特定物质限量要求，并给出了试验方法、取样制备要求，为快递绿色包装的生产和检测提供技术依据。

　　标准的实施将有效规范快递包装材料的安全性，减少环境污染，推动行业向智能化、绿色化方向升级。同时，这也彰显了我国在全球快递行业中的责任与担当，为构建可持续发展的物流体系奠定了坚实基础。未来，随着标准的推广和落实，快递行业将更加规范、高效、环保，为社会经济发展和生态文明建设贡献力量。

资料来源 林丽鹏. 快递业五项国家标准发布 快递包装更绿服务更优［N］. 人民日报，2024-01-26（7）.

思考：（1）这些标准的发布对快递行业发展产生了哪些影响？

（2）发展绿色包装如何体现我国的大国担当？

任务一 了解包装作业

★任务目标

了解包装的功能；能够辨别包装不合理现象，具备包装合理化能力。

小词典

包装是为在流通过程中保护产品、方便储运、促进销售，按一定技术方法而采用的容器、材料及辅助物等的总体名称。注：也指为了达到上述目的而采用容器、材料和辅助物的过程中施加一定技术方法等的操作活动。

★课堂讨论

市场上销售的饼干其保质期各不相同，保质期最长的2年，最短的2个月。为什么？它们的包装有何区别？

★问题引导

在品种丰富的果品市场上，人们常常可以看到苹果、梨等水果外面有一层裹纸或泡沫塑料网，其目的是减轻苹果、梨等水果在仓储配送过程中的碰撞和损伤，以确保水果质量。分析证明，裹纸防潮性差，易吸湿，而泡沫塑料网则不能保持水果水分，从而易引起腐烂、发霉或发蔫萎缩。为提高商品的养护水平，人们研制出了新型涂蜡纸，将其裹于水果外表，既能保持水果自身的水分，又能起到防潮和防震的作用。它相当于把水果分隔储存，即使个别水果变质腐烂，也不会影响整体水果质量，从而提高了仓储质量，降低了水果在储运环节的损耗。

思考：苹果、梨的裹纸在商品养护中发挥了什么作用？

引导知识点

一、包装的功能

1.保护商品

这是包装的首要功能，是确定包装方式和包装形态时必须抓住的主要矛盾。只有有效的保护，才能使商品不受损失地完成流通过程，实现商品实体的转移。

包装的保护作用体现在下述几方面：①防止商品破损变形。这就要求包装能承受在装卸、运输、保管过程中各种力的作用，如冲击、振动、颠簸、压缩等，发挥防止外力破坏的保护作用。②防止商品发生化学变化，即防止商品吸潮发霉、变质、生锈，这就要求包装能在一定程度上起到阻隔水分、溶液、潮气、光线、空气中的酸性气体的作用，削弱环境、气象等不利因素的影响。③防止腐朽霉变、鼠咬虫食，这就要求包装有阻隔真菌、虫、鼠侵入的作用，对货物形成防护。

此外，包装还有防止异物混入、污物污染，防止丢失、散失、盗失等作用。

小思考 3-1

货物在流通过程中要经过装车、运输、卸车、配送等环节，对于货物的包装要求较高，特别是易碎品的包装要求格外高，那么该如何包装易碎品？要注意些什么呢？

2.单元化

包装有将商品以某种单位集中的功能，这就叫单元化。包装成多大的单位为好，不能一概而论，要视商品生产、消费的情况以及商品种类、特征而定，同时要考虑物流方式和条件。一般来讲，包装的单元化主要应达到两个目的：方便物流和方便商业交易。

从物流方面来考虑，包装单位的大小要与装卸、保管、运输等条件相适应。在此基础上应当尽量做到便于集中输送以获得最佳的经济效果，同时又要求能分割及重新组合以适应多种装运条件及分货要求。从商业批发角度来考虑，包装单位大小应适于进行批量交易；在零售商品方面，包装单位应适于消费者的一次购买。

3.便利性

商品的包装还有方便流通及方便消费的作用，这就要求包装大小、包装形态、包装材料、包装重量、包装标志等各个要素都为运输、保管、验收、装卸等各项作业创造方便条件，也要求容易区分不同商品并进行计量。进行包装及拆装作业，应当简便、快速，拆装后的包装材料应当容易处理。

4.促销性

与商流有关的包装功能是促进销售。在商业交易中促进销售的手段有很多，包装在其中占有重要地位。恰当的包装能够唤起人们的购买欲望；包装外部的形态、装潢和广告说明一样，是很好的宣传品，对顾客的购买起着说服的作用。这样看来，适当的包装可以推动商品销售，有很大的经济意义。对于包装的这个功能有许多描述，比如说"包装是不会讲话的推销员""精美的包装胜过 1 000 个推销员"等都形象地说明了这个功能。

小思考 3-2

包装箱体印刷为什么不能磨损？

★问题引导

包装质量的好坏，往往取决于包装材料的性能。因此，包装材料是整个包装行业中最为活跃的研究方向。目前，对于新型包装材料的研发正在紧锣密鼓地进行，部分新产品已开始投入使用。

（1）以发泡聚苯乙烯（EPS）为代表的塑料包装将被新型的纸质类包装取代。

（2）塑料袋类包装材料正朝着水溶性无污染的方向发展。

（3）木质包装正在寻求替代包装材料。在产品出口方面，部分国家要求凡是木质包装的产品必须进行复杂的特殊处理或用其他材料来代替。目前中国正在进行攻关，拟用蜂窝瓦楞纸包装代替木质包装，但必须解决托盘的装卸和承重问题。

思考：试分析包装材料对包装质量的影响。

引导知识点

二、包装的分类

1.按在物流过程中的作用不同进行分类

（1）商业包装（又称销售包装、小包装或内包装）。它是以促进销售为主要目的的包装。这种包装的特点是外形美观，有必要的装潢，适合于顾客的购买量以及商店陈设的要求。在流通过程中，商品越接近顾客，越要求包装能起促进销售的作用。

（2）运输包装（又称大包装或外包装）。它是以强化输送、保护产品为目的的包装。运输包装的特点是在满足物流要求的基础上使包装费用越低越好，并应在包装费用和物流损失两者之间寻找最佳的结合点。

2.按包装的大小不同进行分类

（1）单件运输包装。它是指在物流过程中作为一个计件单位的包装，常见的有：箱，如纸箱、木箱、条板箱、周转箱、金属箱；桶，如木桶、铁桶、塑料桶、纸桶；袋，如纸袋、草袋、麻袋、布袋、纤维编织袋；包，如帆布包、植物纤维包、合成树脂纤维编织包。此外，还有篓、筐、罐、玻璃瓶、陶缸、瓷坛等。

（2）集合运输包装。它是指将若干单件运输包装组成一件大包装，常见的有：①集装袋或集装包。集装袋是指用塑料材料编织成的圆形大口袋。集装包也是用同样材料编织成的抽口式方形包。②托盘，是指用木材、金属或塑料（纤维板）制成的托板。托盘的底部有插口，供铲车起卸用。③集装箱，是指具有一定强度、刚度和规格，专供周转使用的大型装货容器，具有坚固、密封、容量大、可反复使用的特点。

3.按在国际贸易中有无特殊要求进行分类

（1）一般包装。一般包装也就是普通包装，货主对包装无任何特殊的要求。

（2）中性包装和定牌包装。中性包装是指在商品内外包装上不注明生产国别、产地、厂名、商标和牌号。定牌包装是指在商品的内外包装上不注明生产国别、产地、厂名，但要注明买方指定的商标和牌号。

4.按对包装的保护技术不同进行分类

（1）防潮包装。

（2）防锈包装。

（3）防虫包装。

（4）防腐包装。

（5）防震包装。

（6）危险品包装。

5.按包装使用的次数进行分类

（1）一次性包装，包装随商品的销售而消耗、损坏。

（2）重复使用包装，包装材料比较坚固，可以回收并反复使用。

6.按包装的耐压程度进行分类

（1）硬质包装，包装材料的质地坚硬，能承受较大程度的挤压，如木箱、铁箱。

（2）半硬质包装，包装材料能承受一定的挤压，如纸箱等。

（3）软质包装，包装材料是软质的，受压后会变形，如麻袋、布袋等。

7.按包装的材料进行分类

（1）纸制品包装，经过特殊处理，具有韧性、抗压性、弹性和防潮性等特点。

（2）纺织品包装，常用于存放小颗粒、粉状的货物。

（3）木制品包装，具有较强的抗挤压和冲击的能力，使用较广。

（4）金属制品包装，包装强度大，密闭性好，适合于盛装液体货物或较贵重的货物。

★ 问题引导

现代包装技术有五大类：（1）包装固化技术；（2）包装切割成型技术；（3）包装与加工结合技术；（4）包装功能借用技术；（5）包装功能保护技术。

其中最有前途的是包装与加工结合技术。它解决了很多处理工艺问题，既实现了包装加工一体化，也实现了包装过程的增值。

思考：你知道哪些包装技术？请举例说明。

⦿ 引导知识点

三、包装技术

1.防震保护技术

防震包装又称缓冲包装，在各种包装方法中占有重要的地位。产品从生产出来到开始使用要经过一系列的运输、保管、堆码和装卸过程，置于一定的环境之中。在此过程中，任何外力作用在产品之上都可能使产品发生机械性损坏。为了防止产品遭受损坏，就要设法减少外力的影响。所谓防震包装，就是指为减缓内装物受到冲击和震动，保护其免受损坏所采取的一定防护措施的包装。防震包装主要有以下三种方法：

（1）全面防震包装方法。全面防震包装方法是指内装物和外包装之间全部用防震材料填满进行防震的包装方法。

（2）部分防震包装方法。对于整体性好的产品和有内包装容器的产品，仅在产品或内包装的拐角或局部地方使用防震材料进行衬垫，这种方法即为部分防震包装方法。可以使用的包装材料包括泡沫塑料防震垫、充气型塑料薄膜防震垫和橡胶弹簧等。

（3）悬浮式防震包装方法。对于某些贵重易损的物品，为了有效地保证其在流通过程中不被损坏，在确保外包装容器比较坚固的前提下，用绳、带、弹簧等将被包装物悬吊在包装容器内。这种方法即为悬浮式防震包装方法。

2.破损保护技术

缓冲包装有较强的防破损能力，因而是防破损包装技术中有效的一类。此外，还可以采取以下几种破损保护技术：

（1）捆扎及裹紧技术。捆扎及裹紧技术的作用是使杂货、散货形成一个牢固整体，以增加整体性，减少破损。

（2）集装技术。利用集装，减少与货体的接触，从而防止破损。

（3）选择高强度保护材料。通过外包装材料的高强度来防止内装物受外力作用而破损。

3.防锈包装技术

（1）防锈油。大气锈蚀是空气中的氧、水蒸气及其他气体作用于金属表面引起化学反应的结果。如果使金属表面与引起大气锈蚀的各种因素隔绝（即将金属表面保护起来），就可以达到防止锈蚀的目的。用防锈油封装金属制品，要求油层有一定厚度，油层的连续性好，涂层完整。不同类型的防锈油要采用不同的方法进行涂敷。

（2）气相防锈。气相防锈，就是用气相缓蚀剂（挥发性缓蚀剂）在密封包装容器中对金属制品进行防锈处理的技术。气相缓蚀剂是一种能减缓或完全停止金属在侵蚀性介质中被破坏过程的物质，它在常温下具有挥发性。在很短的时间内，挥发或升华出的缓蚀气体就能充满整个包装容器内的每个角落和缝隙，同时吸附在金属制品的表面上，从而起到抑制大气对金属锈蚀的作用。

4.防霉腐包装技术

在运输包装内装运食品或其他有机碳水化合物货物时，货物表面可能生长真菌，在流通过程中如遇潮湿环境，真菌生长繁殖极快，甚至蔓延至货物内部，使其腐烂、发霉、变质，因此要采取特别防护措施，通常可采用冷冻包装法、真空包装法或高温灭菌法。

冷冻包装法的原理是减缓细菌活动和化学变化的过程，以延长储存期，但不能完全消除食品的变质。

真空包装法也称减压包装法或排气包装法。这种包装可阻挡外界的水汽进入包装容器内，也可防止在密闭着的防潮包装内部存有潮湿空气，在气温下降时结露。采用真空包装法，要注意避免过高的真空度，以防损伤包装材料。

高温灭菌法可消灭引起食品腐烂的微生物，可在包装过程中用高温处理防霉。有些经干燥处理的食品包装，应防止水汽浸入以防霉腐，可选择防水汽和气密性好的包装材料，采取真空和充气包装。

防止运输包装内货物发霉，还可使用防霉剂。防霉剂的种类很多，用于食品的必须选用无毒防霉剂。机电产品的大型封闭箱，可酌情采用开设通风孔或通风窗等相应的防霉措施。

5.防虫包装技术

防虫包装技术，常用的是驱虫剂，即在包装中放入有一定毒性和臭味的药物，利用药物在包装中产生的挥发性气体杀灭和驱除各种害虫。常用驱虫剂有对位二氯化苯、樟脑精等。也可采用真空包装、充气包装、脱氧包装等技术，使害虫无法生存，从而防止虫害。

6.危险品包装技术

危险品种类繁多，按其危险性质和交通运输及公安消防部门的规定可分为10类，即爆炸性物品、氧化剂、压缩气体和液化气体、自燃物品、遇水燃烧物品、易燃液体、易燃固体、毒害品、腐蚀性物品、放射性物品等。有些物品同时具有两种以上危险特性。

对有毒商品的包装要明显地标明有毒的标志。防毒的主要措施是包装严密不漏、不透气。如用塑料袋或沥青纸袋包装的，外面应再用麻袋或布袋包装，使其与外界隔绝。

对有腐蚀性的商品，要注意防止商品和包装容器的材质发生化学反应。金属类的包装容器，要在容器壁涂上涂料，防止腐蚀性商品对容器的腐蚀。

对易自燃商品的包装，宜将其装入壁厚不低于1毫米的铁桶中，桶内壁需涂耐酸保护层，桶内盛水，并使水面浸没商品，桶口严密封闭。对遇水容易引起燃烧的物品应用坚固的铁桶包装，桶内充入氮气，如果桶内不充氮气，则应装置放气活塞。

对于易燃、易爆商品（例如，有强烈氧化性的、遇有微量不纯物或受热即急剧分解引起爆炸的产品），防爆炸包装的有效方法是采用塑料桶包装，然后将塑料桶装入铁桶或木箱中，并附有自动放气的安全阀，当桶内气体达到一定压力时，能自动放气减压。

7.特种包装技术

（1）气调包装（MAP）。气调包装是通过调整包装内气体成分比例，抑制微生物生长，延长食品保质期。这种方法常用于食品包装，特别是对于肉类、水果和蔬菜等易变质产品的包装。气调包装中常见的方法是充气包装，即采用二氧化碳或氮气等不活泼气体置换包装容器中的空气来降低氧气的浓度，抑制微生物的生理活动、酶的活性和鲜活商品的呼吸强度，达到防霉、防腐和保鲜的目的。

（2）真空包装。真空包装是将物品装入气密性容器后，在容器封口之前抽成真空，使密封后的容器内基本没有空气的一种包装方法。

一般的肉类商品、谷物加工商品以及某些容易氧化变质的商品都可以采用真空包装。真空包装不但可以避免或减少脂肪氧化，还可以抑制某些细菌的生长。同时，在对其进行加热杀菌时，由于容器内部气体已排出，因此加速了热量的传导，提高了高温杀菌效率，也避免了加热杀菌时由于气体的膨胀而使包装容器破裂的风险。

（3）收缩包装。收缩包装就是用收缩薄膜裹包物品（或内包装件），然后对薄膜进行适当加热处理，使薄膜收缩而紧贴于物品（或内包装件）的包装技术方法。

收缩薄膜是一种经过特殊拉伸和冷却处理的聚乙烯薄膜，由于薄膜在定向拉伸时产生残余收缩应力，这种应力在受热后便会消除，从而使其横向和纵向均发生急剧收缩，同时使薄膜的厚度增加。收缩率通常为30%~70%，收缩力在冷却阶段达到最大值，并能长期保持。

（4）拉伸包装。拉伸包装是20世纪70年代开始采用的一种新包装技术，是由收缩包装发展而来的。

拉伸包装是依靠机械装置在常温下将弹性薄膜围绕被包装件拉伸、紧裹，并在其末端进行封合的一种包装方法。由于拉伸包装无须进行加热，所以消耗的能源只有收缩包装的1/20左右。拉伸包装可以捆包单件物品，也可用于托盘包装之类的集合包装。

（5）活性包装技术。活性包装是指利用吸氧剂、抗菌物质、除臭剂、湿度调节物质和二氧化碳来延长商品的保质期、增强稳定性以及提高感官功能的包装技术。活性包装可以通过去除氧化物、乙烯、水分以及腐败物来延长食品的保质期。

（6）智能标签包装技术。智能标签对食品安全的作用主要表现在其能够指示出内装食品的质量状况和气调包装的氛围。通过在食品包装中设置特殊的智能标签，如具有光敏、温敏、气敏、微生物反应等特性的标签，能够准确、直观地反映食品的质量状况。

（7）纳米包装技术。纳米材料是通过与其他包装材料合成或添加尺寸为1 nm~100 nm的粉末或对传统包装材料进行纳米改性而制备的新型包装材料。纳米材料具有许多传统材料不具备的高级性能，如韧性好、耐阻隔、电阻率强、易降解、抗菌能力强等，这些特性使其适合在食品包装行业广泛应用。

（8）无菌包装。无菌包装是在无菌环境下填充并密封产品，保证产品无菌状态。这种方法常见于乳制品、果汁等液体食品的包装，能够有效延长产品的保质期。

★ 问题引导

包装有效地保护了商品，方便了储运，在一定程度上增加了产品的价值，但也不可避免地要增加产品的体积和重量，使产品的成本上升。合理的包装总是尽量利用包装的优点，减少包装的缺点，使其更加有利于物流过程。

思考：针对生活中常见的商品包装进行包装合理化分析。

◉ 引导知识点

四、包装的合理化

包装合理化一方面包括包装总体的合理化，这种合理化往往用整体物流效益与微观包装效益统一来衡量；另一方面也包括包装材料、包装技术、包装方式的合理组合及运用。

（1）包装应妥善保护内装商品，使其不受损伤。这就要制定相应的包装标准，使包装物的强度恰到好处地保护商品免受损伤。除了要在运输装卸时经得住冲击、震动之外，包装还要具有防潮、防水、防霉、防锈等功能。

（2）包装材料和包装容器应当安全无害。包装材料要避免有聚氯联苯之类的有害物质，包装容器的造型要避免对人产生伤害。

（3）包装容量要适当，便于装卸。不同的装卸方式决定着包装的容量。例如，在采用人工操作的装卸方式下，包装的重量必须限制在手工装卸所允许的范围内，包装的外形及尺寸也应适合于人工操作。为减轻人的体力消耗，包装的重量一般应控制在不高于人体重的40%。

（4）包装容器的内装物要有明确的标志或说明。商品包装物上关于商品质量、规格的标志或说明，要能贴切地表明内装物的情况，尽可能采用条形码，便于出入库管理、保管期间盘点及销售统计。

（5）包装内商品外围空闲容积不应过大。为了保护内装商品，难免会使内装商品的外围产生某种程度的空闲容积，但合理包装要求空闲容积减少到最低限度，防止过大包装。一般情况下，空闲容积最好降低到20%以下。

（6）包装费用要与内装商品相适应。包装费用应包括包装本身的费用和包装作业的费用。包装费用必须与内装商品相适应，由于不同商品对包装要求不同，所以包装费用占商品价格的比率是不同的。一般来说，对于普通商品，包装费用应低于商品售价的15%，这只是一个平均比率。

（7）包装要便于回收利用或废弃物的处置。包装应设法减少其废弃物数量。在制造和销售商品时，应注意包装容器的回收利用或成为废弃物后的处置工作。近年来广泛采用一次性使用的包装和轻型塑料包装材料，从方便生活和节约人力角度来看，是现代包装的发展方向，但同时产生了大量难以处理的垃圾，带来了环境污染及资源浪费等社会问题。循环包装的运用有利于减少环境污染及浪费。

学习微平台

微课 3-2：
包装合理化

课堂提问 ✓

（1）包装合理化的发展趋势是什么？
（2）请列举当前我国商品包装存在的主要问题及解决对策。

课堂实训 ✓

下列货物：500包方便面、600瓶饮料、20架钢琴、4台大型设备、8吨面粉、10吨大米、100吨煤炭。如果分别用汽车、火车、轮船运输，请为各商品选择包装方式。

案例分组讨论 ✓

绿色化是新质生产力的时代特征之一。中国邮政作为行业标杆，积极通过各种措施推进快递包装绿色转型，主要措施如下：

一是推进标准化建设。中国邮政严格《快递市场管理办法》《快递包装重金属与特定物质限量》等规章、国家标准与《绿色包装操作规范》企业标准的执行，强化落实《中国邮政国内邮件包装管理办法》要求，截至2024年9月底，包装操作规范率达98.85%，符合标准的包装材料应用比例为97.6%。

二是提高循环复用比例。中国邮政大力拓展可循环包装应用场景，提高同城邮件快件循环使用比例，常态化开展回收复用瓦楞纸箱行动，组织"绿水青山返箱行动"主题推广，已回收复用瓦楞纸箱7 864万个，主题推广活动累计曝光2 000万次。

三是科学推动减量化管理。中国邮政严格治理过度包装，采用电商快件原装直发模式减少二次包装。同时，推进塑料污染治理，优化环保型缓冲包装纸袋，次包装率达98.33%。

四是加强无害化管控。严格执行有害物质限量标准，推动绿色包装升级。

通过上述措施，中国邮政有效推动快递包装绿色化进程，为可持续发展贡献力量。

资料来源　王树春，李东坡. 中国邮政：增"绿"降"碳"，加快发展邮政行业新质生产力［N］.中国环境报，2024-11-20.

问题：你认为包装的可循环使用能带来哪些具体的积极影响？除了绿色化，包装还有哪些发展趋势？

任务二　了解装卸搬运作业

★任务目标

了解装卸搬运的特点；能够合理选择装卸搬运方式。

小词典

装卸是指物品在指定地点以人力或机械装入运输设备或卸下。

搬运是指在同一场所内，对物品进行以水平移动为主的物流作业。

★课堂讨论

如果学生宿舍进行调整，从一个宿舍搬到另一个宿舍，这两个宿舍在同一栋楼内，应如何操作？如果这两个宿舍不在同一栋楼内，而且两栋楼相距1千米，又该如何操作？

★问题引导

在物流过程中，装卸活动是不断出现和反复进行的，它出现的频率高于其他各项物流活动，每次装卸活动都要花费一定时间，所以往往成为决定物流速度和影响物流成本的重要方面。

思考：装卸搬运的作用是什么？装卸搬运是否产生价值？为什么？

引导知识点

一、装卸搬运的功能和特点

1.装卸搬运是附属性、伴生性的活动

装卸搬运是每一个物流过程开始及结束时必然发生的活动，因而时常被人忽视，有时也被看成其他操作不可缺少的组成部分。例如，通常所说的"汽车运输"，实际上就包含了相伴随的装卸搬运；仓库中泛指的保管活动，也含有装卸搬运活动。

2.装卸搬运是支持性、保障性的活动

装卸搬运的附属性不能理解成被动的，实际上，装卸搬运对其他物流活动有一定决定性，会影响其他物流活动的质量和速度。例如，装车不当，会引起运输过程中的损失；卸放不当，会引起货物转至下一环节的困难。许多物流活动只有在有效的装卸搬运支持下，才能以较高水平展开。

3.装卸搬运是衔接性的活动

在各物流活动之间互相过渡时，都是以装卸搬运来衔接的，因而，装卸搬运往往成为整个物流的"瓶颈"，是物流各功能之间形成有机联系和紧密衔接的关键。

4.装卸搬运是增加物流成本的活动

尤其对于传统物流而言，物流过程中多次的装卸搬运活动不仅延长了物流时间，而且要投入大量的活劳动和物化劳动，这些劳动不能给物流对象带来附加价值，只是增大了物流的成本。装卸搬运的次数越多，所产生的附加成本越高。

➡ **小资料 3-1**

TIR 国际公路运输线路

2024 年 11 月 14 日，中国潍坊—俄罗斯莫斯科 TIR 国际公路运输线路发车仪式在山东省潍坊市潍城区山东卡航之家现代物流管理有限公司举办。TIR 是根据联合国《国际公路运输公约》规定，基于国际跨境货物运输领域的全球性海关便利通关系统。中国于 2016 年 7 月成为该公约第 70 个缔约国。相较传统公路运输，TIR 运输模式全程不倒装不卸货，不仅比海运、铁路时效快，比空运价格低，还可以实现"门到门""点对点"，具有机动灵活、装卸方便等特点。据测算，对比传统的国际公路运输模式，TIR 运输模式最高可节省 58% 的运输时间和 38% 的运输成本。

资料来源　刘超．全程不需倒装卸货！山东潍坊开通至莫斯科 TIR 国际公路运输线路［EB/OL］．［2024-11-15］．http://sd.people.com.cn/n2/2024/1115/c386785-41043252.html.

★ 问题引导

3D 视觉机器人在越来越多的港口货物装卸中发挥重要作用：通过高精度成像技术，实现精准定位和货物检测；通过对照历史数据，优化装卸顺序。同时，工作人员能够通过实时数据分析及时调整工作计划。某国际港口引入了 3D 视觉机器人后，货物装卸效率提高了 30%。这不仅降低了人力成本，还缩短了货物周转时间，使得港口能够更快响应市场需求。

资料来源　佚名．提升港口货物装卸效率的智能监控与管理案例分析［EB/OL］．［2024-12-23］．https://www.transfertech.cn/news/aKXw9MnB.html.

思考：3D 视觉机器人的装卸属于哪种类型的装卸搬运？

📍 引导知识点

学习微平台

微课 3-3：
常见搬运设备

二、装卸搬运的分类

1.按装卸搬运使用的物流设施、设备对象分类

（1）仓库装卸。仓库装卸配合出库、入库、维护保养等活动进行，并且以堆垛、上架、取货等操作为主。

（2）铁路装卸。铁路装卸是对火车车皮的装进及卸出，特点是一次作业就需实现一车皮的装进或卸出，很少有像仓库装卸时出现的整装零卸或零装整卸的情况。

（3）港口装卸。港口装卸包括码头前沿的装船，也包括后方的支持性装卸搬运；有的港口装卸还采用小船在码头与大船之间"过驳"的办法，因而其装卸的流程较为复杂，往往经过几次的装卸及搬运作业才能最后实现船与陆地之间货物过渡的目的。

（4）汽车装卸。由于汽车的灵活性，可以减少搬运活动，直接、单纯利用装卸作业达到车与物流设施之间货物移动的目的。

2.按装卸搬运的作业方式分类

（1）吊上吊下方式。采用各种起重机械从货物上部起吊，依靠起吊装置的垂直移动实现装卸，并在吊车运行的范围内或回转的范围内实现搬运或依靠搬运车辆实现搬运。由于吊起及放下属于垂直运动，故这种装卸方式属于垂直装卸。

（2）叉上叉下方式。采用叉车从货物底部托起货物，并依靠叉车的运动进行货物位移，搬运完全靠叉车本身，货物可不经中途落地直接放置到位。这种方式垂直运动幅度不大，主要是水平运动，属于水平装卸方式。

（3）滚上滚下方式（滚装方式）。它主要是指在港口装卸作业中使用的一种水平装卸方式。利用牵引车、平车（或汽车）承载货物，连同车辆一起开上船，到达目的地后再从船上开下，故称"滚上滚下"方式。利用叉车的滚上滚下方式，在船上卸货后，叉车必须离船；利用平车（或汽车）方式，用拖车将平车拖拉至船上后，拖车开下离船，而载货车辆连同货物一起运到目的地，再原车开下或拖车上船拖拉平车开下。滚上滚下方式需要有专门的船舶，对码头也有不同要求，这种专门的船舶称为"滚装船"。

滚装方式在铁路运输领域也常采用，是货运汽车或集装箱车直接开上火车车皮，进行运输，到达目的地再从车皮上开下的方式，又称为驮背运输。

（4）移上移下方式。它是在两车之间（如火车及汽车）进行靠接，然后利用各种方式，不使货物垂直运动，而靠水平移动将货物从一个车辆上推移到另一车辆上的装卸搬运方式。移上移下方式需要使两种车辆水平靠接，因此，对站台或车辆货台需进行改造，并配合移动工具实现这种装卸。

（5）散装散卸方式。它主要用于散装货物的装卸，一般从装点直到卸点，中间不再落地，这是集装卸与搬运于一体的装卸方式。

3.按被装物的主要运动形式分类

（1）垂直装卸。垂直装卸是指采取提升和降落的方式进行装卸，这种装卸需要消耗较多的能量。垂直装卸是采用比较多的一种装卸形式，所用的机具通用性较强，应用领域较广，如吊车、叉车等。

（2）水平装卸。水平装卸是指对装卸物采取平移的方式实现装卸的目的。这种装卸方式不改变被装物的势能，因此比较节能，但是需要有专门的设施，例如和汽车水平接靠的高站台、汽车与火车车皮之间的平移工具等。

4.按装卸搬运对象分类

按对象不同，装卸搬运可分为散装货物装卸、单件货物装卸、集装货物装卸等。

5.按装卸搬运的作业特点分类

（1）连续装卸。连续装卸主要是指同种大批量散装或小件杂货通过连续输送机械，连续不断地进行作业，中间无停顿，货间无间隔或少间隔。在装卸量较大、装卸对象固定、货物对象不易形成大包装的情况下适合采取这一方式。

（2）间歇装卸。间歇装卸具有较强的机动性，装卸地点可在较大范围内变动，主要适用于货流不固定的各种货物，尤其适用于大包装货物、大件货物。

★问题引导

港口码头的智慧装卸

"东方澳洲"轮满载货物缓缓抵达青岛港全自动化码头后，一场智能化的作业随即展开——只见多台桥吊从数十米的高空落下"抓手"，巨大的集装箱被精准抓起后稳稳放在自动导引车上。不远处，穿行于堆场内的高速轨道吊早已就位，将运抵的集装箱精准堆码、有序摆放。与之前相比，码头作业效率提升6%，吞吐量提升15%，码头桥吊平均单机作业效率达到每小时60.9自然箱，第12次刷新集装箱自动化码头装卸效率世界纪录。交通运输部数据显示，目前我国已建成自动化集装箱和干散货码头52座，已建和在建规模均位居世界第一，迈向一流的港口基础设施日益成为经济社会发展的有力支撑。

资料来源　韩鑫. 港口码头吹来智慧的"风"[N]. 人民日报，2025-01-03（7）.

思考：青岛港全自动化码头是如何保障装卸搬运合理化的？

引导知识点

三、装卸搬运的合理化

1.减少装卸搬运作业次数

虽然装卸搬运是物流过程中不可避免的作业，但是应该将装卸搬运的次数控制在最小的范围内，通过合理安排作业流程、采用合理的作业方式、仓库内合理布局以及仓库的合理设计实现物品装卸搬运次数最少，减少无效装卸。无效装卸具体表现在以下几个方面：

（1）过多的装卸次数。在物流过程中，货损发生的主要环节就是装卸环节，而在整个物流过程中，装卸作业又是反复进行的，从发生的频率来讲，超过任何其他活动，所以过多的装卸次数必然导致损失的增加。从发生的费用来看，一次装卸的费用相当于几十公里的运输费用，因此每增加一次装卸，费用就会有较大比例的增加。此外，装卸又会大大阻碍整个物流的速度，装卸是影响物流速度的重要因素。

在物流过程中，对每一件货物都进行单件处理，也是形成多次反复装卸搬运的主要原因。采用集装方式，进行多式联运，能够有效地避免对单件货物的反复装卸搬运处理，是减少无效装卸的有效方法。

（2）过大过重的包装装卸。包装过大过重，在装卸时实际上反复在包装上消耗较多的劳动，这一消耗不是必需的，因而形成无效劳动。

（3）无效装卸。进入物流过程的货物，有时混杂着没有使用价值或对用户来讲使用价值不对路的各种掺杂物，如煤炭中的矸石、矿石中的水分、石灰中的未烧熟石灰及过烧石灰等，在反复装卸时，实际上对这些掺杂物反复消耗了劳动，因而形成无效装卸。

由此可见，装卸搬运如能防止上述无效装卸，则大大节约了装卸劳动，使装卸合理化。

2.移动距离（时间）最短

搬运距离的长短、搬运作业量的大小与作业效率紧密相关。在货位布局、车辆停放位置、入出库作业程序等设计上应该充分考虑物品移动距离的长短，以物品移动距离最短为设计原则。搬运作业时可以将物品集中成一个单位进行搬运，即单元化。单元化是实现装卸搬运合理化的重要手段。在物流作业中应广泛使用托盘，通过叉车与托盘的结合提高装卸搬运的效率。单元化不仅可以提高作业效率，还可以防止物品损坏和丢失，数量的确认也变得更加容易。

3.提高装卸搬运的灵活性

物品所处的状态会直接影响到装卸搬运的效率，在整个物流过程中物品要经过多次装卸搬运，前道的卸货作业与后道的装载或搬运作业关系密切。如果卸下来的物品零散地码放在地上，在搬运时就要一个一个搬运或重新码放在托盘上，因此增加了装卸次数，降低了搬运效率。如果卸货时直接将物品堆码在托盘上，或者运输过程中就是以托盘为一个包装单位，就可以直接利用叉车进行装卸或搬运作业，实现装卸搬运作业的省力化和效率化。同样，在进出库作业中，利用传送带和货物装载机装卸货物也可以达到省力化和效率化的目的。因此，在组织装卸搬运作业时，应该灵活运用各种装卸搬运工具和设备，前道作业要为后道作业着想，从物流起点包装开始，应以装卸搬运的活性指数最大化为目标。

为了对活性有所区别，并能有计划地提出活性要求，使每一步装卸搬运都能按一定活性要求进行操作，对于不同放置状态的货物作了不同的活性规定，"活性指数"就是确定活性标准的一种方法。

装卸搬运活性是指从物的静止状态转变为装卸搬运运动状态的难易程度。如果很容易转变为下一步的装卸搬运而不需过多做装卸搬运前的准备工作，活性就高；如果难于转变为下一步的装卸搬运，活性就低。

装卸搬运活性指数见表3-1。

表3-1　　　　　　　　　　　　　　装卸搬运活性指数

编号	物品码放的状态	活性指数
1	零散地堆放于地面	0
2	放入箱内	1
3	码放到托盘、送货小车上	2
4	装载到台车上	3
5	码放到传送带上	4

由于装卸搬运是在物流过程中反复进行的活动，因而其速度可能决定整个物流速度，如果每次装卸搬运的时间都能缩短，多次装卸搬运的累计效果则十分可观。因此，提高装卸搬运活性对装卸搬运的合理化是很重要的因素。

4.装卸搬运机械化

机械化是指在装卸搬运作业中用机械作业替代人工作业。实现作业的机械化是实现省力化和效率化的重要途径，通过机械化改善物流作业环境，可将人从繁重的体力劳动中解放出来。当然，机械化的程度除了与技术因素有关外，还与物流费用的承担能力等经济因素有关。机械化的同时也包含了将人与机械合理地组合到一起，发挥各自的长处。在许多场合，人与简单机械的配合同样可以达到省力化和提高效率的目的。片面强调全自动化会造成物流费用的膨胀，在经济上难以承受。

规模效益观念早已被大家所接受。在装卸时也存在规模效益问题，主要表现在一次装卸量或连续装卸量要达到充分发挥机械最优效率的水准。为了更多地降低单位装卸工作量的成本，对装卸机械来讲，也有"规模"问题。装卸机械的能力达到一定规模，才会有最优效果。追求规模效益的方法，主要是通过各种集装实现间断装卸时一次操作的最合理装卸量，从而使单位装卸成本降低，也可以通过散装实现连续装卸的规模效益。

5. 充分利用重力和消除重力影响，进行少消耗的装卸

在装卸时考虑重力因素，利用货物本身的重量，进行有一定落差的装卸，以减少或根本不消耗装卸的动力，这是合理化装卸的重要方式。例如，从卡车、铁路货车卸物时，利用卡车与地面或小搬运车之间的高度差，使用溜槽、溜板之类的简单工具，可以依靠货物本身重量，从高处自动滑到低处。

在装卸时尽量消除或减弱重力的影响，也会求得减轻体力劳动及其他劳动消耗的合理性。使货物平移，如从甲工具转移到乙工具上，就能有效消除重力影响，实现合理化。

在人力装卸时，负重行走，要持续抵抗重力的影响，同时还要行进，因而体力消耗很大，是易出现疲劳的环节。所以，人力装卸时如果能配合简单机具，做到"持物不步行"，则可以大大减轻劳动量，做到合理化。

6. 系统化

所谓系统化，是指将各个装卸搬运活动作为一个有机的整体实施系统化管理。也就是说，运用综合系统化的观点，提高装卸搬运活动之间的协调性，增强装卸搬运系统的柔性，以适应多样化、集成化物流需求，提高装卸搬运效率。

▶ 小资料 3-2

智能"大力士"：搬运机器人，重塑物流仓储新格局

搬运重物、扫码贴签……四川省绵阳市长虹智能制造产业园内，两台 1.7 米高的"绵阳造"人形机器人"上岗"，为批量化投产应用做现场实测准备。"装配工"机器人的代号为"大圣"，由两家企业联合研制，它们具备拟人的形态、移动能力和操作能力，运动速度可达每小时 6 公里，最大负载 30 千克，全身上下有 38 个自由度（即机器人可活动的轴数），灵活性强，能够轻松执行工业、服务及特种应用任务。

在大多数人的印象中，工厂机器人是执行简单固定动作的机械臂、自动导引车。眼前两个"大圣"却非常灵活，只见一个双手提着物料箱前行自如，准确无误地将物料箱放置到搬运点；另一个一只手麻利地撕下标签，精准粘贴在零件包装袋上，另一只手连续两次扣下扫码枪按键，完成信息录入，整个过程不到 30 秒。在工业应用场景测试现场，人形机器人的高灵活性和高精准度展露无遗，它们能做一些高难度、高强度工作。未来，"大圣"机器人的"大、小脑"将更为发达，通过计算机视觉系统、全场景感知及自主导航技术，装卸搬运能力将得到进一步提升。

资料来源 李凯旋. 四川绵阳构建人工智能机器人全产业链生态集群 车间里来了机器人"装配工"［N］. 人民日报，2025-01-03（10）.

课堂提问 ✓

装卸搬运管理应注意什么问题？

课堂实训 ✓

针对集装箱货物、托盘货物、瓦楞纸箱货物、散堆货物分别找出装卸搬运方式（尽量多地选择，然后对每种选择进行分析）。

案例分组讨论 ✓

"孩子王"是专业提供孕婴童商品一站式购物及全方位增值服务的品牌零售商，能够一站式满足0至14岁孩子及准妈妈的吃、喝、玩、购、教、学等各项所需。线上线下全渠道立体化发展的孩子王，覆盖会员家庭超过千万，已成为中国千万新家庭的全渠道服务商。

为了快速响应顾客需求，终端门店必须提升货架有货率指标。"孩子王"基于这一目标，兼顾向终端门店物流配送过程中存在的"少量多次""商品品类多""商品单价偏高"等特点，决定在终端门店配送环节采用分拨中心"整笼出货""带笼运输""整笼收货"的模式，实现商品快速补货，同时降低输运、收货过程中可能产生的货损。

"孩子王"与托盘循环共用服务商招商路凯、上游生产商（如惠氏等）达成三方合作协议，共同对供应链流程进行了重新设计：零售商"孩子王"优化下单方式满足带板要求；生产商惠氏整板出货并带板运输至"孩子王"南京配送中心；南京配送中心整板出货并带板运输至分拨中心；分拨中心根据终端门店需求，整笼出货并带笼运输至各终端门店；终端门店整笼收货。到此，"孩子王"初步实现了供应链上"后端带板，前端带笼"的托盘一体化作业。

标准托盘循环共用和带板运输可以为供应链中各环节企业提供可循环共用的物流集装器具及解决方案，在有效提高供应链各环节间货物装卸效率的同时，大幅减少货损以及物流综合成本，帮助制造、零售、物流等企业真正实现节能减排、供应链优化的实际效益。

资料来源 编者根据路凯官网"案例中心"（https://www.loscam.com.cn/CaseCenter/5.html）内容改编。

问题："孩子王"是如何优化装卸搬运流程的？"整笼出货""带笼运输"等模式带来了哪些益处？

任务三 了解流通加工作业

★任务目标

明确流通加工的作用、类型，知晓流通加工合理化的内容；能够掌握流通加工的方式。

📖小词典

流通加工是指根据顾客的需要，在流通过程中对产品实施的简单加工作业活动的总称。

注：简单加工活动包括包装、分割、计量、分拣、刷标志、拴标签、组装、组配等。

★课堂讨论

在大型超市经常会有面包、糕点加工场所，大型超市的租金远高于在外面设置厂房的费用，为什么还要在超市进行面包、糕点加工？中小型超市为什么没有面包、糕点加工场所？

★问题引导

大型商超的进口水果、有机蔬菜、冷鲜肉与农贸市场上销售的水果、蔬菜和肉制品在售卖形式上有很大区别。

思考：以上产品销售的区别有哪些？为什么会有这些区别？

📍引导知识点

一、流通加工的作用

流通加工是流通中的一种特殊形式。总的来讲，流通加工在流通中，仍然和流通总体一样起桥梁和纽带作用，但是它不是通过"保护"流通对象的原有形态而实现这一作用的，它是和生产一样，通过改变或完善流通对象的形态来实现桥梁和纽带作用的。

所以，流通加工的主要作用在于优化物流系统，具体表现在三个方面：

（1）通过流通加工，物流系统的服务功能大大增强。从工业化时代进入新经济时代，一个重要标志是出现"服务型社会"，增强服务功能是所有社会经济系统做的事情。在物流领域，流通加工在这方面有很大的贡献。

（2）使物流系统成为"利润中心"。通过流通加工，提高了物流对象的附加价值，这就使物流系统可能成为新的"利润中心"。

（3）使物流系统成本降低。通过流通加工，可以使物流过程减少损失、加快速度、降低操作的成本，从而降低整个物流系统的成本。

★问题引导

20世纪90年代前，自行车的运输都是运输零部件，到销售地后再进行组装。这样做使运输效率大大提高。

思考：这样的物流加工方式有什么问题？现在的自行车物流过程又是如何进行的？

📍引导知识点

二、流通加工的主要类型

1.为弥补生产领域加工不足而进行的流通加工

由于存在许多限制性因素，有许多产品在生产领域只能达到一定程度的粗加工，而不能完全实现终极加工，为此需要弥补生产领域的加工不足。

2.为适应多样化需求的流通加工

为了满足客户的需求，保证社会高效率的大生产，将生产出来的单调产品进行多样化的改制加工。

3.为保护产品所进行的流通加工

其目的是保证产品的使用价值能够顺利实现，防止产品在运输、储存、装卸、搬运等过程中遭受损失，主要采取稳固、改装、冷冻、保鲜、涂油等方式。

4.为提高物流效率、方便物流的流通加工

有很多产品，由于本身的特殊形状，对其难以进行物流操作，效率较低，而通过适当的流通加工可以弥补这些产品的物流缺陷，使物流各环节易于操作。

5.为促进销售的流通加工

这种加工不改变"物"的主体，只进行简单的改装加工，起到促进销售的作用。

6.为提高原材料利用率和加工效率的流通加工

流通加工以集中加工形式为主，既能解决单个企业加工效率不高的弊病，使单个企业简化生产环节，提高生产水平，又能利用其综合性强、用户多的特点，采用合理规划、集中下料的办法，提高原材料的利用率。

7.为便于运输，使物流合理化的流通加工

在干线运输及支线运输的节点设置流通加工环节，可以有效地解决对接生产的大批量、低成本、长距离的干线运输与对接消费的多品种、少批量、多批次的支线运输之间的衔接问题。

8.生产-流通一体化的流通加工

依靠生产企业与流通企业的联合，或者生产企业向流通领域延伸，或者流通企业向生产领域延伸，形成合理分工、合理规划、合理组织、统筹进行的生产与流通加工结合的统一安排。

★ 问题引导

有一家饮料厂，最初在上海、广州建厂生产饮料。随着市场需求的不断扩大，生产能力已经不足。目前有两种选择：（1）在原有的工厂增加生产线，投资少、见效快；（2）在不同的省市建新厂，投资大、建设期长。

思考：你会选择哪个方案？为什么？

引导知识点

三、流通加工合理化

流通加工合理化是指实现流通加工的最优配置，不仅要做到避免各种不合理现象，使流通加工有存在的价值，而且要做到综合考虑加工与配送、合理运输、合理商流等的有机结合。为避免各种不合理现象，对是否设置流通加工环节、在什么地点设置、选择什么类型的加工、采用什么样的技术装备等，需要做出正确抉择。实现流通加工合理化主要考虑以下几方面：

1.加工和配送结合

这是指将流通加工设置在配送点中，一方面按配送的需要进行加工，另一方面加工又是配送业务流程中的一环，加工后的产品直接投入配货作业。这样就不必单独设置一个加工的中间环节，使流通加工有别于独立的生产，能够使流通加工与中转流通巧妙地结合在一起。同时，由于配送之前有加工，可使配送服务水平大大提高，这是当前对流通加工作合理选择的重要形式。

这里所涉及的流通加工地点设置问题是流通加工合理化的重要因素。既然考虑与配送的结合，那么流通加工地点应设置在需求地区，在运输线路的交接点、交通枢纽等处选址。如果地址选择不当，就会大大增加物流费用。

2.加工和配套结合

"配套"是指对使用上有联系的用品集合成套地供应给用户使用。例如，方便食品的配套，包括食品生产企业的产品——各种即食或速熟食品，还有餐具生产企业的产品——各种一次性餐具。当然，配套的主体来自各个生产企业，如上所说的方便食品中的"方便面"，就由其生产企业配套生产。但是，有的配套不能由某个生产企业全部完成，则在物流企业经过流通加工，有效地促成配套，从而大大提高流通作为供需桥梁与纽带的作用。

3.加工和合理运输结合

流通加工能有效衔接干线运输与支线运输，促进两种运输形式的合理化。利用流通加工，在支线运输转干线运输或干线运输转支线运输本来就必须停顿的环节，不进行一般的支转干或干转支，而是按干线或支线运输的合理要求进行适当加工，从而大大提高运输转载水平。

4.加工和合理商流相结合

通过流通加工可以有效促进销售，使商流合理化，这也是流通加工合理化的考虑方向之一。通过加工，提高了配送水平，强化了销售，是加工与合理商流相结合的一个成功的例证。

此外，通过简单地加工改变包装，以方便购买，通过组装加工解决用户使用前进行组装、调试的难处，都是有效促进商流的例子。

5.加工和节约相结合

节约能源、节约设备投入、节约人力、节约耗费是流通加工合理化需考虑的重要因素，也是目前我国物流业设置流通加工环节并考虑其合理化的较普遍形式。

流通加工不是对生产加工的替代，而是一种补充和完善。因此，如果工艺复杂、技术装备要求高，可以由生产过程延续或轻易解决的，都不宜再设置流通加工环节。

对于流通加工合理化的最终判断，要看其是否能实现社会和企业的效益，是否取得了最优效益。与一般生产企业不同，流通加工企业更应树立社会效益第一的观念，只有在以补充完善为己任的前提下才有生存的价值。如果只是追求企业的微观效益，不适当地进行加工，甚至与生产企业争利，就有违流通加工的初衷，或者说其本身已不属于流通加工范畴。

课堂提问 ✔

生活中有许多产品是在流通中加工的，但是流通加工的工具和质量通常既不如生产企业的好，又不如生产企业的规模效益好，为什么还要在流通中加工呢？

课堂实训 ✔

食品的流通加工的类型很多。只要我们留意超市里的货柜就可以发现，那里摆放的各类洗净切好的蔬菜、水果、肉末、鸡翅、香肠、咸菜等都是流通加工的结果。这些商品的分类、清洗、分割、贴商标和条形码、包装等都是在摆进货柜之前完成的，而不是在产地进行的，已经脱离了生产领域，进入了流通领域。

食品流通加工的具体项目主要有哪些？其作用体现在哪些方面？

案例分组讨论 ✔

从来没有一家超市，热闹得像是景点一样——大巴车一辆接一辆地开过来，有导游或者"导师"举着小旗子，拿着麦克风，在超市里向客人讲解胖东来的文化和服务。过去几个月，国内零售业的焦点无疑集中在胖东来的"改造行动"上。从嘉百乐到步步高，再到永辉，胖东来通过输出经验、标准和商品，将其独特的"胖东来模式"复制到这些门店。

胖东来被困境中的中国传统商超集体当成了"救星"，最主要的调整措施就是加工类商品占据主导。以湖南步步高湘潭九华店为例，经过胖东来团队为期6天的商品结构调整，加工类商品占九华店销售额的30%，日均销售额超过30万元，成为门店业绩增长的核心动力。重新开业后，日均销售额从11万元飙升至超百万元。

预制菜被誉为当代互联网的"定时炸弹"，每隔一段时间就会因其安全性和营养价值问题引发公众热议。很多人担心预制菜含有大量添加剂，长期食用可能对身体有害。然而，当预制菜与胖东来超市结合时，却发生了意想不到的变化。在胖东来超市，预制菜不仅没有被消费者嫌弃，反而成了他们争相购买的热门商品。胖东来的预制菜坚持"当日制作，当日出清"的原则，保证了食材的新鲜度和品质。在熟食、面食区等半成品菜专区，消费者不仅能找到各种以肉类和海鲜为主的菜品，还能享受到胖东来提供的付费加工服务。

据悉，胖东来在许昌市东城区建设胖东来综合流通加工产业园总投资约15亿元，主要建设以胖东来食品为主的集自有品牌商品加工制造、电器组装、医药初加工、数字化仓储配送等于一体的综合生产基地。项目建成后将依托胖东来巨大的市场潜力和品牌效应，突出三产、二产、一产深度融合，致力打造国内业态最丰富、智能化水平最高、产业链条最完整的新型产业园区。

资料来源　编者根据相关新闻报道综合编写。

问题：（1）胖东来主要对哪些产品开展流通加工？

（2）流通加工的产品为何会成为传统商超的"救星"？

任务四　了解物流信息处理作业

★ 任务目标

了解物流信息的特征、作用和种类；能够运用物流信息进行物流决策。

小词典

物流信息是指反映物流各种活动内容的知识、资料、图像、数据的总称。

★ 课堂讨论

某电商公司销售多款电子产品，采用分布式的仓储物流系统，通过多个仓库向全国各地的客户发货。公司有一款热销产品——智能手表，在大促期间销量激增，但库存数据未能及时同步到仓库管理系统，导致库存显示仍有商品，而实际上库存已经接近售罄。仓库管理人员基于错误的库存信息安排了配送计划，最终出现了部分订单未能按时发货的情况。

问题：该电商公司的物流信息有哪些？物流信息在企业运作中的重要性体现在哪些方面？

★ 问题引导

企业数字化转型之路：从"货行千里人担忧"到"信息尽在指尖上"

早上8点，正值发货高峰期。在九鼎物流的运营中心，四块大型电子显示屏实时展示着各类物流数据，包括货车行车轨迹、实时交易信息等，使整个运输过程透明可视。依托互联网、大数据等技术，九鼎物流构建了物流数字化综合服务平台，涵盖货主、司机、运输装备等多个环节。通过采集从运输计划发出到最终卸货的全过程数据，完成原始单据的数字化管理、智能分析，平台可精准匹配货主与司机，提高运力调配效率。此外，该系统还能为司机提供个性化服务，包括推荐成本更低的行车路线、优质汽修店及符合个人口味的餐饮选择。平台通过云计算、大数据和人工智能技术，提高了数据透明度，有效降低了公路货运的空驶率、空置率和空载率，提高了企业的整体效益。

资料来源　王迎霞. 物流企业数字化转型之路：从"货行千里人担忧"到"信息尽在指尖上"［EB/OL］.［2024-07-22］. https://www.163.com/dy/article/J7MEQGUB0514R9KQ.html.

思考：物流信息化为九鼎物流带来了什么好处？

引导知识点

一、物流信息的特征

1.信息量大

物流信息随着物流活动以及商品交易活动的展开而大量产生，多品种少批量生产和多频度小批量配送使库存、运输等物流活动的信息大量增加。零售商广泛应用POS系统读取销售时点的商品价格、品种、数量等即时销售信息，并对这些销售信息加工整理，通过EDI向相关企业传送。同时，为了使库存补充作业合理化，许多企业采用EOS系统。随着企业间合作的加强和信息技术的发展，物流方面的信息量今后将会越

学习微平台

动画 3-2：认识
追溯系统

来越大。

2.更新快

多品种少量生产、多频度小批量配送、利用POS系统的及时销售等使得各种作业活动频繁发生，从而要求物流信息不断更新，而且更新的速度越来越快。

3.来源多样化

物流信息不仅包括企业内部的物流信息，如生产信息、库存信息等，而且包括企业间的物流信息和与物流活动有关的基础设施的信息。企业竞争优势的获得需要供应链各参与企业之间相互协调合作，协调合作的手段之一就是信息及时交换和共享。现在，越来越多的企业致力于物流信息标准化和格式化，利用EDI在相关企业间进行传送，实现信息共享。

引导知识点

二、物流信息的作用

物流信息是物流系统的功能要素之一。物流信息的功能，如同人们对一般的信息功能的认识一样，可以从不同的角度进行描述。物流信息在物流系统整体效用上的功能，体现在以下两个方面：

一是物流信息是物流系统的中枢神经。物流系统是一个有着自身运动规律的有机整体。物流信息经收集、加工、处理后，成为系统决策的依据，对整个物流活动起着运筹、指挥和协调的作用。如果信息失误，则运筹、指挥活动便会失误；如果信息系统发生故障，则整个物流活动将陷入瘫痪。

二是物流信息是物流系统变革的决定性因素。人类已进入信息时代，信息化将改变现有社会经济的消费系统和生产系统，从而改变人类生存的秩序。物流是国民经济的服务性系统，社会经济秩序的变革必将要求现有的物流系统结构、秩序随之变革。物流信息化既是这种变革的动力，也是这种变革的实质内容。

物流信息系统是把各种物流活动与某个一体化过程连接在一起的通道。一体化过程建立在四个层次上：交易系统、管理控制、决策分析及战略计划制订。物流信息对交易系统、管理控制、决策分析及战略计划制订起到强大的支持作用。下面仅就物流信息对交易系统、管理控制、决策分析所发挥的作用介绍如下：

（1）支持交易系统。交易系统是用于启动和记录个别的物流活动的最基本的层次。交易活动包括记录订货内容、安排存货任务、作业程序选择、装船、定价、开发票，以及消费者咨询等。例如，当收到消费者订单进入信息系统时，就开始了第一笔信息交易。按订单安排存货，记录订货内容意味着开始了第二笔信息交易，随后产生的一笔信息交易是打印和传送付款发票。在整个过程中，当消费者需要而且必须获得订货状况信息时，通过一系列信息交易，就完成了消费者订货功能的循环。交易系统的特征是格式规则化、通信交互化、交易批量化、作业逐日化。结构上的各种过程和大批量的交易相结合主要强调了信息系统的效率。

（2）支持管理控制。管理控制要求把主要精力集中在功能衡量和普通衡量上。功能衡量对于提供有关服务的水平和资源利用情况等管理反馈来说是必要的。因此，管理控制以可估价的、策略上的、中期的焦点问题为特征，它涉及评价过去的功能和鉴别各种可选方案。普通衡量包括每吨的运输和仓储成本（成本衡量）、存货周转（资产衡量）、供应比率（顾客服务衡量）、每工时生产量（生产率衡量）及顾客的感觉（质量衡量）等。

当物流信息系统有必要报告过去的物流系统功能时，物流系统是否能够在其被处理的过程中鉴别出异常情况也是很重要的。管理控制的例外信息对于鉴别潜在的顾客或订货问题是有用的。例如，有超前能力的物流系统可以根据预测的需求和预期的入库数来预测未来的存货短缺情况。基本的管理控制衡量方法，如成本管理，有非常明确的定义，而另一些衡量方法，如顾客服务，则缺乏明确的定义。例如，顾客服务可以从内部（企业的角度）或外部（顾客的角度）来衡量。内部衡量相对比较容易跟踪，而外部衡量却难以获得，因为它要求对每一位顾客的相关信息进行收集与整理。

（3）支持决策分析。决策分析主要是集中精力在决策应用上，协助管理者鉴别、评估和判断物流战略和策略的可选方案。

> **小资料 3-3**
>
> 四网融合，是干线铁路、城际铁路、市域（郊）铁路和城市轨道交通的深度融合与互联互通，这是对传统交通网络的一次重大升级，更是对未来交通体系发展的前瞻性布局。
>
> 四网融合不仅仅是物理层面的网络互联，更是信息化与交通深度融合的生动体现，它运用云计算、大数据、物联网等现代信息技术，实现了交通信息的实时共享、智能调度和精准管理，极大地提升了交通系统的运行效率和服务水平，为用户提供更加便捷、智能的出行体验。信息化赋能，让四网融合焕发出勃勃生机，成为推动交通领域高质量发展的核心动力。
>
> 广佛南环、佛莞城际铁路的开通，以及与佛肇、莞惠城际铁路的"四线贯通"和公交化运营，四网融合成功打破了地区间的行政区划壁垒，实现了交通网络的无缝对接，加速了人流、物流、信息流和资金流在区域间的自由流动，为区域经济一体化发展提供了有力支撑。同时，它也促进了城市间的功能互补和错位发展，推动了区域经济的协调与繁荣。
>
> 在推动经济发展的同时，四网融合还积极响应国家绿色低碳发展的号召，通过优化交通网络布局、提升交通运营效率、推广新能源交通工具等措施，减少了交通领域的碳排放和环境污染，推动交通领域的绿色转型和可持续发展。这不仅符合全球应对气候变化的共同目标，也为我国实现碳达峰、碳中和目标贡献了重要力量。
>
> 四网融合作为新时代交通与信息化融合发展的标志性成果，正以其独特的魅力和深远的影响力引领我们走向更加美好的未来。我们有理由相信，在不久的将来，随着四网融合的深入推进和不断完善，我们将迎来一个更加便捷、高效、智能、绿色的交通新时代。
>
> 资料来源 葛飞. 四网融合推动新时代交通与信息化融合发展［EB/OL］.［2024-07-12］. https://baijiahao.baidu.com/s？id=1804339453954594578&wfr=spider&for=pc.

★问题引导

新宁物流：领跑数字化物流变革，开创行业发展新局面

新宁物流是一家集国际陆运、空运、海运、仓储和供应链管理于一体的综合物流服务提供商。一直以来，新宁物流积极探索数字技术在物流服务中的应用。在运输管理方面，新宁物流引入了智能配送系统，通过分析实时交通信息和货物的集中趋势，对货车的运输路径进行优化指导，提高了运输效率与准时率。在物流仓储方面，新宁物流采用了先进的仓储技术，通过 RFID 技术实现了仓库库存的实时监控，并通过无人机和自动化设备进行货物存储与取货，大大提高了仓储效率和准确性。新宁物流还注重运用大数据分析技术对物流过程进行优化。通过对数据的分析和挖掘，公司可以更准确地预测货运量，调整运输路线和时间，并提供精细化的物流方案，以满足客户的个性化需求。

资料来源　投资界. 新宁物流：领跑数字化物流变革，开创行业发展新局面［EB/OL］.［2024-03-27］. https://finance.sina.cn/2024-03-27/detail-inapufqi9408610.d.html.

思考：有哪些物流信息助力新宁物流的数字化变革？

⦿引导知识点

三、物流信息的种类

1.按信息的来源和流向划分

（1）外部信息。来自物流系统外部的各种信息，包括供应商、客户、市场需求、交通状况、政策法规等。这类信息通常与企业外部环境、合作伙伴或社会经济状况相关。例如，市场需求波动、政策变化、温度变化、交通限制等都影响物流决策。

（2）内部信息。来自物流系统内部的各种数据，涵盖仓储、运输、库存、订单处理等各环节的信息。主要包括库存状态、运输计划、仓储作业进度等。这类信息帮助企业协调各部门间的工作，确保物流活动顺利进行。

2.按信息的时效性和变动性划分

（1）固定信息。具有较长时间稳定性的物流信息，通常不容易变化，主要包括物流规划、标准、政策等。这类信息为长期决策提供支持。例如，年度运输目标、技术标准、固定设施配置等。

（2）动态信息。与固定信息相对，动态信息随着物流活动的进行而实时变化。包括运输进度、实时库存、订单状态、路况信息等。此类信息对日常操作至关重要，必须实时监控。

3.按信息的功能和作用划分

（1）操作性信息。直接支持物流操作的基本信息，包括货物配送、运输计划、库存状态等。这类信息通常与实际作业密切相关，如仓库库存清单、运输车辆定位、货物交付状态等。

（2）决策性信息。帮助管理层进行决策的综合信息，通常涉及战略规划、资源优化等方面，包括市场需求预测、运输成本分析、供应链优化方案等。通过对这些信息进行分析，管理者能够做出长期的资源配置和业务调整决策。

（3）控制性信息。用于对物流活动进行监控、评估和调整的动态信息，确保各项作业按计划进行，防止出现偏差。例如，运输延误报告、库存报警信息、配送效率等。这类信息主要用来进行绩效监控、质量控制和异常处理。

★ 问题引导

两个孩子得到了一个橙子，但是在如何分配的问题上意见不一。经过协商，他们达成了一致意见：由一个孩子负责切橙子，而另一个孩子选橙子。最后，这两个孩子按照商定的办法各自取得了一半橙子，高高兴兴地拿回家去了。

其中一个孩子回到家，把半个橙子的皮剥掉扔进了垃圾桶，把果肉放到榨汁机里榨果汁喝。另一个孩子回到家，把半个橙子的果肉挖掉扔进了垃圾桶，却把橙子皮留下来磨碎了，准备混在面粉里做蛋糕吃。

思考：这两个孩子分橙子的决策对吗？问题出在哪里？

引导知识点

四、物流信息与物流决策的关系

对信息的需要是由人的本能决定的，只有不断获得信息，人类才能正常生存下去。对于物流活动本身来讲，物流信息同样也是物流正常进行的条件。

（1）物流信息为物流决策提供依据。任何决策在没有信息的情况下都会成为无源之水、无本之木。对于物流这一涉及面极为广泛、结构复杂的系统来说，物流信息就显得更为重要。只有做到信息灵、情况清，才能做到方向明、决策准。

（2）正确的决策关键在于正确的判断。信息为决策提供了依据，但信息本身不能决定决策，决策最终取决于决策者的判断。面对同样的信息，不同的决策者会产生不同的判断，有时甚至会产生截然不同的判断。即便是同样的信息、相同的处理方法和类似的分析手段也会得出几种不同的方案。只有对这些方案再进行技术经济分析，才能获得最佳方案。

（3）决策的执行结果是对信息和决策方法的检验。决策一旦被肯定，就会变为现实的行为，即决策的执行。决策执行的结果有两种可能：其一是符合决策目标；其二是偏离决策目标。应当说明的是，符合也是相对而言的，不可理解为决策的目标与执行结果完全一致。与执行结果偏差过远的决策，有可能是信息不准确的结果，但更可能是决策方法的失误。

显然，信息与决策的关系表现为信息经分析、处理形成决策，决策执行的结果又成为新的信息，如此往复循环。

通过收集与物流活动相关的信息，使物流活动能有效、顺利地进行。随着计算机和网络技术的发展，物流信息出现一体化、系统化的发展趋势。目前，订货、在库管理、配送、备货等几个要素的业务流已实现了一体化。信息包括与商品数量、质量、作业管理等相关的物流信息，以及与订发货和货款支付等相关的商流信息。目前，我国大型零售店、24小时便利店为了削减流通成本，扩大销售，大多已采用了POS和EDI系统，从而使物流信息技术的应用达到了较高水平。

课堂提问 ✔

你知道 GPS 车辆定位系统吗？GPS 车辆定位系统有什么作用？

课堂实训 ✔

由 7 人以上组成一个小组，进行"信息迷雾"游戏。

1. 游戏开始前准备

游戏主持人准备一条复杂的信息（例如：一句包含特定术语的长句子、一张图片、一段视频、一项指令）。游戏信息源（主持人）将信息以原始形式要求队员通过不同的方式逐步传递。

2. 列举几种不同的传递方式

（1）口头传递。信息通过电话或语音消息传递。传递者需要根据自己理解转述信息，可能会因为听力问题或误解造成第一层失真。

（2）文字转述。信息的接收者将口头信息转换成文字，手动输入并通过即时通信工具传给下一位传递者。这一环节可能导致拼写错误、漏掉关键信息或加入误解。

（3）图像或表情转化：接收者将信息内容以图片或表情包方式传递给下一位参与者，此环节会导致信息失真，因为表情或图像通常无法准确表达复杂的文本或语义。

（4）视频转述。信息通过拍摄视频传递。在此过程中，由于拍摄角度、光线或说话者情感的传递，对信息可能会有不同的解读。

（5）人工智能转述：使用语音识别系统将视频中的语音转换成文字，之后通过机器翻译或语音识别系统处理。人工智能的误识别和翻译错误会加剧失真。

转述形式不限，但要求每个传递环节都要通过不同的方式传递信息，参与者尽可能按照自己的理解传递信息，而不能直接复制上一环节的信息。

3. 游戏结束和反思

最终接收者需要根据最后获取的信息猜测最初的信息内容，并与原始信息进行对比，评估信息失真的程度。

通过"信息迷雾"游戏，参与者可以思考现代社会中不同的媒介、理解偏差或技术问题产生变形和误解是如何引起信息传递中的失真现象，以及如何避免。

案例分组讨论 ✔

欧冶云商是中国宝武旗下第三方产业互联网平台公司，拥有深厚的钢铁行业底蕴和丰富的产业互联网经验积累，连接超过 300 家钢厂及其分支机构、2 000 家钢材仓库，平台车辆资源超 5 万辆，船舶超过 6 000 艘，合作加工中心超过 700 家。为推动钢铁产业乃至下游实现供应链高质量发展，构建"低碳可视、安全可控、直达终端"的数字运力网络，G7 易流与欧冶云商正式签署战略合作协议，协同建立钢铁产业供应链数据标准，构建高效管理流程闭环，深化上下游协作机制；针对欧冶物流总部，G7 易流将共享数据资源及智能新技术能力，共同进行钢铁物流新生产关系顶层设计；同时，面向广泛的钢铁产业物流服务商，双方将逐步推动承运商数字化连接，持续赋能产业下游实现数字化升级。

G7易流与欧冶云商强强联手，发挥在各自领域内的优势，实现资源共享与优势互补，共同探索钢铁与物联网行业协同发展的创新模式。未来，G7易流与欧冶云商将积极践行ESG发展理念，勇担社会责任，引领钢铁行业迈向更加完善与规范的新征程。

资料来源　宋妤.G7易流与欧冶云商强强联合，打造钢铁行业数字物流新生态〔EB/OL〕.〔2024-04-11〕.https://tech.china.com/article/20240411/042024_1504522.html.

问题：欧冶云商与G7易流是如何通过资源共享和优势互补，从而推动钢铁物流的数字化发展的？

●　●　项目考核

1.单项选择题

（1）在现代物流技术中，以联结货物的保管与运输活动这两个重要环节为主的技术是指（　　）。

A.仓储技术　　　　B.包装技术　　　　C.物流信息技术　　D.装卸搬运

（2）物品在指定地点以人力或机械装入运输设备或卸下，称为（　　）。

A.搬运　　　　　　B.装卸　　　　　　C.装卸搬运　　　　D.运输

（3）置于一般容器的物品，其活性指数是（　　）。

A.0　　　　　　　B.1　　　　　　　C.2　　　　　　　D.3

（4）在装卸量较大、装卸对象固定、货物对象不易形成大包装的情况下适用（　　）。

A.间歇装卸　　　　B.垂直装卸　　　　C.水平装卸　　　　D.连续装卸

（5）装卸子系统的作用主要是（　　）。

A.确定交货品质、数量和包装等条件是否符合合同规定

B.提供短距离的货品搬移储存并作为运输作业的纽带和桥梁

C.采集、处理和传递国际物流的信息情报

D.克服物品在时间上的差异，创造时间效益

2.多项选择题

（1）按照进行装卸搬运所处地点的物流设施或所使用的物流设备对象分类，装卸搬运包括（　　）。

A.港口装卸　　　　　　B.铁路装卸　　　　　　C.仓库装卸

D.飞机装卸　　　　　　E.汽车装卸

（2）要实现流通加工的最优配置就应该从（　　）方面加以考虑。

A.加工和配送结合　　　B.加工和配套结合　　　C.加工和节约结合

D.加工和合理运输结合　E.加工和合理商流结合

（3）装卸搬运作业的特点包括（　　）。

A.装卸搬运作业量大　　B.装卸搬运对象复杂　　C.装卸搬运作业不均衡

D.装卸搬运对安全性要求高　　　　　　　　　E.装卸搬运费用高

（4）装卸搬运合理化的目标是（　　）。

A.距离要短   B.时间要少   C.质量要高

D.费用要省   E.环节要多

（5）防止和消除无效作业的途径是（   ）。

A.尽量减少装卸次数   B.提高被装卸物品的纯度

C.包装要适宜   D.减少装卸作业的距离

E.提高装卸效率

3.判断题

（1）流通加工大多是简单加工，而不是复杂加工，是对生产加工的一种辅助或补充，而不是生产加工的替代形式。   （   ）

（2）集装箱是现代运输业的一项重要技术变革，具有装卸效率高、车船周转快、货损货差小、包装费用省、货运手续简化、货运成本低、劳动强度低等优点。 （   ）

（3）装卸搬运活性指数越高，说明该存放状态下的物品越不容易进行装卸搬运作业。   （   ）

（4）现代物流的一个重要特点是根据自己的优势从事一定的补充性加工活动，这种加工活动带有完善、补充、增加的性质，会形成劳动对象的附加价值。   （   ）

（5）物流信息化的目的是利用网络化、信息化的优势，通过对整个物流系统的优化整合，为企业物流提供共享交互的载体，为企业提供高质量、高水平的增值服务，提高资源的利用率，实现物流系统的优化运作。   （   ）

4.问答题

（1）如何实现包装的合理化？

（2）如何实现流通加工的合理化？

●●●● 项目实训

1.实践训练

一辆重型卡车从 A 地运到 B 地，运输时间平均需要 2 小时，但是车辆在装满一车或卸车时均需要 2 个小时。装卸问题已成为物流的瓶颈，如何解决，请提出你的方案。

2.课外实训

调查一个企业，了解其信息化程度，写一份调查报告。

3.拓展训练

快递进行包装时需要考虑运输、分拣、分发过程，要具有抗颠簸、压力、冷热的能力，这就容易导致过度包装、包装浪费等问题。中国快递业务量已连续多年位居世界第一，快递业每年产生纸质废弃物、塑料废弃物等快速增长。

请为解决快递包装问题出谋划策。

项目四
配送中心作业活动

学习目标

知识目标：

1.掌握配送的作用、模式和类型。

2.了解配送中心的功能，掌握配送中心的运作流程。

能力目标：

1.能够说出配送的价值。

2.能够进行现代物流配送中心的设计。

3.能够运用物流配送合理化的基本方法实现合理化配送。

素养目标：

1.培养学生资源共享意识、低碳环保意识。

2.鼓励学生学习专业前沿知识，提高专业认同感。

价值引领案例

科技强国｜科技引领配送新风尚

学习微平台

拓展阅读 4-1

在青岛市川流不息的道路上出现了这样的快递车：它们没有驾驶室，却能够灵活地穿梭在车流中，智能识别交通信号，礼让行人并灵活避障；它们采用了前沿自动驾驶技术，可全自动完成仓库到各个站点的快件配送，让快递员往返时间、频次大大减少，这样的快递无人车日均配送量超过千件……自2024年3月青岛市发布《青岛市低速无人驾驶车辆道路测试与商业示范管理实施细则（试行）》明确允许低速无人车上路以来，青岛顺丰、圆通、中通、极兔等多家快递公司陆续增加无人快递车的数量，截至2024年底，据不完全统计，青岛市快递无人车保有量已超过150辆。

青岛作为国内智能物流和自动驾驶的先行城市，展示了我国在智能科技、现代物流领域的全球竞争力。该应用不仅提高了物流效率，降低了运营成本，也推动了绿色发展和科技创新。它既是现代化物流体系的重要变革，也体现了科技向善的价值，引导社会向更高效、更环保、更智能的方向迈进。

资料来源 滕丹宁，杨博文.青岛快递无人车领跑配送新风尚，日送千件显神威［EB/OL］.［2025-01-15］. https://baijiahao.baidu.com/s? id=1821282628872441026&wfr=spider&for=pc.

思考：科技进步如此之快，我们应如何把握机遇，积极参与和推动科技向善、绿色低碳的未来发展？

任务一　认识配送

★任务目标

掌握配送的作用、模式和类型。

📖小词典

配送是指根据客户要求，对物品进行分类、拣选、集货、包装、组配等作业，并按时送达指定地点的物流活动。

冷链配送是指从配送站递送到消费者且全程处于配送商品所要求的温度下的物流活动。

★课堂讨论

很多连锁超市都有两种业态：一种是大型超市；另一种是小型社区便利店。对于连锁超市的配送中心而言，对这两种业态的门店该如何组织配送呢？

★问题引导

《"十四五"现代物流发展规划》（以下简称《规划》）提出，优化以综合物流园区、专业配送中心、末端配送网点为支撑的商贸物流设施网络。新建和改造升级一批集运输、仓储、加工、包装、分拨等功能于一体的公共配送中心，支持大型商超、批发市场、沿街商铺、社区商店等完善临时停靠装卸等配套物流设施，推进智能提货柜、智能快件箱、智能信包箱等设施建设。

《规划》鼓励物流企业与商贸企业深化合作，优化业务流程，发展共同配送、集中配送、分时配送、夜间配送等集约化配送模式，优化完善前置仓配送、即时配送、网订店取、自助提货等末端配送模式。深化电商与快递物流融合发展，提升线上线下一体化服务能力。

《规划》中对无人配送、即时配送、无接触配送、分级配送、末端配送、共同配送等不同的配送模式在物流体系建设、标准化、数字化、绿色化等方面都提出了具体的要求。

思考：《"十四五"现代物流发展规划》为何对配送提出如此详细的要求？

学习微平台

微课 4-1：配送

📍引导知识点

一、现代配送的作用

（1）现代配送可降低整个社会物资的库存水平。发展配送，实施集中库存，可发挥规模经济优势，降低库存成本。生产和流通企业可以依靠配送中心的准时配送或即时配送，压缩库存，甚至实现零库存，节约储备资金，降低储备成本。

（2）现代配送完善了运输系统，提高了末端物流的效益。采用配送方式，批量进货，集中发货，以及将多个小批量集中在一起大批量发货，可有效节省运力，实现合理、经济运输，降低物流成本。

（3）现代配送可成为流通社会化、物流产业化的战略选择，有利于物流运动实现合理化。

（4）现代配送为电子商务的发展提供了基础和支持。网上购物无论如何方便快捷，如何减少流通环节，唯一不能减少的就是商品配送，配送服务如不能相匹配，那么网上购物就不能发挥其方便快捷的优势。

小思考4-1

现代配送与传统配送的区别是什么？

小资料4-1

AI助力无人配送

随着人工智能（AI）技术的快速发展，物流行业正迎来一场前所未有的变革。从仓储管理到运输调度，AI的应用正在全面提升物流效率，而无人配送作为其中的重要一环，正逐渐从概念走向现实。无人配送的实现离不开多项前沿技术的支持，这些技术包括自动驾驶技术、无人机技术、配送机器人以及智能调度系统。

（1）自动驾驶技术。自动驾驶车辆是无人配送的核心载体之一。通过激光雷达、摄像头、传感器等设备，自动驾驶车辆能够实时感知周围环境并作出精准决策。目前，国内外多家企业已经推出了自动驾驶配送车，并在特定区域进行试点运营。

（2）无人机技术。无人机配送在偏远地区或紧急物资运输中展现出独特优势。它能够绕过地面交通拥堵区域，快速将货物送达目的地。例如，亚马逊的Prime Air和京东的无人机配送项目已经在部分地区实现商业化应用。

（3）配送机器人。小型配送机器人主要用于完成"最后一公里"的配送任务。它们能够在人行道上自主导航，将包裹送到消费者手中。这种配送方式在校园、社区等封闭环境中尤为适用。

（4）智能调度系统。AI驱动的智能调度系统能够优化配送路线、分配配送任务，并实时监控配送过程。这不仅提高了配送效率，还降低了运营成本。

AI技术的快速发展为物流行业注入了新的活力，无人配送作为其中的重要一环，正在改变传统的物流模式。尽管目前无人配送仍面临技术、法规、成本等多方面的挑战，但其优势显而易见。未来，随着技术的成熟和生态的完善，无人配送有望成为物流配送行业的主流模式之一，为消费者带来更加高效、便捷的服务体验。

资料来源　佚名. AI助力物流升级：无人配送是否将成为主流？[EB/OL].［2025-02-22］. https://baijiahao.baidu.com/s? id=1824588277680372494&wfr=spider&for=pc.

★ 问题引导

某食品零售公司主要销售生鲜食品（蔬菜、水果、肉类等）及加工食品，经营范围覆盖城市内各大社区。公司采取线上平台和线下门店结合的模式，客户通过线上下单，选择送货到家或到指定门店自取。各订单的配送需求如下：配送时间要求分为2小时内、2~4小时、4~8小时三个不同区间；品种类繁多，但每个订单的数量相对较小；用户需要灵活选择送货时间，有些客户希望能在晚上收到食品，而有些客户希望第二天早晨收到；配送成本尽可能低。

思考：该公司选用何种配送方式最为适合？

引导知识点

二、配送模式

配送按配送机构的经营权限和服务范围不同可以分为配销模式和物流模式两种，其运作特点如图4-1所示。

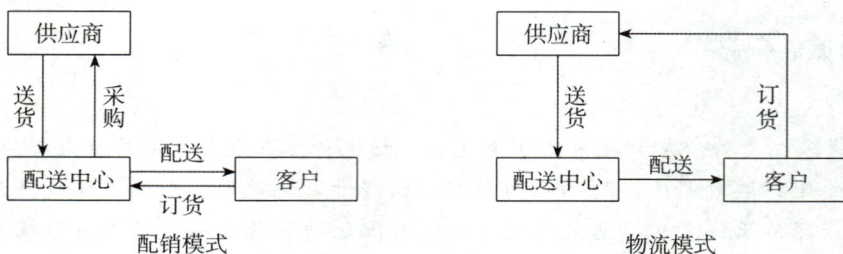

图4-1　配送模式

1.配销模式

配销模式又称为商流、物流一体化的配送模式，其含义是指配送的组织者既从事商品的进货、储存、分拣、送货等物流活动，又负责商品的采购与销售等商流活动。

这类配送模式的组织者通常是商业企业，也有些是生产企业附属的物流机构。这些经营实体不仅独立地从事商品流通的物流过程，而且将配送活动作为一种"营销手段"和"营销策略"，既参与商品交易、实现商品所有权的让渡与转移，又在此基础上向客户提供高效优质的物流服务。在我国的物流实践中，连锁商业企业或其他企业自营的配送中心、许多汽车配件中心所开展的配送业务等都属于这种模式。

配销模式的特点在于：对于流通组织者来说，由于其直接负责货源组织和商品销售，因而能形成储备资源优势，有利于扩大营销网络和经营业务范围，同时也便于满足客户的不同需求。但这种模式由于其组织者既要参与商品交易，又要组织物流活动，因此不但投入的资金、人力、物力比较多，需要一定的经济实力，而且也需要较强的组织和经营能力。

2.物流模式

物流模式是指商流、物流相分离的模式，是指配送组织者不直接参与商品的交易活动，不经销商品，只负责专门为客户提供验收入库、保管、加工、分拣、送货等物流服务。其业务实质上是属于"物流代理"。从组织形式上看，其商流和物流活动是分离的，分别由不同的主体承担。在我国的物流实践中，这类模式多存在于在传统储运企业基础上发展起来的物流企业中，其业务是在传统的仓储与运输业务基础上强化配送服务功能，以更快的速度、更高的服务水平为社会提供全面的物流服务。在国外，这种配送模式也普遍存在于运输业配送中心、仓储业配送中心。

物流模式的主要特点在于其业务活动仅限于物流代理，业务比较单一，有利于提高专业化的物流服务水平；占用流动资金少，其收益主要来自服务费，经营风险较小。由于配送企业不直接掌握货源，所以其调度和调节能力比较差。

▶ **小资料4-2**

　　中商产业研究院发布的报告显示，2023年生鲜电商市场交易规模达到6 427.6亿元人民币，较上一年度增长了14.74%，这一增长率远超许多传统行业。在中国生鲜电商市场逐步回暖的时刻，生鲜蔬菜配送再次热了起来。从配送客户分类来说，蔬菜配送B to B市场主要分为中小餐厅食材配送、企事业机关单位食堂和酒店高端餐厅食材配送、垂直行业食材配送、垂直品类（冻货、调料、海鲜、肉类）的食材配送、生鲜超市食材配送。

　　中小餐厅蔬菜配送的典型代表主要是美菜，通过"互联网+资本"的方式重构中小餐厅配送的企业，在短短的3年内从零起步，做到了全国日配额数千万元。随着该垂直细分领域的逐渐成熟，区域性市场逐渐冒出了一批不错的配送公司，北京的蔬菜侠、天津的金仓吉、长沙的尚融生鲜。

　　企事业单位食堂和高端餐厅及酒店食材配送的典型代表有北京的分分钟（主攻高端连锁餐厅配送），北京的绿盛发（新发地20年的配送公司，主攻企业食堂、部队食堂配送），浙江的明辉股份（新三板上市公司，估值5亿元），重庆的捷翠（年营业额接近2亿元，主攻机关单位食堂配送），武汉的汇农（武钢10多万人的食材配送），广东的望家欢，四川的康源配送等。

　　垂直行业食材配送的龙头企业是千喜鹤（从陆军指挥学院起步，目前覆盖3/4的军事院校、3/5的武警院校的食材配送业务）。除了千喜鹤这种行业大鳄，该领域还有其他做得不错的配送公司，如浙江的浙农茂阳，聚焦诸暨、绍兴等4个市县的中小学食堂的配送。该配送类型的特点是客户高度集中，利润丰厚。

　　生鲜超市蔬菜配送的典型代表有阿里的盒马鲜生，京东推出的直营生鲜便利店等。生鲜电商企业纷纷开始在线下开店。各地的传统连锁超市和便利店都在进行着"生鲜+"的改造，前端开店搞加盟，后端自营供应链在各地蓬勃发展。

◉ **小案例4-1**

"黑科技"对飙，抢人抢单，"双11"上演快递"卷王"大战

　　2024年"双11"不仅开启了电商平台的激烈竞争，也彻底激发了快递企业的内卷潜力。国家邮政局监测数据显示，仅10月22日，全国揽收快递包裹7.29亿件，同比增长74.0%，刷新了单日业务量纪录。

　　为了应对暴增的快递量，顺丰积极整合航空运力，开通新航线，还在多个电商热点城市部署了无人车。极兔快递投入15亿元用于国内首个自主拿地、自主建设的转运枢纽，单日快递处理量峰值可达600万件。申通则推出了"优选仓"服务，将商家产品直接存放在转运中心，节约运输时间，提高配送效率。中通则对义乌转运中心进行了产能升级，新增了自动化分拣设备，提升了包裹处理能力。同时，"双11"期间快递员的工作压力倍增，工作时长普遍超过12小时，网点派件量翻了三四倍。清晨四点半起床，五点赶到分拣站，七点开始派送，直至晚上才结束工作，成为许多快递员的工作常态。圆通快递和京东物流等企业开始通过提高薪资招揽更多临时工和兼职人员，以应对包裹的配送压力。

快递企业通过智能化设备的投入、人才的加紧招聘、技术的升级改造等多种方式，有效缓解了包裹量暴增所带来的压力。从无人车、无人机到自动化分拣技术，各大快递公司竞相推出创新服务和硬核技术，提升了物流时效性与精准度，确保了"双11"的高效配送。

资料来源　新黄河. "黑科技"对飙，抢人抢单，"双11"上演快递"卷王"大战［EB/OL］. ［2024-12-20］. https://news.qq.com/rain/a/20241028A0813000.

思考：电商物流大战拼的是什么？

★问题引导

假如你是某国际电商平台的物流经理，负责管理跨国的配送业务。随着平台业务的不断扩张，公司计划进入一些新兴市场，这些市场的物流基础设施相对薄弱，且客户需求不稳定。在这些市场中，有些客户是大批量采购的零售商，需求相对固定；有些则是个人消费者，需求具有高度的波动性。为了确保在这些市场中能够高效且及时地配送商品，你需要考虑是否采用定时配送、零售型销售配送、代理配送等不同的配送方式，以满足不同客户的需求并降低物流成本。与此同时，你还需要协调各地区仓储和配送中心的资源，优化配送路线以提高整体配送效率。

思考：应该如何选择合适的配送模式来满足不同市场和客户的需求？

引导知识点

三、现代配送的类型

1.按照经营形式不同进行分类

（1）销售配送。

销售配送是指配送企业是销售企业或配送企业将其作为销售战略的一环所进行的促销型配送，或者是和电子商务网站配套的销售型配送。这种配送的配送对象往往是不固定的，用户也往往是不固定的，配送对象和用户依据对市场的占有情况而定，配送的经营状况也取决于市场状况，配送随机性较强而计划性较差。各种类型的商店配送、电子商务网站配送一般都属于销售配送。销售配送的经营模式有以下几种：

①批发分销型销售配送。

批发分销型销售配送的应用领域主要是大型商业批发企业、大型工农业企业的国际贸易业务或全国性、大范围的批发分销活动。

②零售型销售配送。

零售型销售配送是面向广大消费者的配送，主要是"门到人"和"门到门"方式的配送。零售型销售配送可以采用电子商务的交易方式，也可以采用电话订货、传真订货以及现在广泛采用的商店购货等方式进行交易活动，然后采用"商物分离"的方式，由配送中心或者商店进行配送。利用配送方式将网上销售的商品送达用户手中，是网络经济运行过程中重要的一环。销售配送作为电子商务重要的支撑力量，是不可或缺的，因而也是"新经济"形态下的一种经济活动方式。

（2）供应配送。

供应配送往往是针对特定的用户，用配送方式满足该特定用户的供应需求的配送方式。

这种配送方式配送的对象是确定的，用户的需求是确定的，用户的服务要求也是确定的，所以这种配送可以形成较强的计划性、较为稳定的渠道，有利于提高配送的科学性并强化管理。有了这个前提条件，才可以建立"供应链管理"方式。供应配送可以由本企业自行组织或者交由第三方物流公司进行。

（3）供应、销售一体化配送。

这是指生产企业或者销售企业以自己生产和经营的产品供应给用户的配送形式。第三方物流只是受用户之委托，以自己的专业特长和配送渠道代理用户进行供应，而不是货物的所有者。货物所有者在实现销售的同时对用户完成了供应，这是在有连锁关系的企业之间、子公司和母公司之间经常采用的方式。这种方式对销售者来讲，能获得稳定的用户和销售渠道，有利于本身的稳定和持续发展，有利于强化与用户的关系并取得销售效益。对于用户来讲，能获得稳定的供应，可大大节约自身组织供应所耗用的人力、物力、财力，可以大大提高供应保证程度。

供应、销售一体化配送是配送经营中的重要形式。这种形式有利于形成稳定的供需关系，有利于保持流通渠道的畅通稳定。

（4）代理配送。

这种配送在实施时不发生商品所有权的转移，配送企业受生产者委托代送商品，对配送商品不拥有所有权，配送企业不能取得商品销售的经营性收益，只能按销售额的一定比例获得佣金。这种配送组织管理方式是企业将配送业务完全交由社会物流服务商承担，依靠社会物流服务商的专业配送服务，往往可以取得更好的供应保障和更低的配送成本。

2.按配送时间和数量的多少进行分类

（1）定时配送。这种配送是按规定的时间间隔进行配送，每次配送的品种、数量可按计划执行，也可以在配送之前以商定的联络方式通知需要配送货物的时间和数量。定时配送一般可以分为日配和准时-看板方式配送两种形式。

小思考4-2

查阅资料，思考什么是准时-看板方式配送？

（2）定量配送。它是指按规定的数量（批量）在一个指定的时间段内进行配送。这种方式配送数量固定，备货工作较为简单，可以按托盘、集装箱及车辆的装载能力确定配送数量，能有效利用托盘、集装箱等集装方式，也可整车配送，配送效率和运力利用率大大提高。

（3）定时定量配送。这种方式是按照规定的配送时间和配送数量进行配送，兼具定时配送和定量配送的特点，需要具有较高的配送管理水平。

（4）定时定路线配送。它是在规定的运行路线上制定到达时间表，按运行时间表进行配送，用户可按规定路线和规定时间接货，或提出其他配送要求。

（5）即时配送。它是完全按用户提出的配送时间和数量即时进行配送的方式，是一种灵活性很强的应急配送方式。采用这种方式，用户可以实现保险储备为零的零库存，即以即时配送代替保险储备。

小思考 4-3

"最后一公里"配送难题如何解？

每年中秋前，月饼和礼品都会掀起新一轮网购高潮，快递业务也会迎来高峰。这时多会发生快件延误、包裹没有送上门等问题。其中既有快递员不负责任放在物业部门或收发室一走了之，也有客户收件时的"再等等"，令快递效率大打折扣。快递"最后一公里"到底由谁来跑，已成为行业面临的普遍问题。你有好的办法吗？

课堂提问 ✓

有一家销售企业，主要对自己的销售点和大客户进行配送，配送方法为销售点和大客户有需求就立即组织装车送货，结果经常造成送货车辆空载率过高，同时出现所有车都派出去而对其他用户需求满足不了的情况。销售经理一直要求增加送货车辆，但由于资金问题一直没有购车。

请回答：

（1）如果你是公司决策人，你会买车来解决送货效率低的问题吗？为什么？

（2）请用分析该案例，并提出解决办法。

课堂实训 ✓

在实训室模拟电商配送流程。具体角色可分为电商销售文员、销售经理、仓管员、取件快递员、取件快递营业部经理、派件快递员、派件快递营业部经理、客户（多设几名）。流程自设，考虑得越详尽越好。

案例分组讨论 ✓

抖音小时达是抖音平台为了助力线下实体商家而推出的一项即时零售服务。它依托于抖音电商全域生态流量和智能履约配送系统，商家通过入驻抖音即时零售，在线上店铺同步线下门店的商品、库存、价格和活动，为门店 3~5 公里范围内的消费者提供平均小时级的即时到家购物体验。抖音小时达提供以下三种配送方式：

1. 平台配送。抖音整合了多家知名配送服务商（如达达、顺丰、闪送等）资源，为商家提供标准化的配送服务，既经济实惠又能保证较高的配送效率和服务质量。

2. 自配送。商家可以根据自身情况选择自定义配送范围和费用设置。这种方式适合有一定配送能力和物流管理经验的大型连锁企业，可以更好地控制成本并优化服务流程。

3.第三方配送平台。麦芽田、送件侠等第三方配送平台也为抖音小时达订单提供了多样化的选择。商家可以在这些平台上充值后自动扣费完成配送任务。

资料来源　快跑者.2024即时零售再加入"抖音小时达"新玩法，入驻抖音小时达的商家怎么配送订单呢？[EB/OL].[2024-12-12].https://mp.weixin.qq.com/s/bLIRJrTPY5aEpqHVh_Stbw.

问题：如果你是一个抖音销售高端生鲜食品（蔬菜、水果、肉类等）的商家，客户量不大，但对配送时间和质量要求较高，选用何种配送方式最适合？如果持续扩大服务范围，应该如何选择呢？

任务二　了解配送中心作业

★任务目标

了解配送中心的功能，掌握配送中心的运作流程；能够进行现代物流配送中心的作业流程设计。

小词典

配送中心是指具有完善的配送基础设施和信息网络，可便捷地连接对外交通运输网络，并向末端客户提供短距离、小批量、多批次配送服务的专业化配送场所。

它应基本符合下列条件：①主要为特定用户服务；②配送功能健全；③有完善的信息网络；④辐射范围小；⑤多品种、小批量；⑥以配送为主，储存为辅。

★课堂讨论

我们去超市买菜时，发现很多蔬菜都是整理好的，贴着打印好的价格标签，这些工作是在哪里完成的？一车新鲜蔬菜从田间地头到摆放在超市货架上，经过了哪些流程？

★问题引导

丹尼斯物流配送中心承担着为近700家大卖场和便利店配送的重要职责。该配送中心占地111亩，总建筑面积12万㎡，项目投资3.6亿元，分为常温仓储配送、低温仓储配送、蔬果仓储配送、食品加工厂仓，具有常温、保鲜、冷藏、冷冻共四个温层，其中，常温存储货位2.1万个，低温存储货位5 000个，蔬果存储货位3 000个，辐射省内350km范围大卖场84家、100km范围市内便利店596家，配有流利电子标签拣货系统等拆零拣选货位。

思考：丹尼斯物流配送中心具备哪些功能？

引导知识点

一、配送中心的功能

配送中心是一种多功能、集约化的物流据点。作为现代物流方式和优化销售体制手段的配送中心，它把收货验货、储存保管、装卸搬运、拣选、分拣、流通加工、结算和信息处理，甚至包括订货等作业有机地结合起来，形成多功能、集约化和全方位服务的供货枢纽。通过发挥配送中心的各项功能，可以大大压缩整个企业的库存费用，降低整个系统的物流成本，提高企业的服务水平。图4-2是配送中心的功能示意图。

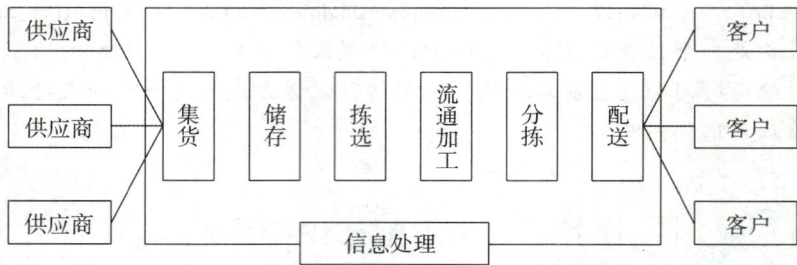

图4-2 配送中心的功能示意图

作为一个专业化、集约化的配送中心，通常应具备以下功能：

1.集货功能

为了满足门店"多品种、小批量"的订货要求和消费者在任何时间都能买到所需商品的要求，配送中心必须从众多的供应商那里按需要的品种较大批量地进货，以备齐所需商品，此项工作被称为集货。

2.储存功能

利用配送中心的储存功能，可有效地组织货源，调节商品的生产与消费、进货与销售之间的时间差。虽然配送中心不是以储存商品为目的，但是为了满足市场的需求，保证配货、流通加工等环节的正常运转，也必须保持一定的库存。这种集中储存，较之商场"前店后库"的分散储存，可大大降低库存总量，增强促销调控能力。这就是为什么配送中心一定要在达到相当规模后才能获得良好效益的缘故。由于配送中心按照客户或网点反馈的需求信息及时组织货源，始终保持最经济的库存量，从而既保证了客户及门店的订货要求，将缺货率降到最低点，又减少了流动资金的占用和利息的支付。

3.拣选功能

在品种繁多的库存商品中，根据各客户的订货单，将所需品种、规格的商品按订货量挑选出来并集中在一起，这种作业被称为拣选。储存商品的拣选工作在现代物流中占有重要地位。这是因为现代化配送中心要求迅速、及时、准确无误地把订货商品送到客户及门店。实践中有两种情况：规模较大的配送中心所辐射的门店数和储存商品的种类数都十分可观，如百货批发商的配送中心，商品品种可达十几万种，客户遍及全国甚至世界各地；零售客户订货的批量小（有的甚至要开箱拆零），要货时间十分紧迫，必须限期送到，但配送总量又很大。在这种情况下，货物的拣选已成为一项复杂而繁重的作业活动，商品的拣选技术也成为现代物流技术发展的一个专门领域。

4.流通加工功能

它是物品在从生产领域向消费领域转移的过程中，为了促进销售、维护产品质量和提高物流效率，而对物品进行的加工。例如，以往所有商品均由批发商、制造商向零售商店直接送货，导致店内的验货工作极其繁重，操作人员要花大量时间来验货、交接。有了配送中心，可以把验货工作集中转移给配送中心承担。又如，配送中心可根据各商店的不同需求，按照销售批量大小，直接进行集配分货，也可拆包分装、开箱拆零。再如，以食品为主的连锁超市配送中心，还可增加食品加工的功能，设有肉、鱼等生鲜食品的切分、洗净、分装等小包装生产流水线，并在流通过程的储存、运输等环节进行温度管理，建设冷藏链和冷冻链供货系统，获取直接经济效益。

5.分拣功能

所谓分拣，是指将一批相同或不同的货物，按照不同的要求（如配送给不同的门店）分拣再集中在一起进行配送。例如，邮政部门把信件、邮包按送达目的地（邮政编码）分开，是典型的分拣作业。

在配送中心里，按照门店（或客户）的订货单，把库存商品拣选后分别集中再配送，就是连锁超市配送中心分拣作业的任务。在商品批次很多、批量极小、客户要货时间很紧而物流量又很大的情况下，分拣任务十分繁重。

随着市场经济的发展，商品趋于小批量、多品种和即时制（just in time），配送中心的商品分拣任务十分艰巨，分拣系统的自动化已成为一项重要的物流技术。

6.配送功能

与运输相比，配送通常是在商品集结地——物流中心内，完全按照客户对商品种类、规格、品种搭配、数量、时间、送货地点等各项要求，进行分拣、配货、集装、合装整车、车辆调度、路线安排的优化等一系列工作，再运送给客户的一种特殊的送货形式。配送不单是送货，在活动内容中还有"分货""配货""配车"等项工作，体现了较高的经营管理水平。配送是分货、配货、进货等活动的有机结合体，同时还和订货系统紧密相连，这就必须依赖现代信息技术，使配送系统得以健全和完善。配送功能完善了运输、送货及整个物流系统，有力地保障了物流作用的发挥和经济效益的实现；通过配送中心的集中库存使连锁商场实现了低库存或零库存，有利于降低商品缺货率。

小思考4-4

配送与送货有何区别？

7.信息处理功能

配送中心建立了相当完善的信息处理系统，能有效地为整个流通过程的控制、决策和运转提供依据。无论在集货、储存、拣选、加工、分拣、配送等一系列物流环节的控制方面，还是在物流管理和费用、成本、结算方面，均可实现信息共享，而且配送中心与零售商店直接进行信息交流，可及时得到商店的销售信息，有利于合理组织货源，控制最佳库存。同时，配送中心还可将销售和库存信息迅速、及时地反馈给制造商，以指导商品生产计划的安排。因此，配送中心成了整个流通过程的信息中枢。

8.商品采购功能

需要说明的是，由于配送中心的性质、类型不同，其功能也有侧重，只有商流、物流合一（如连锁企业）的配送中心才具备商品采购功能，单纯的仓储运输型配送中心不具备这种功能。商物合一的配送中心，商品采购是第一个环节。配送中心需根据各连锁店提出的要货计划，及时进行整理、汇总，并结合市场情况（季节变化等）制订合理的采购计划，统一向生产商或经销商采购商品。在采购商品时除参照各连锁店确定的品种目录外，还要经常进行分析，并根据季节变化，找出那些处于衰退期的商品品种予以淘汰，同时选择适销对路的商品进行更新换代。

★ 问题引导

A生鲜商超是中外运的合作伙伴之一，由中外运物流公司承接超市的干仓业务运行以及市配运输等物流服务，为一定区域范围内的居民提供常见果蔬、肉蛋等生活物资采购与配送。该物流中心的主要业务流程如下：

（1）收货流程。供应商送货前一天在微信群内沟通预约到货信息，收货组提前做好收货准备。供应商送货到达仓库后按照商品码垛规则码放卸货，预约收货排号。仓库人员核对无误后，通过手持终端完成收货操作，打印验收单与上架标签，并请供应商在验收单签字确认。标签粘贴至对应商品后完成上架，仓库留存相关单据。

（2）拣货流程。在拿到拣货单后，拣货人员确定无误后按照拣货明细拿取对应货物并放置于周转箱内或笼车上。拣货完成后，把备好货物的笼车拉到发货暂存区，店铺名称及编号贴在笼车两端。

（3）补货流程。叉车司机根据补货单使用高位叉车，将高层货物转移到拣货库位。补货过程中，叉车司机需要再次确认补货的货物的库位、货号、日期、数量等信息无误后方可进行补货。

（4）发货流程。发货前复核员须认真复核，发现差异应立即报告拣货负责人核查原因，并且在订单未发货前完成调整。负责发货的人员在理货区将拣货完成的笼车进行整理，对各门店商品进行并笼，将同一门店的笼车统一放置，并推送至相应配送车辆。

资料来源　节选自《"中国外运杯"第七届全国大学生物流设计大赛案例发布稿》。

思考：该配送中心的物流配送流程有没有需要优化的地方？

◉ 引导知识点

二、配送中心的物流流程

1.综合配送中心的物流流程

流程化管理是现代企业管理的最佳方式，也是现代物流管理的显著特征。配送中心的基本作业流程如图4-3所示。

从供应货车到仓库，确认货品"进货"作业的开始，便依序将货品"储存"入库。为了管理好在库商品，应定期或不定期地进行"盘点"检查。当收到用户订单后，首先将订单按其性质进行"订单处理"，之后根据处理后的订单信息，进行从仓库中取出用户所需货品的"拣选"作业。拣选完成后，一旦发现拣选区剩余的存货量过低，则必须由储存区进行"补货"作业。如果储存区的存货量低于规定标准，便应向供应商采购订货。从仓库拣选出的货品经过整理之后即可准备"发货"，等到一切发货准备就绪，司机便可将货品装在配送车上，向各客户进行"配送"交货作业。

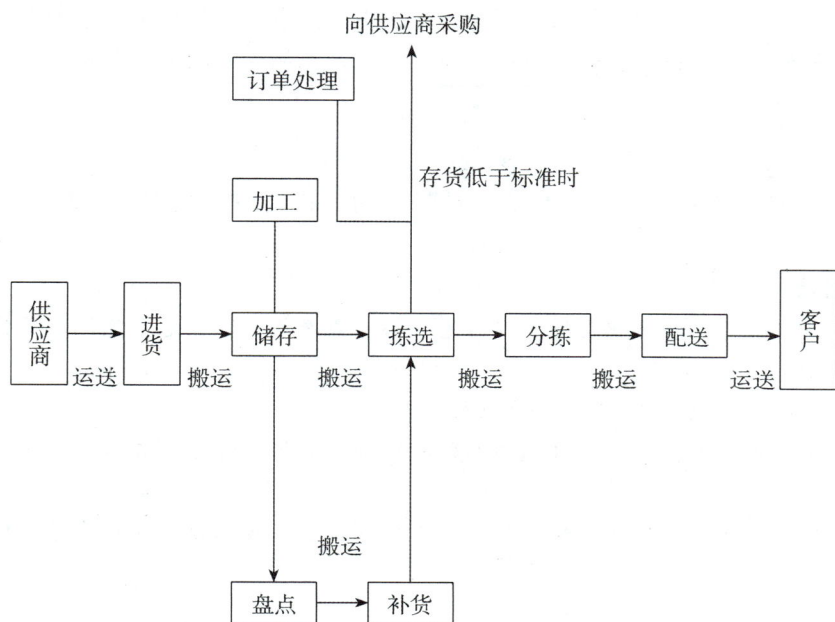

图4-3　配送中心的基本作业流程图

综合上述作业过程，可将配送中心的基本作业归纳为以下九项：进货作业、搬运作业、储存作业、盘点作业、订单处理作业、拣选作业、补货作业、分拣作业与配送作业。

2.几种不同的配送中心物流流程

配送中心的功能不同，其物流流程也不同。并且，配送商品的种类、数量、价值、进出库频率等不同，使用库房、堆放位置、养护方法及出入库时间不同，其物流流程也不同。

从商品的分类管理来看，商品ABC分类不同，其物流流程也不同。

（1）使用频率（进出库频率）较高的零售商品（属A类商品），在流通过程中，整批进货和储存，然后，按客户的订货单配货，送到零售店。由于这类商品进货批量大，故以较低的价格购入，再以零售价出售给消费者，既减少了流通环节，又使企业加倍获利。其物流流程如图4-4所示。

图4-4　综合配送中心的物流流程

（2）通过联机系统和商品信息管理系统订购的商品（属B类商品），配送中心按照客户的订单汇总后统一向工厂整箱订货，收到货后，无须储存，直接进行分拣，再送到客户手中。这样可以节约储存费用，加速流通。其物流流程如图4-5所示。

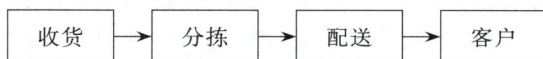

图4-5　中转型配送中心的物流流程

（3）直送商品，即不经过配送中心的储存，直接从工厂送往客户处。如牛奶、面包、豆腐等商品的配送有一定的保鲜要求，通常不经过配送中心，直接从生产厂配送到零售店；或根据客户运送要求，不经过配送中心节点，直接从生产厂配送到客户手中。这样的配送更加快捷，费用也更加节省。其物流流程如图4-6所示。

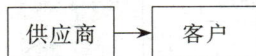

```
供应商 → 客户
```

图4-6　直送型配送中心的物流流程

实践证明，这几类物流流程是设计最成功、最经济、最高效的配送中心物流流程。

★ 问题引导

（1）以讲台为进货作业现场，以粉笔、书、圆珠笔、水性笔、笔记本等作为进货货物。

（2）分组，每组4人，选1人为组长。

（3）组长设计进货流程、每人的岗位和职责，并将设计方案告知全班同学。

（4）组员开始模拟练习。

思考：以进货作业持续时间长短、仓位设置合理性、组员配合情况作为考核标准，评出优胜组。

📍 引导知识点

三、配送中心作业流程

1.进货作业的定义和作业流程

所谓进货作业，是指从货车上把货物卸下、开箱，检查其数量、质量，并将有关收货信息书面化等。进货作业过程具有经济双重性，既是物流活动，又涉及商品所有权的转移（由生产转向流通），商品一旦收下，配送中心将承担商品完好的全部责任。因此，进货作业的质量至关重要。图4-7为进货作业流程图。

```
卸货 → 点数 → 分类 → 验收 → 储存
```

图4-7　进货作业流程图

（1）卸货作业。

配送中心卸货一般在收货站台上进行。送货方到指定地点卸货，并将抽样商品、送货单、增值税发票等交给收货人员验收。卸货方式通常有人工卸货、输送机卸货等。在托盘作业的情形下，应将货物直接卸到托盘上。将商品码到托盘时应注意：商品标志必须朝上，商品摆放不超过托盘宽度，商品每盘高度不得超过规定的高度，商品重量不得超过托盘规定的载重量。托盘上的商品应堆放平稳，便于向高堆放。每盘商品件数必须标明，上端用行李松紧带捆扎牢固，防止跌落。

（2）收货验收。

收货验收是物流作业的一个重要环节。验收的目的是保证商品能及时、准确、安全地发运到目的地。供应商送来的商品来自各工厂和仓库，在送货过程中相互有个交接关系，验收的目的之一在于与送货单位分清责任。另外，在商品运输过程中，出于种种原因，可能造成商品溢缺（包括大件溢缺）、损坏，需要供需双方当面查点交接，分清责任。

①核对验收单证。核对的验收单证包括：商品入库通知单，订货合同，供货单位提供的质量证明书或合格证，装箱单或码磅单，检验单及发货明细账，运输单位提供的运单及普通或商务记录，保管员与提运员、接运员或送货员的交接记录等。核对凭证就是对上述证件、资料进行对照核实、整理分类，然后以单核货，逐项核对、件件过目。特别是对品种繁多的小商品要以单对货，核对所有项目，即品名、规格、颜色、等级、标准等，才能保证单货相符、准确无误。

②商品条形码验收。在商品条形码验收作业时要抓住两个关键，即该商品是否为送货预报商品、其商品条形码与商品数据库内已登录的资料是否相符。

③数量验收。一般采取先卸后验的办法，即收货人员根据随车同行单据，查阅核对实送数量与预报数量是否相符，见表4-1。

表4-1　　　　　　　　　　　**商品数量验收方法**

商品	验收方法	验收步骤
大件、大批量商品	标记计件法	对每批一定件数的商品做标记，待全部清点完毕后，再按标记计算总数
包装规则、批量不大	分批清点	将商品按每行、列、层堆码，每行、列、层堆码件数相同，清点完毕后统一计算
包装规则、批量大	定额装载	用托盘、平板车和其他装载工具实行定额装载，最后计算入库数量

④质量验收。质量验收有感官检验和仪器检验等方法。仪器检验是指利用试剂、仪器和设备对商品规格、成分、技术标准等进行物理和生化分析，其检验效果科学，但是过程复杂。由于交接时间和现场码盘等条件的限制，在收货点验时，通常采用"看""闻""听""摇""拍""摸"等感官检验方法。这种方法比较灵活，但是准确性受操作人员的经验、作业环境和生理状态等因素的影响。

⑤包装验收。包装验收的目的是保证商品在运输途中的安全。物流包装一般在正常的保管、装卸和运送中，要经得起颠簸、挤压、摩擦、叠压、污染等影响，在包装验收时，应具体检查：纸板的厚度和卡具、索具的牢固程度，纸箱的钉距、内衬底的严密性；纸箱封条是否破裂、箱盖（底）是否牢固、纸箱内包装或商品是否外露；纸箱是否有受潮、变形、油污、发霉、虫害等情况。

小思考4-5

怎样验收玻璃、流质、易挥发物品等特殊货物？

（3）货物编号。

为保证物流配送中心的物流作业准确而迅速地进行，在进货作业中必须对货物进行清晰有效的编号，这是极为重要的。编号的重要意义在于对货物按分类内容进行有序编排，并用简明文字、符号或数字来代替货物的"名称""类别"，货物编号后可通过计算机进行高效率和标准化的管理。

货物编号的方法主要有流水码编号法、条形码编号法和商品分类编号法等。

学习微平台

微课4-2：验收特殊货物

2.订单处理

订单处理就是从接到客户订货开始一直到拣选货物为止的作业阶段，其中还包括有关用户和订单的资料确认、存货查询和单据处理等内容。

3.拣货

拣货作业（又称配货拣选），是指配送中心根据客户订单所确定的商品品名、数量，将商品从货垛或货架上取出，搬运到理货场所，以备配货送货。

（1）拣选作业的方法。

商品拣选作业一般有两种方法，即摘果法和播种法。

①摘果法，就是让拣货搬运员巡回于储存场所，按要货单位的订单挑选出每一种商品，巡回完毕也就完成了一次配货作业，将配齐的商品放置到发货场所指定的货位，然后进行下一个要货单位的配货。

摘果法的优点：作业方法简单；订单处理前置时间短；导入容易且弹性大；作业人员责任明确；派工容易、公平；拣货后不必再进行分拣作业。

摘果法的缺点：商品品种数多时，拣货行走路线过长，拣取效率降低；拣取区域大时，搬运系统设计困难；少批量、多批次拣取时，会造成拣货路径重复费时，效率低。

摘果法的适用范围：大批量、少品种订单拣选；用户不稳定，波动较大；用户之间共同需求少，需求差异很大；用户配送时间要求不一；新建配送中心的初期，可作为一种过渡性的办法；直接面向消费者进行配送的电子商务。

②播种法，即将每批订货单上的同种商品分别累加起来，从储存货位上取出，集中搬运到理货场所，然后将每一客户所需的商品按数量取出，分放到该客户商品暂存待运货位处，直至配货完毕。

播种法的优点：可以缩短拣取时的行走搬运距离，增加单位时间的拣取量。

播种法的缺点：对订单的到来无法做及时的反应，必须等订单达到一定数量时才做一次处理，因此会有停滞时间。

播种法的适用范围：小批量、多品种订单拣选；用户稳定且用户数量较多，可以建立稳定的分货线；用户的需求共性强、差异性小；用户需求的种类有限；用户对配送时间的要求不强。例如，商业连锁、服务业连锁、巨型企业内部供应配送等。

为了提高拣选效率、降低成本，应充分研究上述两种方法的优缺点，甚至可根据两种方法各自的适用范围将两者混用。有时候还要考虑拣选方法和分拣策略的组合。例如，当储存区面积较大时，拣选作业中往返行走所费时间占很大比重，此时一人一单拣选到底的方法就不宜采用。如果适当分工，按商品的储区划分，每一拣选人员分别拣选订货单中的一部分，如一层库房、一个仓间或几行货架，既能减少拣选人员的往返次数，又能驾轻就熟、事半功倍，几个拣选人员所费工时之和往往低于一个人拣选的总工时。

课堂提问 ☑

新建的配送中心，客户需求还不稳定，请问用摘果法拣选还是用播种法拣选？

（2）拣选作业与设施。

由于受多品种、少批量物流的影响，配送中心经营的商品种类连年增加，零星要货占商品订货单的70%，而这部分商品的销售额不超过30%；特别是拆零的工作量增幅很大，像食品行业，拣选的作业量要占整个工作量的80%。因此配送中心大多实现了拣选作业机械化。目前，拣选设备大多采用电子标签拣选系统、货架叉车拣选系统、重力式货架拣选系统（特别是计算机控制自动显示的重力式货架拣选系统）和自动化分拣系统等。新型的自动化分拣系统有可组合式投送装置分拣设备、无线拣选系统、视觉拣选系统、机器人拣取系统等。

学习微平台

微课4-3：电子标签拣选系统

小思考4-6

如何判断电子标签拣选系统用的是哪种分拣方式？

小资料4-3

现代配送中心通过采用自动化、信息化、智能化等技术，不仅大大提高了运营效率，还增强了对市场变化的响应能力。同时，它们注重客户体验、成本控制和环保，成为企业供应链中不可或缺的重要环节。

（1）自动化与信息化技术。现代配送中心普遍应用自动化仓储系统（AS/RS）管理商品存取，采用自动分拣设备和机器人提高效率和准确性，减少人工操作。信息系统如仓储管理（WMS）和运输管理系统（TMS）实时跟踪库存、订单和运输状态，优化配送路线与调度，利用大数据和人工智能预测订单量和最佳路线。

（2）高效订单处理与灵活性。通过先进的分拣技术（如RFID、条形码扫描），配送中心能快速处理大量订单并准时交付。同时，具备灵活的仓储布局，支持根据需求调整仓库配置，实现全国范围内的极速配送，并提供定制化服务（如商品打包与个性化配货）。

（3）智能化与环保。物联网（IoT）技术监控库存和货物状态，确保库存管理精确。通过视频监控、传感器和安全系统保障货物与员工安全。同时，为了实现可持续发展，配送中心采用节能设备、太阳能供电和可回收包装，减少环境负担。

（4）跨部门协同。配送中心与生产、采购、销售等部门紧密协作，通过信息共享提高供应链效率，企业可以实时监控各环节进展，迅速做出调整，确保供应链的高效运作。

4.补货作业

补货作业是指以托盘为单位，从货物保管区将货物移到另一个作为按订单拣取用的动管拣货区或配货区，然后将此移库作业作库存信息处理。补货作业的目的是保证拣货区有货可拣，确保配货区有货可配。补货作业与分拣作业息息相关。一旦发现拣货区剩余的存货量过低，则必须由储存保管区向拣货区进行补货。当配送中心的规模太大或需配送的货物品种多、批量小时，为了加强分工、提高配货效率，往往还需建立动管拣货区进行补货。如果配送中心的规模小或需配送的货物品种少、批量大，则无须补货，直接进行拣选、配货。

通常，在配送中心内主要采用下列两种补货方式：

（1）由储存货架区与流动式货架组成存货、拣货、补货系统。

（2）将货架的上层作为储存区，下层作为拣货区，组成商品由上层货架向下层货架补货的系统。

补货作业发生与否，主要看动管拣货区的货物存量是否符合需求，因此究竟何时补货要看动管拣货区的存量，以避免在拣货中途才发现动管拣货区货量不足需要补货，而影响整个拣货作业。通常，可采用批次补货、定时补货和随机补货三种方式。

（1）批次补货。在每天或每次拣取前，经由电脑计算所需货品的总拣取量，再查看动管拣货区的货品量，在拣取前一特定时点补足货品。此为"一次补足"的补货原则，比较适合一日内作业量变化不大、紧急插单不多，或是每批次拣取量大需事先掌握的情况。

（2）定时补货。将每天划分为数个时点，补货人员在时段内检视动管拣货区货品存量，若不足即马上将货架补满。此为"定时补足"的补货原则，比较适合分批拣货时间固定，且处理紧急事项的时间也固定的情况。

（3）随机补货。它是指定专门的补货人员，随时巡视动管拣货区的货品存量，不足时随时补货。此为"不定时补足"的补货原则，较适合每批次拣取量不大、紧急插单多以至于一日内作业量不易事前掌握的情况。

5.出货作业

将拣选出来的货品按客户订单分拣集中在一起，装入妥当的容器，做好标记，根据车辆调度安排的趟次等，将物品搬运到出货待运区，最后装车配送。这一连串的物流活动就是出货作业的内容，包括商品分拣、流通加工和运输配送活动。

（1）分拣作业。

拣货作业完成后，再将物品按照不同的客户或不同的配送路线进行分类的工作，被称为"分货"，又称为"分拣"。分拣作业一般在理货场地进行，它的任务是将发给同一客户（如商场）的各种物品汇集在一处，以待发运。

分拣的操作方式大致上可分为人工分拣和自动化分拣两种。

（2）流通加工作业。

流通加工作业在整个配送作业系统中处于一种具有可选择性的附带作业地位。它是一项可提高服务水平、增加附加值的作业，较常见的有进口商品贴中文标签、礼品包装、热缩包装及贴价格标签、定制加工、拆零包装等。

学习微平台

微课4-4：食品流通加工的具体项目

🔺 小思考4-7

食品流通加工的具体项目主要有哪些？

课堂提问 ✔

试述人工分拣和自动化分拣的适用范围。

课堂实训 ✔️

如果把配送中心的食品进行分类，你会如何划分？可以分小组进行讨论。

案例分组讨论 ✔️

作为华润万家的现代化物流平台，凤岗配送中心主要负责广东、广西、湖南、四川及重庆的配送业务，兼具全国统配仓功能，可满足 200 家大卖场及 1 000 家小业态的配送需求，实现日配送能力超 30 万箱，存储能力 250 万箱。凤岗配送中心年吞吐量可达 14 000 万箱以上，实现年吞吐额 260 亿元。

凤岗配送中心贯彻华润万家"零供合作"的模式，具体包括前端物流集货模式、返程或循环提货模式、库存共享模式和直供直销模式。前端物流集货模式是在供应商集中区域建立集货中心，将供应商交货环节前置，减少商品库存，缩短交货周期，同时利用规模效应集中送货至配送中心（DC），降低物流成本。返程或循环提货模式是利用自身车辆资源，在返程时就近匹配供应商送货需求，带货送至 DC，提高车辆往返装载率，降低供应商运输成本。库存共享模式是向上游供应商开放仓储资源，实施库存共享，减少商品中转环节，节约仓储和运输费用。直供直销模式是取消中间经销商环节，与品牌生产商直接合作，通过信息系统与数据传输合作，节约商品流转费用。

凤岗配送中心在配送作业上实现高度自动化、智能化、无人化。在存储区，先进的自动存取系统（AS/RS）实现了高密度存储和自动化作业，同等单位面积存储量可提高 3~5 倍，最大可存放 223 万箱货物，空间利用率大大提高。借助多层穿梭车系统，存储自动化作业的能力是传统仓库的 10 倍以上。在分拣区，大量 AGV 机器人自动将货物搬运至分拣区，取代了叉车人工搬运，物流人力成本节省近 40%；应用自动分拣和传输带，扫读箱标签自动分拣库内直通和存储拣选的规则品到对应滑道，减轻人工劳动强度，效率提升了 110%。

资料来源　中国仓储与配送协会. 全国城乡高效配送典型案例——华润万家有限公司［EB/OL］.［2025-01-12］. https://www.logclub.com/articleInfo/MTYzNjU=；国际在线. 华润万家按下技术转型"加速键"，东莞凤岗智慧物流园赋能城市发展［EB/OL］.［2025-01-21］. https://m.tech.china.com/hea/article/20230724/072023_1381637.html.

问题：凤岗配送中心采用了哪些配送模式？配送作业流程是怎样的？

任务三　掌握配送合理化的方法

★ 任务目标

能够运用物流配送合理化的基本方法，进行合理化配送。

三 小词典

配送是一个由不同的作业环节构成的系统，配送合理化就是要在配送系统合理化的前提下，做到每项作业的合理化。

★ 课堂讨论

（1）刚入学，你拎着大包小包来到学校，一路累得不轻。三年学业完成，你找到外地城市一份不错的物流方面的工作，还会将多个包裹随身携带吗？你将选择什么方式将行李运至目的地城市？

（2）国家目前正在一些城市推广甩挂运输，即拖车与挂车A连接，到目的地后，解开挂车A，将拖车与挂车B连接，再去下一个目的地，如此反复，这样运输比现有运输形式更合理吗？为什么？

★ 问题引导

每日优鲜是一个生鲜O2O电商平台。覆盖了水果蔬菜、海鲜肉禽、牛奶零食等全品类；每日优鲜在主要城市建立起"城市分选中心+社区配送中心"的极速达冷链物流体系，公司能做到超4 300款极速达商品平均39分钟送达，满足消费者对即时、优质的生鲜及快消产品的消费需求。每日优鲜作为早期生鲜前置仓模式的代表，通过在社区附近设立前置仓，存储各类生鲜产品，实现了快速配送，满足了消费者对生鲜及时性和新鲜度的需求。2021年，每日优鲜在美国纳斯达克敲钟上市，成为"生鲜电商第一股"。但成也前置仓，败也前置仓。前置仓在配送中履约费用极高，是平台到家模式的2倍、传统中心仓的3倍、社区团购的6倍。开业以来，每日优鲜一直持续亏损，2023年11月，每日优鲜被纳斯达克摘牌。

资料来源　小酒．"生鲜电商第一股"黯然退市，市值曾高达32亿［EB/OL］．［2024-12-21］. https：//finance.sina.com.cn/wm/2023-12-08/doc-imzxhncy0669019.shtml？cref=cj；方紫薇．每日优鲜大败北，生鲜电商亏损困境为何难解［EB/OL］．［2025-02-01］．https：//www.thepaper.cn/newsDetail_forward_19400110.

思考：从配送合理化的角度分析，每日优鲜配送不合理有哪些体现？

📍 引导知识点

一、不合理配送的表现形式

对于配送合理与否，不能简单判定，也很难有一个绝对的标准。例如，企业效益是配送的重要衡量标志，但是，在决策时常常需要考虑各种因素，有时要做赔本买卖。所以，配送的决策是全面、综合的决策，在决策时要避免由于配送不合理而造成损失，但有时某些不合理现象是伴生的，要追求大的合理，就可能派生小的不合理，所以，虽然这里单独论述不合理配送的表现形式，但也要防止绝对化。

1.资源筹措不合理

配送是利用较大批量筹措资源，通过筹措资源达到规模效益来降低资源筹措成本，使配送资源筹措成本低于用户自己筹措资源成本，从而取得优势。如果不是集中多个用户需要进行批量资源筹措，而仅仅是为某一两个用户代购代筹，对用户来讲，不仅不能降低资源筹措费用，相反还要多支付一笔代筹代办费给配送企业，因而是不合理的。资源筹措不合理还有其他表现形式，如配送量计划不准，资源筹措过多或过少，在资源筹措时不考虑建立与资源供应者之间长期稳定的供需关系等。

2.库存决策不合理

配送应充分利用集中库存总量低于各用户分散库存总量，从而大大节约社会财富，同时降低用户实际平均分摊库存负担。因此，配送企业必须依靠科学管理来实现一个低总量的库存，否则就会出现仅仅是库存转移，而未取得库存总量降低的效果。配送企业库存决策不合理还表现为储存量不足，不能保证随机需求，失去了应有的市场。

3.价格不合理

总的来讲，配送的价格应低于不实行配送时用户自己进货的产品购买价格加上自己提货、运输、进货之成本总和，这样才会使用户有利可图。有时候，由于配送服务水平较高，价格稍高，用户也是可以接受的，但这不是普遍的原则。如果配送价格普遍高于用户自己的进货价格，损害了用户利益，就是一种不合理的表现。价格过低，配送企业在无利或亏损状态下运行，也是不合理的。

4.配送决策不合理

通常情况下，配送增加了环节，但是这个环节的增加可降低用户平均库存水平，因此不但抵消了增加环节的支出，而且能取得剩余效益。但是，如果用户订货批量大，可以直接通过社会物流系统均衡批量进货，较之通过配送中转送货可能更节约费用，所以，在这种情况下，不直接进货而通过配送就属于不合理决策。

5.送货中的不合理运输

配送与用户自提比较，尤其对于多个小用户来讲，可以集中配装，一车送几家，这比一家一户自提可大大节省运力和运费。如果不能利用这一优势，仍然是一户一送，而车辆达不到满载（即时配送过多、过频时会出现这种情况），就属于不合理现象。此外，不合理运输在配送中随时都可能出现，使配送变得不合理。

6.经营观念不合理

在配送实施中，经营观念不合理也会使配送优势无从发挥，还损害了配送企业的形象。例如，配送企业利用配送手段，向用户转嫁成本：在库存过大时，强迫用户接货，以缓解自己的库存压力；在资金紧张时，长期占用用户资金；在资源紧张时，将用户委托资源挪作他用等。

★问题引导

某企业仓储资源布局遇到的主要问题是：旺季仓储资源严重缺乏和物流设备资源配置不足。备货性均衡生产决定了战略物资、瓶颈物料、部分机型的紧缺物资在旺季期间需要大量储备，而现有的仓储资源过于分散，仓库空间利用率低，仓储资源整合利用难度大。旺季物流设备资源配置不足，表现为搬运设备、输送设备不足：电瓶托盘叉车偏少影响了配送速度及搬运量；电梯输送能力不足造成人和物料排队等待的情况；没有配置堆高机，使得本可堆码的储物方式不能实现。

思考：（1）面对这种情况，你会选择增加仓库还是引入配送管理？为什么？

（2）前置仓模式如何扬长避短？请你设计相应的方案。

引导知识点

二、配送合理化

国内外推行配送合理化，有一些可供借鉴的办法：

1. 推行一定综合程度的专业化配送

通过采用专业设备、设施及操作程序，取得较好的配送效果并降低配送的复杂程度及难度，从而追求配送合理化。

2. 推行加工配送

通过加工和配送相结合，充分利用本来应有的中转，而不增加新的中转求得配送合理化。同时，加工借助于配送，可以使加工目的更明确，和用户的联系更紧密，避免了盲目性。这两者有机结合，投入增加不多，却可以获得两个优势、两个效益，是配送合理化的重要经验。

3. 推行共同配送

通过共同配送可以以最短的路程、最低的配送成本完成配送，从而追求合理化。

4. 推行送取结合

配送企业与用户建立稳定、密切的协作关系，配送企业不仅成了用户的供应代理人，而且起到作为用户储存据点的作用，甚至成为产品代销人。在配送时，配送企业将用户所需的物资送达，再将该用户生产的产品用同一车辆运回，这种产品也成为配送中心的配送物品之一。配送企业作为代存代储方，免去了生产企业的库存包袱。这种送取结合的方式使运力得到充分利用，也使配送企业功能有更大的发挥余地，从而实现合理化。

5. 推行准时配送系统

准时配送是配送合理化的重要内容。配送只有做到准时，用户才能放心地实施低库存或零库存，才能有效地安排接货的人力、物力，以追求最高的工作效率。另外，供应能力的保证也取决于准时供应。从国外的经验来看，准时供应配送系统是现在许多配送企业追求配送合理化的重要手段。

6. 推行即时配送

作为计划配送的应急手段，即时配送是免除用户企业断供之忧、大幅度提高供应保证能力的重要手段。即时配送是配送企业快速反应能力的具体化，是配送企业能力的体现。

即时配送成本较高，但它是配送合理化的重要保证手段。此外，用户实行零库存，即时配送也是重要的保证手段。

7. 推行无人配送

无人配送是一种利用自动化技术和智能设备（如无人车、无人机等）来完成货物运输和配送任务的物流模式。它通过减少或完全替代人工操作，实现货物从发货地到收货地的自主运输和交付。无人配送具备提高效率、降低成本、提升安全性、优化用户体验等优势，但在技术可靠性、法规和监管、公众接受度、成本和效益等方面面临一定的挑战。未来无人配送将与物联网、大数据、人工智能等技术进一步融合，实现

更高效、更智能的配送服务；同时，无人配送的应用场景将从城市扩展到农村、偏远地区等，覆盖更多领域和行业。

课堂提问 ✔

某配送企业与一客户签署了长期合作协议，该客户每年的配送量占配送企业总配送量的33%。有一次，客户有一小批货物需要紧急配送到位，该批货物装不满一辆车，当时又没有其他同线路货物可以配载，该配送企业还是应客户要求，及时送货上门，但该单货物配送并未盈利。

请问这是不合理配送吗？为什么？

课堂实训 ✔

请为下述企业选择配送模式，并说明理由：

（1）城市连锁便利店。

（2）大型超市。

（3）品牌服装专卖店。

（4）专业电器卖场。

（5）专业手机卖场。

案例分组讨论 ✔

杭州联华是浙江省内销售规模最大的连锁商业企业，勾庄生鲜配送中心是其生鲜配送的"大本营"。该配送中心投建于2011年，建筑面积达到68 000平方米，有近34 000平方米的常温、冷藏和冷冻仓库，兼有蔬菜、净菜、肉品、糕点、熟食、腌腊制品、南北干货以及速冻产品的加工车间。近年来，联华与海康威视合作开展生鲜智能仓改造，通过配备海康威视潜伏系列机器人（AGV）、无线扫描枪、PDA枪和智能仓管理系统（iWMS）等实现收货、上架、分拣、集货的机械化、自动化操作。

该项目主要作业流程如下：

（1）入库环节。生鲜商品在收货时每一托盘都是刷板入库，实现商品信息与托盘关联，确保信息可追溯，并为AGV分拣奠定基础。操作人员使用叉车将放有入库商品的托盘放置在AGV货架上后，使用无线扫描枪扫托盘码和AGV货架码进行绑定，从而生成入库任务下达给iWMS系统，AGV背货入库到指定货架储位。

（2）分拣环节。门店要货信息通过WMS转给iWMS系统，iWMS系统下发分拣指令并匹配门店要货需求，触发AGV背货到分拣工作台。分拣操作台根据门店的要货信息可同时分拣三家门店，分拣系统页面会自动提示该门店对应托盘摆放位置、商品需求的数量、件数等信息，操作人员根据系统提示进行人工拣选到指定门店托盘位。分拣操作台按门店完成分拣任务后，可通过打印的小票核对该托盘商品明细。对于门店要货量大的选择整托出库，AGV会将货背至整托出库点。

（3）出库环节。操作人员使用电动搬运车将分拣完成的托盘送至集货出口暂存，等待出库。

针对精细化、智能化、平台化的生鲜物流发展趋势，杭州联华将不断更新和应用新型的保温箱等设备，升级车辆监管设备，对车内温度进行实时掌控，完善"最后一公里"的冷链配送等；对外开展低温仓配一体化、VMI等生鲜物流服务，提升生鲜冷链的服务能力。

资料来源 赵皎云．杭州联华：以先进技术为生鲜物流提速［J］．物流技术与应用，2020（7）．

问题：（1）勾庄生鲜配送中心是怎样进行物流运作的？

（2）结合案例和实际生活，讨论现代配送的作用和发展方向。

● ● ●项目考核

1.单项选择题

（1）下列对配送作业的描述正确的是（　　）。

A.配送作业是有规律性的作业方式，波动性非常小

B.配送作业具有反复无常的特点，经常受作业环境的影响

C.配送作业的对象是不变的

D.只要使用配送，就一定能降低成本，增加效益

（2）配送中心在运转过程中，要对其流程进行优化管理，在降低自身流程成本的同时也应降低（　　）。

A.供应商成本　　　　B.配送中心成本　　　C.客户成本　　　　　D.供应链总成本

（3）配货时，大多是按照入库日期的（　　）原则进行的。

A.先进先出　　　　　B.先进后出　　　　　C.后进先出　　　　　D.任其自然

（4）（　　）又称为商流、物流一体化的配送模式，配送中心的功能齐全，规模较大，通常配送的组织者既从事商品的进货、储存、分拣、送货等物流活动，又负责商品的采购与销售等商流活动。

A.配销模式　　　　　B.物流模式　　　　　C.分销配送模式　　　D.共同配送模式

（5）按照经营形式不同进行分类的配送形式中，（　　）是配送经营中的重要形式，有利于形成稳定的供需关系，有利于保持流通渠道的畅通稳定。

A.销售配送　　　　　B.供应配送　　　　　C.供销一体化配送　D.共同配送模式

2.多项选择题

（1）配送按配送机构的经营权限和服务范围不同可以分为（　　）。

A.配销模式　　　　　　　　B.物流模式　　　　　　　C.分销配送模式

D.共同配送模式　　　　　　E.即时配送模式

（2）通常客户对配送服务的要求体现在（　　）。

A.时效性　　　　　　　　　B.可靠性　　　　　　　　C.服务态度

D.低成本　　　　　　　　　E.便利性

（3）配送合理化的方式包括（　　）。

A.专业配送　　　　　　　B.配送与流通加工相结合　　C.送取结合

D.共同配送　　　　　　　E.即时配送

（4）按配送时间和数量的多少进行分类，配送方式包括（　　）。

A.定时配送　　　　　　　B.定量配送　　　　　　　　C.定时定量配送

D.定时定路线配送　　　　E.即时配送

（5）配送的核心活动包括（　　）。

A.仓储　　　　　　　　　B.运输　　　　　　　　　　C.分拣

D.送货　　　　　　　　　E.流通加工

（6）摘果式分拣适用的情况有（　　）。

A.小批量、少品种订单拣选　　　　　B.用户之间共同需求较少

C.用户之间共同需求较多　　　　　　D.一次处理一个订单

E.一次处理一批订单

3.判断题

（1）配送是拣选、包装、加工、组配、配货、送货等各种物流活动的有机组合，是属于一般性的企业之间的供货和向用户的送货活动。　　　　　　　　　　（　　）

（2）配送不是单纯的运输或输送，而是运输与其他活动共同构成的组合体。

（　　）

（3）播种法适用于大批量、少品种、订单较少的拣选作业。　　　　（　　）

（4）共同配送是免除用户企业断供之忧、大幅度提高供应保证能力的重要手段。即时配送是配送企业快速反应能力的具体化，是配送企业能力的体现。　（　　）

（5）定时定量的配送是优点最多同时最常见的配送方式。　　　　　（　　）

4.问答题

（1）配送中心的功能有哪些？

（2）配送的作用是什么？

（3）拣货作业有哪几种方法？各有什么特点？

● ● 项目实训

1.实践训练

某第三方物流公司，租赁了一个3 200平方米的仓库，仓库平面规格为：库长80米，库宽40米，库高7.5米。计划用于满足某服装企业的配送仓库，用于对线下门店和电商客户的发货和配送服务，服装产品的SKU较多，并且季节性原因服装产品周转率一般较高。请利用所学专业知识结合所给定的信息对该配送仓库开展布局，并选择合适的物流配送设施设备。

2.课外实训

到本地一家物流配送中心实地观察，列出配送中心主要作业，并画出配送中心作业流程图。

3.拓展实训

在公司的季度工作总结会上，仓储部和市场服务部的两个经理发生了争执。起因是市场服务部经理抱怨说仓储部工作不到位，老是缺货使得市场服务部在执行订单的时候工作难度大，公司的库存水平不能适应公司高的销售物流服务水平的需要。请问公司应怎样应对缺货现象？

项目五
第三方物流

学习目标

知识目标：

1.掌握第三方物流的基本理论及第三方物流的应用原理。

2.掌握第三方物流选择的程序。

3.掌握第三方物流管理的内容。

能力目标：

1.能够分辨第三方物流的利弊。

2.能够合理选择第三方物流。

3.能够对第三方物流进行适当管理。

素养目标：

1.培养物流人资源共享意识、节约意识。

2.感受第三方物流企业的家国情怀，提高专业认同感。

价值引领案例

家国情怀｜打通西藏物流生命线

2025年1月7日9时05分，在西藏日喀则市定日县（北纬28.50度，东经87.45度）发生6.8级地震，震源深度10千米。灾情就是命令，地震发生后，京东快递、韵达、申通、中通、圆通、顺丰等国内多家快递企业第一时间筹措棉服、板房、方便速食品和饮用水等救援物资送往灾区。

此外，中远海运、德邦、东航物流、日日顺、安能等众多物流企业也纷纷加入这场驰援行动，大家齐心协力，汇聚成一股磅礴的物链力量。在此次抗震救灾中，无人机应急物流也崭露头角。物流快递行业，平日里是连接你我的纽带，在灾难时刻，更是保障生命、传递希望的t使者。

学习微平台

拓展阅读 5-1

资料来源　编者根据相关新闻报道编写。

思考：案例反映了第三方物流企业怎样的社会责任理念和价值观？

任务一　分析第三方物流的利弊

★任务目标

掌握第三方物流的基本理论及第三方物流的应用原理；能够分辨第三方物流的利弊。

三 小词典

第三方物流（third party logistics，TPL）是指由独立于物流服务供需双方之外且以物流服务为主营业务的组织提供物流服务的模式。

★ 课堂讨论

比较我国两个典型的第三方物流企业（见表5-1），带给你的启示是什么？

表5-1　　　　　　　两个典型的第三方物流企业对比表

对比项	宅急送	宝供物流
创办人	陈平	刘武
战略	转基因	进化型
市场定位	快速	准时
物流服务	网络化	一体化
发展方向	数字化转型、供应链物流转型	全国性的物流网络布局、供应链一体化服务
企业性质	股份制	独资
创新	自主	外向合作

★ 问题引导

冠生园通过使用第三方物流，规避了自己搞运输配送带来的风险，加快了产品流通速度，提高了企业的效益，使自己的产品更多、更快地进入千家万户。

冠生园与虹鑫物流签约后，通过集约化配送极大地提高了物流效率。每天一早，虹鑫物流输入冠生园相关的产品配送数据，制定出货最佳搭配装车作业图，安排准时、合理的运输路线，提供门对门的配送服务。由于虹鑫物流配送服务及时周到、保质保量，冠生园的销售额有了较快增长。

资料来源　佚名. 企业案例分析：冠生园的利润之路［EB/OL］.［2024-12-25］. https：//www.he-beiwl.net/article/hyxx/572.html.

思考：通过以上案例，分析第三方物流的特点。

引导知识点

一、第三方物流的特点

（1）合同承包。这是第三方物流最显著的特征。首先，第三方物流通过合同的形式来规范物流经营者与物流消费者之间的关系。第三方物流完全根据双方共同签订的承包合同来承担指定的物流业务，并用合同来管理所提供的物流服务活动及其过程。其次，第三方物流发展联盟也是通过合同形式来界定物流联盟参与者之间的关系。

（2）功能集成化、专业化。第三方物流供应商提供的是整套有助于满足企业某类物流需求的服务组合。它是将运输、仓储、配送、信息处理等要素有机结合起来，借

学习微平台

微课5-1：第三方物流的特征

助现代物流设施、技术和信息通信技术，满足客户以较低成本快速、安全地交付货物的需求，同时能为客户提供物流计划、管理、咨询等延伸服务，达到帮助客户物流要素趋向完备、物流趋于系统化的目的。

（3）个性化服务。第三方物流企业能够根据客户的特定需求，提供灵活多样的个性化物流服务方案，甚至是提供定制化的物流服务和增值服务。

（4）信息化、科技化。网络技术、信息技术的高度发展实现了信息资源实时共享，在提高物流服务效率的同时也加剧了市场竞争。第三方物流企业只有建立适应综合物流发展的信息技术平台，及时地与客户交流、信息共享与协同，实现资金流、物流、信息流的有机结合，才能够赢得客户、赢得市场，才能生存和发展。

（5）管理系统化。第三方物流需要建立现代管理系统才能满足运行和发展的基本要求，需要有系统的物流功能才能满足用户的个性化和快速变化的需求。

★问题引导

从单一的快递业务积极拓展 B to B 市场，向供应链上游延伸，并且拓展服务的广度与深度，顺丰实践着打造一套完整的生态化供应链服务体系的目标。

在供应链服务深度方面，顺丰依托成熟的物流体系，提供优质的标准化产品组合，并结合外部资源补充能力版图，综合各项资源为企业提供个性化的物流服务。在供应链服务的广度方面，在已有的综合物流服务的基础上，顺丰还为客户提供配套的金融及信息化服务。在供应链金融服务方面，顺丰通过整合供应链的各个环节，形成集物流、采购、分销于一体的一站式供应链管理服务，在提供物流配送服务的同时还提供采购、收款及相关结算服务。

思考：顺丰持续优化的第三方物流服务有何作用？

引导知识点

二、第三方物流的作用

"第三方物流"的提出可以说是物流业的一次革命，在世界范围内引起广泛关注，其根本原因在于其独特的作用。它能够帮助客户获得价格、成本、利润、服务、供货速度、准确及时的信息及采用新技术等诸多潜在的优势，具体体现在以下几个方面：

（1）有利于企业集中核心业务，培育核心竞争力。对于绝大部分的企业而言，其核心竞争力并不是物流。在专业化分工越来越细的市场环境中，企业的生产环境越来越复杂，这就要求企业将有限的人力、物力、财力集中到核心业务上，重点研究核心技术，不断创新，从而提高企业的竞争力，参与市场竞争。而解决这一问题的最佳途径就是第三方物流。

（2）具有专业化水平和相应的物流网络。通过专业化的发展，第三方物流公司已经开发了信息网络，并且积累了针对不同客户的物流知识及关键信息，对第三方物流公司来说，这些信息更为全面、更有经济价值。

（3）规模经济效益。第三方物流的规模优势来自它采用的是多个客户的共同物流，以此获得更为优惠的运输报价，然后集中配载多个客户的货物，提高物流设备和设施的利用率，大幅度地降低了单位成本，获得规模效应，从而有效地实施供应链等先进的物流系统，进一步提高物流水平。

（4）有助于提升企业形象和拓展市场。企业与第三方物流通过建立良好的业务关系形成一种战略伙伴联盟，充分利用第三方物流完备的设施、训练有素的员工和先进的运输网络，帮助自己改进服务、宣传品牌、扩大影响。

（5）优化供应链管理。第三方物流借助其快速反应能力，提供灵活多样的个性化、定制化物流服务，提升了整个供应链的灵活性；借助其强大的供应链资源整合、供应链协同能力，优化供应链管理，降低了供应链运行成本，提升了供应链运行效率。

★ 问题引导

中国物资储运集团有限公司隶属于国务院国资委监管的大型中央企业中国物流集团有限公司，公司注册资本金 239 925.53 万元，职工数量 6 000 余名，是国家首批 5A 级物流企业。中国物资储运仓储网络覆盖亚洲、欧洲、美洲等世界主要经济区域，在国内 20 多个省、自治区和直辖市投资运营了物流园区，形成了立足中国、服务全球的仓储物流服务能力。中国物资储运旗下的物流园区、物流中心总占地面积约 1 000 万平方米，其中露天堆场约 300 万平方米，库房约 300 万平方米，铁路专用线 150 余条，具备公铁、公水联运功能。公司根据市场需求，持续完善、升级基础设施，能够提供各类物资商品仓储、运输、线上与线下交易、信息发布以及工商税务、餐饮住宿等服务。

中国远洋海运集团有限公司由中国远洋运输（集团）总公司与中国海运（集团）总公司重组而成，总部设在上海，是中央直接管理的特大型国有企业。该公司服务全球贸易，经营全球网络，以航运、港口、物流等为基础和核心产业，以数字化创新、产融结合、装备制造和增值服务为赋能产业，聚焦数智赋能、绿色低碳，全力构建"航运＋港口＋物流"一体化服务体系，打造全球绿色数智化综合物流供应链服务生态，创建世界一流航运科技企业。

资料来源　编者根据中国物资储运集团有限公司（http：//www.cmst.com.cn/zgwzcy/652550/652539/index.html）和中国远洋海运集团有限公司（https：//www.coscoshipping.com/）官网资料整理编写。

思考：从第三方物流企业的类型来看，中国物资储运集团有限公司和中国远洋海运集团有限公司的区别在哪里？

⦿ 引导知识点

三、第三方物流的类型

专业化、社会化的第三方物流的承担者是物流企业。按照不同的分类标准，我们可以把第三方物流分为多种。本教材按照国家《物流企业分类与评价指标》的规定并基于物流服务某项主要功能以及向物流服务其他功能延伸的不同状况，将物流企业划分为运输型、仓储型、货运代理型和综合服务型四类。

1.运输型物流企业

运输型物流企业是指以从事货物运输服务为主，包含其他物流服务活动，具备一定规模的实体企业。企业的主要业务活动是为客户提供门到门运输、门到站运输、站到门运输、站到站运输等一体化运输服务，以货物运输为主，根据客户需求，可以提供物流功能一体化服务。按照业务要求，企业应具备必要的运输设备，具备网络化信息服务功能，对所运货物可通过信息系统进行状态查询、监控。

> ▶ **小资料 5-1**
>
> 　　第三方物流按装车货物区分，可以分为快递物流（30千克以下）、零担物流（30千克到吨位级）、整车物流（货物可以装满一车）。整车物流是指将同一类货物运往同一目的地的运送模式，零担物流和快递物流则是将不同类货物运往不同地点的运送模式。

2. 仓储型物流企业

仓储型物流企业是指以从事区域性仓储服务为主，包含其他物流服务活动，具备一定规模的实体企业。企业应以为客户提供货物存储、保管、中转等仓储服务，以及配送服务为主，还可以为客户提供其他仓储增值服务，如商品经销、流通加工等。企业应具备一定规模的仓储设施、设备，具备网络化信息管理功能，应用信息系统可对货物信息进行状态查询、监控等各项信息处理。

3. 货运代理型物流企业

货运代理（以下简称货代）经营的货物运输有国内运输和国际运输，也就是国内贸易和对外贸易。当今非常多的货代从事跨境运输，所以大家习惯上称其为"国际货运代理"。货运代理企业在国际货运市场上处于货主与承运人之间，接受货主委托，代办租船、订舱、配载、缮制有关证件、报关、报验、保险、集装箱运输、拆装箱、签发提单、结算运杂费，乃至交单议付和结汇等业务。这些工作联系面广、环节多，货代把国际贸易货运业务相当繁杂的工作相对集中地办理，负责协调、统筹、理顺货主与承运人之间的关系，体现了其专业性、技术性。

4. 综合服务型物流企业

综合服务型物流企业是指从事多种物流服务活动，并可以根据客户的需求提供物流一体化服务，具备一定规模的实体企业。企业经营范围广泛，可以为客户提供运输、货运代理、仓储、配送等多种物流服务，并能够为客户提供一类或几类产品契约性一体化物流服务，能够为客户制订整合物流资源的解决方案，提供物流咨询服务。按照业务要求，综合服务型物流企业应具备或租用必要的运输设备以及仓储设施及设备，拥有跨区域性货物分拨网络，具备网络化信息服务功能，应用信息系统对物流服务整个过程的信息进行状态查询和有效监控等。

除了以上对物流企业的划分类型外，目前国内还有其他一些划分方法：按照企业性质分主要有国有物流企业、民营物流企业及外资物流企业；按照经营方式分主要有企业独立经营型物流企业、大企业联营型物流企业、代理型物流企业。

随着社会生产的不断进步和信息技术的发展，第三方物流出现了很多衍生服务，如电商直配、逆向物流服务和第三方物流技术支持和服务等。

★ 问题引导

受客户需求变化、行业竞争的加剧以及自身创新能力不足等方面的影响，第三方物流企业的发展面临着极大的挑战。

（1）业务繁杂，客户维护难。

（2）信息化水平有限，信息流不畅。

（3）对账、回款周期长。

（4）运营难，缺乏对下游运输的掌控。

（5）缺乏核心竞争力。

大多数第三方物流企业都是通过简单的转包来做业务，信息化、数字化水平低，可替代性强，缺乏核心竞争力。特别是中小型第三方物流企业，一旦遇到恶意压价或生产企业决策人更换，极易丢失客源，被市场淘汰。

资料来源　佚名. 第三方物流企业发展受限 面临哪些行业困境［EB/OL］.［2025-01-02］. https：// www.chinawutong.com/baike/159539.html.

思考：我国第三方物流企业在发展过程中面临的挑战有哪些？

引导知识点

四、第三方物流的不足

1.企业对国内第三方物流缺乏信心

物流的通畅对企业的正常生产经营活动具有重大影响。高效的第三方物流可以降低生产运营成本，帮助企业提升价值，优化企业业务流程；而低劣的第三方物流不仅不能降低成本，还可能对企业的经营造成障碍。截至2024年年底，我国现代物流服务业相关企业总量已超过114万家。尽管数量庞大的第三方物流企业是物流服务业的重要组成部分，但客观上存在的服务水平低、信誉差、成本高等问题不容忽视。目前我国第三方物流企业规模小、功能不健全，大多只能提供单项、一般水平的服务，很少能为客户提供全套规划设计和完整的物流解决方案，企业在考虑物流外包时很难找到合适的物流供应商，在风险和收益两相权衡后，一些企业更倾向于自建物流体系。企业的这种顾虑正是第三方物流商开发客户过程中遇到的首要问题，也是目前第三方物流的严重不足之处。

2.担心商业机密外泄

任何一个企业都有其经营的独到之处，这是企业的商业机密，是企业制胜的法宝，也是企业的核心竞争力。如果将物流业务外包，其基本运营情况将不可避免地向第三方物流商公开，这对企业来说是个非常困难的决定。在日益激烈的市场竞争情况下，企业的核心竞争力是其生存与发展的重要保障，但与第三方物流的合作势必造成其核心运营要素的泄露。最令人担心的是，在某一行业专业程度高、占有较高市场份额的第三方物流商会拥有该行业的诸多客户，而它们正是企业的竞争对手，企业担心其运营情况可能会通过第三方物流商泄露给竞争对手。

3.担心业务流程失控

客户企业在将物流业务外包后，其生产运营便在一定程度上依赖于第三方物流企业的绩效。企业的物流顺畅与否关系到整个运营是否顺畅。第三方物流在深度介入一个企业的运营之后，会在某种程度上掌握了企业的部分运营权，因此企业对物流业务的外包程度均保持一定的底线。对于大多数企业来说，物流虽不是核心业务，但完全将物流业务外包则意味着企业对物流业务控制权的削弱，而这将导致第三方物流企业具有了与企业讨价还价的能力。随着第三方物流介入程度的深入，这种能力越强，对企业构成的潜在威胁就越大。

▶ **小资料 5-2**

2021 年 11 月 26 日，国家市场监督管理总局、国家标准化管理委员会批准发布《第三方物流服务质量及测评》（GB/T 24359—2021），代替《第三方物流服务质量要求》（GB/T 24359—2009），并自 2022 年 6 月 1 日起正式实施。

本标准规定了第三方物流服务的基本要求、服务要求、风险与应急管理、投诉处理、主要服务质量指标、服务质量测评及持续改进。

本标准适用于第三方物流服务的管理与评价。

★ 问题引导

德邦快递从专注大件快递开始，就积累了服务 B 端客户的实战经验，针对家居、鞋服、酒水、新能源等细分垂直市场给出量身定制的供应链物流解决方案。

在运输服务方面，德邦快递结合客户的运输需求，整合最优运输资源，提供统一运营管理服务，降低了客户与多家供应商的对接成本。

在仓储运营管理方面，德邦快递提供多样化服务，包括存储布局规划、ABC 存储布局、铺货策略、自动化设备引入以及大促运营保障等。通过精益运营管理、科学的存储布局设计及实时数据监控，帮助客户优化库存结构，减少呆滞库存，提升运营效率，实现库存的实时可视化管理，提升库存周转效率。德邦快递还推出了一盘货解决方案。该方案支持 BC 同仓运营，实现线上线下一体化管理，统仓共配，通过渠道精准铺货，降低综合成本。

资料来源　佚名. 定制化供应链解决方案，德邦快递助力企业降本增效［EB/OL］.［2025-01-02］. https：//news.sina.com.cn/sx/2024-09-14/detail-incpatas5013986.shtml.

思考：德邦快递作为第三方物流企业具有哪些优势？

◉ 引导知识点

五、第三方物流的优势

1.增强核心能力

第三方物流企业在物流运作方面具备较强的优势，也就是物流核心能力。这正是一般物流企业所缺乏的物流能力。而一般企业通常也有自己的核心能力，这种核心能力在企业的经营运作过程中同样依赖于较强的物流运作。因此，借助于专业的第三方物流的运作，客户企业可以增强自己的核心能力。美国田纳西大学的一份研究报告称，大多数企业使用第三方服务可以使核心业务集中 56%。

🔝 小思考 5-1

如何提升物流核心竞争力？

2. 降低经营成本

如果企业自己做物流，就需要进行物流设施设备、物流人才、物流管理等多方面的投资，而且这些投资仅供自己使用的话很难做到充分利用，因此物流成本很高。而如果采用第三方物流，仅需要以支付服务费用的方式获得服务，从而降低物流运作成本和经营成本。美国田纳西大学的一份研究报告称，大多数企业使用第三方服务可以使作业成本降低62%、雇员减少50%。

3. 改进客户服务

第三方物流企业通常具有强大的物流网络、较强的货物配载能力，在信息技术方面也有大量投入，有专业的物流管理人员和技术人员，有专业化的物流设备。借助这些可以为物流需求企业提供更快速、更及时的服务，从而改进客户服务水平，提高客户的满意度。美国田纳西大学的一份研究报告称，大多数企业使用第三方服务可以使服务水平提高62%。

学习微平台

微课 5-2：如何提升合作企业核心竞争力

✓ 课堂提问

第三方物流服务与传统的运输、仓储服务有什么不同？

✓ 课堂实训

在有创业机会的前提下，你想拥有一个什么样的物流企业？设想一下你自己的物流企业，并选择你的客户群。

✓ 案例分组讨论

日日顺以创新模式助力汽车零部件厂商降本提效

日日顺供应链与全球汽车零部件头部企业S公司达成合作，双方将携手共进，探索汽车零部件供应链服务新路径。日日顺供应链聚焦汽车零部件产品从生产端到使用端的配送全流程，为S公司定制了"门到门"的供应链管理方案。通过深度调研客户需求，分析对比传统零担专线模式，同时结合自身资源优势，日日顺供应链创新性地提出了集工厂揽收、干线运输、末端配送于一体的服务新模式，以更加高效、智能化的服务，助力客户提升运营效率。

在新模式下，日日顺供应链在前端设置揽货仓，在后端设置前置仓。揽货仓实现对所有承接线路货物进行统一揽收，有效缓解了此前工厂在面对各专线自行取货时的运作压力，避免了专线混载可能造成的产品污染，也为干线货量整合和分发做好准备。前置仓根据货量、收货地点、收货时间等拆解末端配送需求，灵活调动运力资源，进一步降低了物流成本。为了满足客户对零部件产品送达时效以及产品质量管控等方面的高标准需求，日日顺供应链建立起快速响应和风险预警机制，借助信息化系统实时监控显示各线路运输状态，对潜在延误线路进行智能预测，确保问题提前发现并及时解决，以7×24小时不间断服务助力客户零部件产品按时按需抵达目的地。目前，日日顺供应链已承接S公司80余条线路的零部件产品配送服务，实现部分线路降本超20%、总成本同比下降近10%的显著成效。

资料来源　东方网."揽干配"一体，日日顺以创新模式助力汽车零部件厂商降本提效［EB/OL］.［2024-09-20］. https://ex. chinadaily. com. cn/exchange/partners/82/rss/channel/cn/columns/sz8srm/stories/WS66ed1d6ba310a792b3abd27b.html.

问题：日日顺供应链是什么类型的第三方物流企业？其服务创新的意义和价值何在？

任务二　掌握第三方物流的选择方法

★任务目标

掌握第三方物流选择的程序；能够合理选择第三方物流。

★课堂讨论

假如你是服装生产厂商，所生产的服装销往全国几十个省市，你将如何选择第三方物流企业？

★问题引导

某汽车零部件制造企业现有的物流成本较高，配送时效存在波动，且在需求变化时响应较慢。为了提升供应链的灵活性和运行效率，该企业计划选择一家第三方物流服务商来优化其零部件的运输和仓储流程。已知该企业的供应链涉及多个环节：从原材料采购到生产，再到最终的零部件配送。

思考：应该如何选择第三方物流服务商？

引导知识点

一、第三方物流选择的影响因素

（1）企业自身物流需求的特点。影响企业自身物流需求的因素包括：①产品自身的物流特点。因为不同的产品表现出的特性也不同，因此要选用不同的物流方式。②物流对企业成功的重要程度和企业对物流的管理能力。物流对企业成功的重要程度较高，企业处理物流的能力相对较低，应采用第三方物流；物流对企业成功的重要程度较低，同时企业处理物流的能力也低，则外购物流服务；物流对企业成功的重要程度很高，且企业处理物流的能力也高，则自营物流。③企业对物流控制的能力、企业的规模和实力、物流系统总成本、第三方物流的客户服务能力等。

小思考 5-2

针对产品的特点，应如何选择物流方式？

（2）第三方物流提供者的核心竞争力。在供应链中，至少拥有一个关键环节并且展示出其强大的核心能力，将成为第三方物流公司生存的一个必要条件。它表明这家

学习微平台

微课 5-3: 如何选择物流方式

公司超越其他公司为客户提供增值服务的能力。例如，德邦快递最擅长的业务是大件包裹的限时速递；中外运的核心竞争力在于其有大型货船。

（3）第三方物流提供者是自拥资产提供者还是非自拥资产提供者。自拥资产提供者是指有自己的运输工具和仓库，从事实实在在的物流操作的专业物流公司。它们有较大的规模、丰富的人力资源、雄厚的客户基础、先进的系统，专业化程度较高。但是其灵活性受到一定限制，它们倾向于自己做决定，存在官僚作风，需要较长的决策周期。非自拥资产提供者是指不拥有硬件设施或只租赁运输工具等少量资产，主要从事物流系统设计、库存管理和物流信息管理等职能，将货物运输和仓储保管等具体作业活动分配给别的物流企业承担，但对系统运营承担责任的物流管理公司。这类公司运作灵活，对于企业所提供的服务内容可以自由组合，调配供应商。但是因为其资源有限，物流服务价格会偏高。企业应根据自己的要求对这两种模式加以选择和利用。

（4）第三方物流提供者的客户服务能力。第三方物流为企业及企业顾客提供服务的能力是选择第三方物流服务的重要因素。企业应把第三方物流满足企业对原材料即时需求的能力和可靠性、对企业的销售商和最终顾客不断变化的需求的反应能力等作为重要的因素来考虑。

（5）第三方物流服务的地理范围。第三方物流提供者按照其服务的地理范围可分为全球性、国际性、地区性和地方性四种。选择第三方物流时要与本企业的业务范围一致，以减少转移成本。

不同的第三方物流提供者有着各自的优势与劣势，并设立了不同的目标和方向，见表5-2。

表5-2　　　　　　　　　　不同的第三方物流服务商的比较

区别类型	传统的运输与仓储企业	新兴的物流公司	生产与流通企业内部物流部门	国外物流公司
优势	网络覆盖广，基础设施完善，经验丰富	服务创新能力强，注重信息化建设，响应速度快	主要为内部客户服务，具有专长；资产有限，但网络覆盖性良好；成本控制能力强	有很强的海外网络、丰富的行业知识和实际运营经验；有来自总部的强有力的财务支持
劣势	资源利用不充分，服务意识淡薄，服务方式单一，服务灵活性差，服务效率低	网络覆盖有限，品牌知名度低，资金实力较弱	服务范围有限，缺乏独立运营经验，创新能力不足	本地化运营成本高，文化差异大，市场适应性差
目标	稳定客户资源，提升服务效率，拓展增值服务	快速扩大市场份额，提升品牌影响力，实现多元化发展	支持企业核心业务发展，优化内部物流流程，降低成本	拓展全球市场，提升本地市场份额，整合全球资源

★ 问题引导

现实中第三方物流合作成功的例子并不少见，诸如宝供与宝洁的合作、麦当劳与新夏晖（已更名为顺新晖）的合作等。然而，也有不少公司为找不到合适的物流合作伙伴而发愁，不少公司在与物流合作伙伴的合作过程中问题不断，头疼不已。

思考：针对以上情况，请考虑企业在选择第三方物流服务商时应遵循的原则。

引导知识点

二、第三方物流选择的原则

目前，第三方物流发展迅速，成为我国现代物流发展的重要内容之一。如何选择第三方物流是许多企业在物流战略调整过程中需考虑的主要问题。

（1）明确战略目标。物流外包是一种主要的经营策略，在选择第三方物流公司的过程中，企业的整体经营战略是外包的决定性因素，指导着选择过程的每个步骤。公司战略是在保证不增加职工人数和成本的前提下提高运输和物流效率，选择第三方物流公司的决策就要立足于能够最大限度地满足企业的这种战略需要。

（2）实现集中控制。可以肯定的是，通过利用第三方物流公司可以实现对分散在不同地点的厂房与分支机构的集中控制。第三方物流公司必须具备先进的技术和操作手段来管理该网络。如果这种集中方式是一种全新的商业经营模式，第三方物流公司就应该能够充当"模式调整执行者"的角色，通过第三方物流公司的参与使企业适应新的商业模式，实现企业物流过程的高效稳定运行。

（3）评价业务经验。大多数企业选择第三方物流公司服务的核心目的是要获得高水平的运营能力。在选择第三方物流公司的过程中，第三方物流公司不但要显示出满足企业所有运作需要的经验，更重要的是这些经验如何能够帮助企业达到更高的经营水平。

（4）权衡技术水平。注意第三方物流公司要拥有与企业发展相适应的不断进步的技术。科技在今天已经成为企业发展最重要的动力之一，确保第三方物流公司的技术能力及时为我所用，就好像该公司是企业的一部分一样。然而，许多企业还是相信需要拥有一些基本的技术工具来保持企业的独立性和灵活性，这样即使更换了第三方物流公司，企业本身仍然可以保存基本的数据、信息和知识。

（5）确保兼容性。虽然第三方物流公司宣称自己能够服务任何客户，但每一个物流企业都有自己的核心竞争能力。企业可以参考第三方物流公司的客户名单，考察客户名单中是否有与你的企业物流需求相似的。如果公司需要加强自身运输管理能力，那就可以选择主要提供大宗货物运输服务的第三方物流公司为其服务。

（6）调查企业的真实能力。除了考察第三方物流公司的销售和市场表现外，更要考察企业的真正实力。该公司到底有多强大？该公司有多大份额的资源用于技术开发？有多少人从事核心业务？

（7）建立信任关系。首先，良好的业务关系是建立在相互信任的基础上的，随着时间的推移，保持良好的信任关系被证明是非常值得的。只要能够降低风险，决策者经常依据第三方物流公司先前存在的良好关系做出决策而不考虑公平还是不公平。其次，与第三方物流公司不信任的关系也会给竞争对手带来机会。

（8）确保企业文化相似。既然一个企业要与接受自己企业文化的第三方物流公司合作，就应在选择过程的最后阶段对文化是否相似的问题进行考虑。如果成本管理是公司的核心理念，它需要与一个认同这种理念并能够把这种理念应用到运输服务中去的物流公司进行合作。

（9）寻找业务不断改善的支持者。在当今时代，企业要想在全球范围内保持竞争力，就必须遵循六西格玛管理原则和ISO 9000质量体系认证的规定。如果强调质量是企业主要的经营信条，那么就选择一个认同这种观念的第三方物流公司为企业提供物流服务，该第三方物流公司至少能够提供标准的考核指标来提醒企业改善业务。

（10）不要过分强调成本最低。毫无疑问，第三方物流公司提供物流服务的成本是必须考虑的，但这绝不能成为首要考虑因素。选择第三方物流公司的最终目的是要实现公司重要的战略目标，而不是寻找最便宜的第三方物流公司。

★ 问题引导

某国际著名电脑公司欲在北京建立总部，开发中国北方的市场。其主要产品为成套整机服务器，同时还有如内存条、硬盘等配件。现急需与第三方物流企业合作共建销售分拨中心和售后服务中心。

思考：根据以上情况，思考其选择第三方物流企业的程序和重点。

引导知识点

三、第三方物流选择的程序

由于我国第三方物流兴起时间不长，多数第三方物流提供者素质不够高，筛选第三方物流提供者的决策过程就显得尤为重要。根据国外第三方物流决策的成功经验，第三方物流的选择一般包括以下几个步骤：

（1）组成跨职能团队。这个团队包括物流、营销、财务、人力资源等部门的负责人以及企业高层领导。

（2）明确外包物流的具体目的是进行市场扩展、全球采购、分销，以满足顾客业务不断增加的期望，还是实现企业成本降低计划或管理决策上的变动等。

（3）确定所需的物流功能，如仓储、运输、附加服务等。最有效的物流外包功能主要有构建竞争优势、改进客户服务、降低物流总成本，具体包括承运人选择和费率谈判、装运计划（重点是满足内部和外部需求的灵活性）、订单处理和执行、车队管理（重点是缩短对外部客户的交货时间和提高交货准确性）、存储和操作（重点是固定资产合理化，并通过降低费率来降低交易成本）。

（4）制定评选标准，根据企业外包的目的与阶段计划，制定评选标准，如信誉、准时交付、缺货损失、顾客服务以及价格等。

（5）通过合理的筛选程序，经过调查、发函、评审等程序筛选出价格低、服务质量好、公司信誉高、有从业经验的第三方物流提供者。

课堂提问 ✓

物流需求企业确定第三方物流的评选标准通常有哪些？

课堂实训 ✓

试为以下几家企业选择合适的第三方物流合作伙伴，说明理由，并比较其差异。

（1）某全国性手机连锁超市。

（2）社区连锁超市。

（3）某知名网购商城。

（4）某知名电器生产商。

案例分组讨论 ✔

中国区麦当劳第三方物流案例分析

对于麦当劳的物流来说，质量永远是权重最大、被考虑最多的因素。谈到麦当劳的物流，不能不说到夏晖公司，麦当劳之所以选择夏晖，在于后者为其提供了优质的服务。

麦当劳对物流服务的要求是比较严格的。在食品供应中，除了基本的食品运输之外，麦当劳要求物流服务商提供其他服务，比如信息处理、存货控制、贴标签、生产和质量控制等诸多方面，这些"额外"的服务虽然成本比较高，但它使麦当劳在竞争中获得了优势。

麦当劳利用夏晖设立的物流中心，为其各个餐厅完成订货、储存、运输及分发等一系列工作，使得整个麦当劳系统得以正常运作，让每一个供应商与每一家餐厅达到畅通与和谐，为麦当劳餐厅的食品供应提供最佳的保证。

目前，由顺丰控股的新夏晖更名为"顺新晖"。顺新晖将继续坚持高品质交付及高标准运营的服务承诺，在巩固新夏晖冷链专家优势的基础上，发挥供应链科技和全周期管理优势，助力更多新餐饮新零售客户提质增效，实现跨越式发展。

资料来源　编者根据相关新闻报道编写。

问题：结合案例思考麦当劳在第三方物流选择方面成功的原因。

任务三　第三方物流的管理和评价

★任务目标

掌握第三方物流管理的内容；能够对第三方物流进行适当管理。

★课堂讨论

人们常说"好的开始是成功的一半"，物流合作也是如此。好的选择固然重要，但选择了之后，在长期的物流合作过程中，如何实现另一半的成功，达到长期合作、友好合作呢？

★问题引导

新宁物流是国家4A级物流企业，服务网点遍布上海、苏州、深圳、南昌、合肥、郑州、武汉、重庆、成都等主要城市，同时在新加坡、越南等国家设立了全资子公司。

公司拥有70余项专利及近400项计算机软件著作权，7家子公司拥有海关AEO高级认证，能够为客户提供包括进出口货物仓储管理、配送方案设计与实施、货运代理、进出口通关报检等物流供应链一体化解决方案及北斗导航定位车联网服务。新宁物流以推动智能物流供应链管理发展为己任，坚持技术与服务两大核心优势，凭借自身优秀的供应链管理能力和卓越执行力，立志成为最具科技竞争力的国际化供应链平台。

资料来源　河南新宁现代物流股份有限公司简介〔EB/OL〕．〔2025-01-03〕．http：//www.xinning.com.cn.

思考：新宁物流如何与客户实现"双赢"？

📍引导知识点

一、第三方物流的应用原理

1.双赢原理

双赢即合作双方的共赢（win-win），意味着合作双方相互信任、相互依赖、共享信息、共御风险，从而使双方都能获得更多的利益，具有更强的竞争力。双赢原理在第三方物流中的应用体现在以下几个方面：第一，资源共享。第三方物流企业与委托企业共享物流资源，如运输工具、仓储设施、信息技术等，从而提高资源利用效率。第二，风险共担。通过合作，双方共同承担物流过程中的风险，降低单一企业面临的风险压力。第三，利益共享。通过优化物流流程、降低成本、提高效率等措施，双方共同分享合作带来的利益。

使用第三方物流，实际上是借用其他企业的各种物流管理资源来实现本企业的内部物流管理。换句话说，企业为了实现自身物流管理，采取了与外界企业合作的方式，这种合作方式不仅对企业自身有益，可以分担风险、降低成本、提高服务质量等，也对第三方物流企业产生积极影响，因为委托物流服务的企业成为第三方物流企业的客户，委托业务量的增加直接促进了第三方物流企业的业务扩展和快速发展。自20世纪80年代以来，第三方物流行业的蓬勃发展正是得益于这种双赢的合作模式。随着时代的发展，第三方物流企业在规模、数量上不断壮大，2022年，中国第三方物流行业市场规模达到12 189亿美元，年均复合增长率为7.9%。预计到2030年，中国第三方物流市场规模有望突破16万亿元人民币。第三方物流企业从最初提供单一物流管理服务，发展到如今提供多元化、全方位物流服务，甚至为客户提供定制化、一体化的物流解决方案。另外，物流管理合同的期限也从短期逐渐转向长期，体现了合作双方对长期共赢目标的坚定承诺。

在合作过程中，树立并实践双赢目标对于避免物流合作陷阱至关重要。面对市场环境的变化或其他不确定因素，合作双方应秉持公平、灵活的原则，对合作协议进行适时调整，以确保双赢目标的实现。例如，当物流服务购买方的产品数量因市场波动而远低于协议约定的费率基础时，双方应根据双赢原理，通过协商调整费率或重新设定服务标准，以应对市场风险，确保各自都能获得合理的利润。

2.战略联盟原理

战略联盟是指第三方物流企业与其他物流公司或相关公司形成战略伙伴关系，通过资源整合、优势互补，共同提升市场竞争力。战略联盟不同于一般的其他形式的企业或组织间的联盟，战略联盟必须是联盟双方站在公司整体战略的高度，审视公司及伙伴现在及未来的发展，而达成的具有战略意义的联盟。其目的是降低成本，更好地开拓市场，以"竞争中的合作"来获取双赢或多赢的结果，并最终为市场提供更好的产品。

（1）企业应用战略联盟的必要性。随着物流需求不断增加，客户对第三方物流企业的服务质量和效率提出了更高要求。物联网、大数据、人工智能等技术的不断发展，推动了第三方物流企业的智能化升级，提高了运营效率和安全性，但也面临着数据安全、隐私保护等方面的管理挑战。社会对环保问题的日益关注，绿色物流成为第三方物流行业的重要发展方向，企业需要积极推广低碳物流模式，减少对环境的影响。中国的第三方物流企业数量众多，但大多数规模较小，服务同质化严重，导致市场竞争异常激烈。外资企业涌入中国市场，它们在产品品牌、管理理念、资金实力等方面的优势对我国第三方物流企业造成巨大的竞争压力。随着大型企业的崛起，行业集中度逐步提高，行业整合成为必然趋势。因此，我国第三方物流企业应着眼于今后的严峻形势，采取兼并、收购，特别是战略联盟的方式壮大自身实力，合理配置资源并健全经营网络，才能立足于未来激烈竞争的市场环境中。实施战略联盟应该成为当前及今后一段时期的紧迫任务，政府应在政策环境上予以支持。

（2）战略联盟的组建步骤。美国学者戴维·雷等人考察了一些企业的战略联盟，结果发现有效的战略联盟在建立过程中非常注意以下三个阶段：

① 挑选合适的联盟伙伴阶段。企业在联合与合作之前，首先要树立明确的战略目标，并据此来寻找或接受能帮助实现战略意图、弥补战略缺口的合作伙伴。

② 联盟的设计和谈判阶段。成功的联盟不仅是以交叉许可安排、联合开发、合资经营、股权共享等联盟方式为基础的初始合作协议，还包括厂址选择、成本分摊、市场份额获得等常规的细节以及对知识创新、技术协同等方法进行设计。

③ 联盟的实施和控制阶段。战略联盟的最终目的是通过联盟提高企业自身的竞争能力。联盟内的企业应该把通过联盟向对方学习作为一项战略任务，最大限度地尽快将联盟的成果转化为自己的竞争优势。

（3）战略联盟的组建方式。

① 与其他第三方物流企业或相关企业形成战略联盟。物流联盟就是以第三方物流机构为核心，众多第三方物流企业或相关企业共同签订契约，形成相互信任、共担风险、共享收益的集约化物流伙伴关系。对于物流企业来说，想要包容一切是很难的。全球供应链需要众多领域的一系列专门技术，没有哪家公司是全才，即使勉强为之，也可能会得不偿失。但是，现在的顾客越来越倾向于选择一个第三方物流企业，这意味着与顾客相连的是一个计算机接口、一个业务点、一份合约、一份单据等。因此，面对现实，第三方物流企业将与其他第三方物流公司、一些不直接从事物流运作的咨询企业、物流设备设施出租企业或其他相关企业结成战略伙伴关系，通过伙伴关系，物流联盟能够打造一个完整的供应链，提供一站式服务，全方位、快捷地满足顾客的需要。其中的一个第三方物流企业作为供应链的"总集成商"，和顾客单线联系，并监控协调其他参与企业的活动。这些企业同处物流行业，水平一体化物流管理可使多个第三方物流企业合作，使分散物流获得规模经济和物流效率。从第三方物流

企业的经济效益上看，物流战略联盟使众多企业实现集约化运作，因此降低了物流服务总成本，获得了规模经济效益。

②与用户结成战略伙伴关系。第三方物流企业为用户企业提供的不仅仅是一次性的运输或配送服务，还是一种具有长期契约性质的综合物流服务，最终职能是保证用户企业物流体系的高效运作并不断优化供应链管理。从这个角度来看，第三方物流企业与其说是一个专业物流公司，不如说是用户企业的一个专职物流部门，只是这个"物流部门"更具有专业优势和管理经验。从长远来看，第三方物流的服务领域还将进一步扩展，甚至会成为用户企业销售体系的一部分。它的生存与发展必将同用户企业的命运紧密地联系在一起。这就在客观上要求第三方物流企业通过确立合理的运行机制，以合同的方式建立长期有效的委托代理关系，与用户企业建立战略伙伴关系，实现优势互补、利益共享、风险共担。从用户企业的角度来看，由于与第三方物流结盟，统筹规划，统一实施，减少了社会物流过程的重复劳动，消除了供应链中的迂回、浪费和重复，提高了整个物流过程的效率。当然，不同商品的物流过程不仅在空间上是矛盾的，可能在时间上也是有差异的。用户企业可以通过第三方物流企业的集约化处理来解决这些矛盾和差异。战略联盟使用户企业降低了物流经营成本，提高了服务质量，有了稳定的物流支持保障系统。联盟成员共担风险，降低了风险与不确定性。此外，用户企业还可以从第三方物流企业得到过剩的物流能力与较强的物流管理能力。从第三方物流企业的角度来看，战略联盟使其获得合作前必要却不可得的资源，借助用户企业培养起自己的竞争优势，有了可靠的货源保证，降低了经营风险。长期、密切的合作业务关系还可以使第三方物流企业更深入地了解用户企业的需求，设计针对用户企业更为合理的物流系统，更好地为用户企业提供个性化、一站式服务，提高物流作业效率。这种合作模式使双方在市场中的地位与作用更加巩固，为双方提供更多的机会，通过共生促进双赢。

③集团化。我国现在的第三方物流企业，无论是仓储企业、运输企业还是货代企业，都缺少规模较大的龙头企业，企业规模普遍偏小，技术装备也较为落后。在这样的情况下，企业缺乏规模优势，缺乏技术优势、人才优势，因此必须打破业务范围、行业、地域、所有制等方面的限制，树立全国一盘棋的思想，整合物流企业，鼓励强强联合，组建跨区域的大型集团。比如，通过仓储企业联合，组建数个大中型仓储企业集团；通过运输企业联合，组建数个大中型运输企业集团；通过货代企业联合，组建数个大中型货代企业集团。然后将这些企业集团按照核心业务能力侧重点的不同组建数个物流企业集团。通过成立企业集团，整合现有资源，提高技术装备的现代化水平，避免恶性竞争，摆脱弱小的现状，走向强大，参与国际竞争。

▶ 小资料 5-3

物通网

物通网是目前国内专业的物流行业网站，致力于打造一站式物流发货及运力匹配信息平台，解决现实场景中发货企业发货难、找车难及物流企业接货调车的问题，已经成为国内最大的物流信息化运力服务平台。物流公司、运输车辆、海运、空运、快递、搬家与发货企业共同汇集于一个信息平台，直接互动交流，形成了互相合作、相互竞争、网络互补等优势，实现了物流信息网络化、全球化。同时，网站采用了先进的"网点""线路"设计理念，大大提高了用户获取信息的效率。物通网"立足中国，面向世界"，被国内众多物流专家誉为"物流信息航母""专业的一站式物流信息平台"。为了更好地服务全国各地客户，物通网已经在国内开设了1家分公司、34个省级分站、1个地级分站，并计划在全国各省、直辖市开设分公司或办事处，展开地市分站加盟与代理活动。

资料来源 编者根企业提供资料编写。

3.虚拟经营原理

随着信息技术的发展，全球化和网络化的实现使原本属于互相依赖、近邻关系，具有稳定空间和组织界限的企业结构开始改变，相距遥远、不同时间、业务分散的组织共同工作的虚拟环境开始出现。在这种环境下，第三方物流企业不一定需要具备许多大型装载设备、大容量的仓库，以及齐全的运输工具。为了最大限度地发挥自身的优势，弥补自身的不足，第三方物流企业之间以及第三方物流企业与其他企业之间可以建立虚拟经营关系。所谓虚拟经营，是指企业在组织上突破有形的界限，仅保留企业中最关键的功能，而将其他功能虚拟化——通过各种方式借助外力进行整合弥补的经营模式。其精髓是将有限的资源集中在附加值高的功能上，而将附加值低的功能虚拟化。

虚拟经营作为一种新型企业经营形式，具有很高的要求，要求合作者之间建立互相信任的关系，有先进的信息技术手段，各生产经营环节都能高效率地运行。其基本运行平台有四个：信息网络、知识网络、物流网络和契约网络。信息网络主要是指国际互联网。知识网络是指通过信息网络连接起来的具有核心能力的企业集合而成的核心能力网。物流网络是由物流节点和物流线路所形成的物流实体运作网络。契约网络则是指在信息网络、知识网络和物流网络的支撑下所形成的合作网络。虚拟经营大致包括以下五种方式：

（1）外包加工的"虚拟生产"。企业自己不投资建设生产场地，不装备生产线，而把生产外包给其他生产厂家。例如，上海恒源祥集团过去仅仅是一个毛线商店，后来运用品牌优势，与其他生产企业进行联合，打造了自己的品牌产品。

（2）共生。企业本身并不擅长某一方面的工作，但基于成本或保密的考虑，又不愿将业务外包，于是，几个企业可以共同组成一个作业中心，共同负责这项工作。如银行业的资讯管理，往往由几家银行成立专门处理电脑资讯业务的单位，达到既可以保守商业秘密，又可以节省成本的目的。

（3）虚拟销售网络。企业借助产权关系，与目标市场拥有独立法人资格的销售企业或其他组织建立销售网络。在我国，以"意丹奴"为代表的特许经营加盟方式，就可算作一种销售网络的虚拟经营。总部与下面的销售点自主经营，独立核算，总部每月向销售点提供货品，销售点按照总部的规定统一着装，统一布置门面，退货或剩余货品可以原封不动地向总部退回。

（4）行政部门虚拟化。我国目前的物流企业管理水平普遍较低，许多企业在引进国外先进技术和管理经验的同时，也可以考虑把一些具有管理职能的部门分包出去，由国内外有经验的专业公司进行管理。

（5）物流外包。非物流企业将其物流业务交由专门的第三方物流企业去进行部分或整体运作的模式都称为物流外包。从第三方物流企业的客户角度而言，其物流均属于物流外包的形式。当一个国家或地区第三方物流的比重达到50%以上时，才能说这个国家或地区实现了物流社会化。因此，物流外包是专业化分工、社会化分工的必然产物。

虚拟经营往往更注重短期利益，一旦目标实现，随即解散虚拟组织，为了新的目标，又重新组成虚拟组织。因此，虚拟经营具有高弹性特点，可以为我国的第三方物流企业的战略转型提供新的思路。可以运用虚拟经营的功能模块化思想，保留并引入具有竞争能力的功能模块，剥离那些非核心的功能模块，实现企业的精简高效，从而提高第三方物流企业的竞争能力和生存能力。

★ 问题引导

某校物流管理专业毕业生小王去A物流公司应聘，其中面试的一道题目是公司如何管理才能赢得客户并与其长期合作。小王结合所学知识侃侃而谈，深受主考人员赞赏，从而获得了较好的工作机会。

思考：假设你是小王，你认为第三方物流企业应从哪些方面进行安全管理？

引导知识点

二、对第三方物流企业的管理

第三方物流企业管理的主要内容有合同管理、供应商管理、客户关系管理、能力管理、信息管理、风险管理。

1.合同管理

工商企业与第三方物流企业建立合作关系的动机包括：资产利用、资金问题、长期业务增长、市场全球化及其他与第三方物流企业分享的有关利益。有时，当企业利用外部资源组织和实施物流时，就会要求第三方物流企业购买资产、雇用长期劳动力、承担设备租赁等工作。第三方物流企业做出服务承诺，常常要付出很高的代价，可能对财务平衡产生很大的影响，因此，第三方物流企业应坚持要求签订长期合同，以规避风险。相反，工商企业在第三方物流企业不能达到所期望的标准时，可能会终止合同，以便选择别的第三方物流服务提供者。

2.供应商管理

第三方物流的供应商一般指能为其提供相关资源（如可控车辆、可控仓库甚至物流信息等）的企业。供应商在第三方物流的业务中起着非常重要的作用。因此，对供应商的控制和管理水平是第三方物流获得成功的关键因素之一。在我国现阶段，基于战略联盟的供应商管理对于提高物流的服务质量、提高物流企业的协同能力和最终走向紧密结合具有重要意义。

（1）联盟型供应商的选择。

为了保证联盟型供应商的服务质量，在建立合作伙伴关系前，一般要经过严格的程序。具体的选拔过程包含以下几个阶段：

① 意向探求。对目标供应商进行初步考察，并探求其合作意向。

② 资质调查。对有明确合作意向的供应商进行资质调查，审核其包括营业执照在内的资质文件，并对通过资质审查的供应商的资金实力、设备能力等进行调查。

③ 服务质量和管理水平的调查。对实力达到要求的供应商进行服务质量和管理水平的调查。

④ 试运作。对符合条件的供应商进行为期6个月的试运作。

⑤ 签订正式的联盟合作协议。如果在试运作中，双方对合作比较满意，则签订正式的联盟合作协议。

（2）联盟型供应商的管理。

为了保证联盟运作的效率，必须对联盟进行有效的管理，具体措施如下：

① 联盟协议及合同。联盟单位必须签订联盟协议，以规定各自的权利和义务，尤其是对合作中的利益分配等敏感问题要详细说明。

② 互派质量监督及业务指导员制度。如果有必要，可以向联盟方派驻质量监督及业务指导员，在新项目运作初期互派质量监督及业务指导员，能保证协作的顺利实施。

③ 联盟考核制度。联盟内企业要定期考核，对考核不合格者要进行警示，对严重违反联盟协议的单位，将取消合作。

④ 定期培训。联盟组织定期培训，培训内容包括针对高层的企业管理和经营战略培训、针对职能部门的业务和技能培训等。

⑤ "五个统一"。在合作比较好的基础上，联盟可以向一体化的方向发展，具体体现为"五个统一"行动方案，即统一经营理念、统一技术平台、统一服务标准、统一单证格式、统一业务流程，以大大提高物流联盟的协同能力。

3.客户关系管理

第三方物流从一开始就是作为客户企业的战略伙伴出现的，因此，第三方物流同客户企业必须体现为一种互惠双赢、长期发展的战略性合作伙伴关系。在这一合作过程中体现为两种客户关系：一是第三方物流同客户企业之间的关系；二是第三方物流同客户企业的客户之间的关系。我们在这里重点介绍前者，即第三方物流与直接客户的关系管理，因为直接客户关系的好坏直接影响到双方合作的效率和持久性。具体措施如下：

（1）每一个客户都是重要的。第三方物流合作的双方体现的是一种战略性合作关系，每一个客户都是战略合作伙伴，每一个客户都是重点客户。这个观点很简单，但在实际中很难做到，尤其是从传统"类物流"业务转型而来的物流企业，对此很难接受，它们认为客户天生就是不一样的，平等对待是不可能的。需要注意的是，第三方物流的合作关系只有一种，那就是战略性合作伙伴关系。这里需要强调的是，"每一个客户都是重点客户"这一观点是针对第三方物流业务而言的，对一般的物流企业而言，可能其客户群体中很多客户并不是建立在战略层面上的合作伙伴方，客户对物流企业的依赖度也不高，这种业务严格来讲还不是现代意义上的第三方物流业务，在这种情况下，确实存在对客户区分对待的问题。

（2）100%的服务。很多从运输公司转型为物流企业的公司，在面对物流客户时，还习惯用原来的方式来处理物流业务，如在运输能力不足时，拒绝客户的运输申请，这是非常错误的做法，说明它们还不了解第三方物流服务的内涵。首先，在第三方物流的合作中，客户企业对第三方物流企业具有高度的依赖性，客户企业使用的第三方物流企业一般不多，有时甚至是唯一的，因此，如果第三方物流企业拒绝客户申请，将给客户企业带来很大的麻烦。其次，第三方物流是通过整合社会资源完成物流服务的。一般来讲，利用自有资源从事物流服务可能会存在能力不足的问题，但通过整合社会资源提供物流服务，一般不会存在能力不足的问题。所以，对于第三方物流企业而言，客户的每个服务申请都必须100%地完成，这同传统的物流服务是有本质区别的。

（3）投诉处理。在第三方物流的服务过程中，差错或意外是不可避免的，对这些差错和意外的管理水平，有时比正常的服务更能显示一个公司的能力和素质。为了处理物流服务中的意外，一般物流公司都设有专门的客户服务部门对意外情况进行处理。客户服务部门一般负责的工作有：记录、处理、跟踪一般性客户投诉，并提出改进服务的建议；客户满意度调查；组织召开客户服务协调会；建立并完善客户服务体系。

4.能力管理

一般来说，第三方物流公司能提供仓库管理、运输管理、订单处理、产品回收、搬运装卸、物流信息系统、产品安装装配、运送、报送、运输谈判等近30种物流服务。第三方物流必须对自身物流资源进行全面的规划和衡量，以便能了解自身有多大的能力，可以承接多大的项目，完成多少订单。这个能力包括运输能力、保管能力、配送能力、装卸能力及设备能力等。例如，保管能力是指第三方物流企业的全部仓容中可能接受的保管物品的数量。运输能力是指第三方物流企业的运输工具及运输工作人员所能承担的运力的吨公里数等。对于第三方物流企业来说，这些都必须做到心中有数，才能最大限度地发挥物流管理的作用，达到最佳的物流资源配置，以便取得最佳的经济效益。

5.信息管理

在第三方物流企业的日常管理中，信息管理是重点，它贯穿于合同管理、供应商管理、客户关系管理、能力管理过程之中。第三方物流企业一般都拥有独立的物流信息系统，这个信息系统可以利用新的信息技术来建立，如条形码技术、电子数据交换技术、全球定位技术等。物流信息系统的成功运作对增加销售收入、提高产品在市场上的占有率有很大的帮助。物流信息系统在供应商、分销商、零售商以及消费者这条供应链中起着重要的纽带作用，它直接影响到客户的满意度以及新产品从研制到投放市场的时间和效率，从而影响整个物流系统的灵活性、速度和可靠性。

6.风险管理

第三方物流行业中，缺乏统一的信用记录和信用体系，各企业的信用历史和信用评估结果难以共享。这导致每个企业的信用评估结果相对孤立，难以形成整体的信用风险管理网络。由于供应链金融的不确定性和风险，第三方物流公司可能需要支付较高的利率来获得贷款或融资支持，这必然增加运营成本，并可能降低供应链的整体竞争力。第三方物流公司在供应链中承担着货物运输和仓储等重要职责，其运营风险直接关系到供应链金融的风险程度，需要通过强化信息共享平台、加强信用评估和监控、推动技术创新以及与金融机构和保险公司合作等方面共同应对。

★问题引导

随着中国经济的快速发展，对物流运输的需求也日益增加，第三方物流企业获得了快速发展的机遇。在第三方物流企业迅速发展的同时，许多物流企业选择将部分业务外包以提高自身的核心竞争力。为此，需要采用一种科学、客观的评价方法来分析、评价和选择第三方物流服务。如某企业为了对其第三方运输服务商进行评价，依据全面性、针对性、科学性、可行性等原则，构建了第三方物流企业外包服务评价体系，包含安全管理水平、货损赔偿水平、紧急响应及应急处理能力、信誉水平等10个一级指标和33个二级指标。通过分析，发现安全管理水平、货损赔偿水平、配套服务、紧急响应和应急处理能力、合作素养是影响运输外包服务商评价的主要因素。

资料来源　贾雅茹，何杰，龚健，等. 第三方物流企业运输外包服务商评价选择研究［J］. 公路交通科技，2025（1）.

思考：检索文献并选择一家已开展物流外包的企业进行调研，思考如何对该企业的第三方物流服务商进行评价。

引导知识点

三、对第三方物流企业的评价

1.第三方物流企业绩效评价体系建立的原则

在建立第三方物流企业绩效评价体系时，一般应遵循以下原则：

（1）系统性原则。第三方物流企业须针对内外各种情况设立相应的指标，系统科学地反映第三方物流企业的全貌，达到对企业整体的科学评价。

（2）层次性原则。指标应分出评价层次，在每一层次的指标选取中应突出重点，要对关键的绩效指标进行重点分析。

（3）可比性原则。评价指标体系所涉及的经济内容、时空范围、计算口径和方法都应具有可比性，所以在建立体系的时候要参照国际和国内同行的物流管理基准。

（4）通用性原则。评价体系在第三方物流企业中应该普遍适用，同时应在理论和实践的发展变化中具有相对的稳定性。

（5）经济性原则。评价体系应当考虑到操作时的成本收益，选择具有较强代表性且能综合反映第三方物流企业整体水平的指标，以期既减少工作量、减少误差，又能降低成本、提高效率。

（6）定量与定性结合的原则。由于第三方物流企业的绩效涉及的客户满意度等方面很难进行量化，所以评价指标体系的建立除了要对物流管理的绩效进行量化外，还应当使用一些定性的指标对定量指标进行修正。

（7）动态长期原则。由于选择第三方物流企业后，客户与物流供应商第三方物流服务商之间是战略伙伴关系，所以对第三方物流企业的评价不应该只局限在目前的企业状况，而应考虑第三方物流企业的长远发展潜力和对企业是否有长期利益，要与企业的发展目标和战略规划相一致。

2.第三方物流企业绩效评价体系的建立

根据以上的七条原则，本教材建立的绩效评价体系分为三个大类，经过细化的底层指标都可以直接量化或者容易给出定性评价。

（1）功能指标：功能指标反映第三方物流企业各个增值环节的功能实现情况。

① 客户服务水平：缺货频率、送货出错率、顾客满意度、平均交货期、订单处理时间、准时送货率、交货柔性、订单完成稳定性、顾客保持率、每个顾客服务成本、信息沟通水平、事后顾客满意率。

② 配送功能：配送安全性、配送可控性、产品可得性、检货准确率。

③ 运输功能：运输能力、正点运输率、运输经济性、运输车辆满载率、运力利用率、在途时间、运输准确率、商品损坏率。

④ 库存功能：库存能力、库存周转率、收发货物能力、库存结构合理性、库存准确率、预测准确率。

⑤ 采购功能：交付期、付款条件、订单处理、与供应商的关系。

⑥ 流通加工功能：工艺合理性、技术先进性、流通加工程度、对消费的促进作用。

（2）经营指标：经营指标反映第三方物流企业当前的经营状况。

① 企业实力：财务投资能力、信息技术能力、设备先进水平、同行业影响力及业务范围、市场占有率、市场增长率、新用户开发成功率。

② 信息化水平：硬件配备水平、软件先进程度、信息活动主体的水平、信息共享率、信息利用价值率、实时信息传输量、信息化投资情况、客户变动提前期、客户变动完成率、网络覆盖率、平均传输延迟情况、传输错误率。

③ 管理水平：产品的残损率、物流系统纠错处理时间、供应计划实现率、设备利用率、业务流程规范化程度、管理人员比重。

④ 成本水平：单位产品的物流成本、物流成本占制造成本的比重、物流成本控制水平、每个顾客服务成本、订单反应成本、库存单位成本。

（3）稳定性指标：稳定性指标反映第三方物流企业的发展潜力，关乎第三方物流企业的长期经营，并且影响与企业长期合作的可能性。

① 技术实力：技术人员比重、技术开发经费比重、开发创新能力、技术改造资产比重、专利拥有比例、设备技术领先程度、硬件设施稳定性。

② 盈利能力：净资产利润率、总资产利润率、资金周转率。

③ 应变力：信息化系统水平、预测能力、集成度、外部沟通、流程再造与延迟物流。

④ 企业聚合力：领导层的团结进取力、职工的凝聚力、员工满意度。

⑤ 经验指标：行业服务时间、提供服务种类、成本节约比例、人才培养与培训情况、客户稳定性、供应商稳定性、历史合作情况、利益与风险共享性、核心能力、战略观念兼容性。

⑥ 企业形象：员工素质、经营理念、市场信誉、社会责任。

四、第三方物流新的发展趋势

1.瞄准细分领域夯实服务基础

传统的客户与服务商关系正在让位于更深层次的战略伙伴关系。在这种新型关系中，成本优化仍然重要，但已不再是唯一的考量因素。随着物流市场的不断细分和专业化发展，第三方物流企业需要瞄准特定的细分领域进行深入挖掘和布局。通过提供专业的物流服务、打造独特的服务品牌和优势，第三方物流企业可以在激烈的市场竞争中脱颖而出。同时，通过夯实服务基础、提升服务质量，第三方物流企业可以赢得客户的信任和忠诚度，为企业的长期发展奠定坚实基础。

2.构建信息化平台，整合物流资源

构建信息化平台，能够及时进行信息的反馈和更新，为相关人员更好地运用信息打好基础，推动其资源的全面整合，提升资源的利用效率。比如物流运输车辆调度，可以随时对车辆的信息进行统一和定位，并根据具体的客户需求合理进行运输路线的设定，这不仅能够减少重复运输，而且可以节约成本，推动服务质量的全面提升，增强第三方物流企业的竞争力。同时，第三方物流借助互联网实现掌上配货。这是因为互联网促使物流行业实现变革性的发展，而供应链则是向扁平化的方向发展，让线上信息和线下信息进行有效的对接。同时，通过物流信息平台的运用可以让物流运费更加透明化，这样可以更好地揽货，方便线上线下信息沟通，掌上配货已成为第三方物流的增值服务。

3.推行精细化及智能化管理

为了提升成本效益与增强盈利能力，第三方物流企业需积极推行精细化管理策略。这一策略的核心在于两个方面：一是通过优化管理流程、提升管理效率及缩减管理成本，实现成本的有效控制；二是借助先进物流技术和设备的应用，提升物流运作效率，进一步降低运营成本并增强市场竞争力。

首先，在成本控制方面，第三方物流企业应专注于内部管理流程的优化。通过精简非必要环节、采用高效管理工具和方法，以及强化成本控制意识，企业能够显著降低管理成本，提升整体运营效率。如对智能化仓库的管理，第三方物流企业通过引入智能仓储系统，可以实现货物盘点、出库、入库等业务流程的自动化和智能化。这不仅能够显著提升仓储作业效率，还可以降低因人为操作失误导致的成本增加。同时，物联网技术的应用使得仓库管理更加透明化，可视化程度大幅提升。企业能够实时跟踪货物状态，及时响应客户需求，降低货物损失率，并提升信息共享效率，从而进一步降低管理成本，提升整体竞争力。

其次，在物流运作效率的提升上，第三方物流企业需积极引入和应用先进的物流技术和设备。这不仅包括自动化仓储系统、智能分拣设备等硬件设施的投入，还涵盖云计算、物联网等先进信息技术的融合应用。这些技术的应用能够大幅提升物流作业效率，减少人工错误，降低运营成本。尤为重要的是，随着云计算、物联网等技术在物流行业的深入应用，大量数据信息得以产生和积累。借助大数据智能分析与处理能力，第三方物流企业能够实现对物流运营数据的深度挖掘和分析，从而发现潜在的优化空间，推动物流服务向智能化方向发展。

课堂提问 ✓

第三方物流的相关理论与我们个人成长有何联系？

课堂实训 ✓

试分析以下企业对其第三方物流合作伙伴管理的重点是什么:

(1) IT电脑行业。

(2) 果蔬行业。

(3) 冷冻食品行业。

(4) 服装批发行业。

案例分组讨论 ✓

中国物流集团:加快发展新质生产力 助力物流业全链条降本提质增效

中国物流集团有限公司是国务院国有资产监督管理委员会直接监管的一家股权多元化中央企业。中国物流集团所属企业在仓储、装卸、运输、物流装备制造等环节的探索实践,实现了物流业降本提质增效。

仓储方面,中国物流集团为酒类客户研发的科技产品和打造的仓储模式,使得客户节省厂内物流转运环节人工近50%,单次流程作业时间缩短了60%。运输方面,中国物流集团下设网络货运平台企业对每笔运输业务的全过程进行数字化管控,通过物流、信息流、资金流、票据流、轨迹流"五流合一",给每个货物定制专属"数字身份证",让每件货物的"行动轨迹"清晰可见。铁路运输方面,中国物流集团保障铁路燃油安全、稳定供应的核心企业——中铁油料集团,通过定位系统、视频系统、电子铅封系统、电子流量计四项技术手段,实时监测汽车轨迹,确保司机在正确的位置取油、加油,实时监测加油的具体时间。

资料来源 刘丽靓. 中国物流集团:加快发展新质生产力 助力物流业全链条降本提质增效[EB/OL]. [2024-09-30]. https://www.cs.com.cn/ssgs/gsxw/202409/t20240930_6443494.html.

问题:(1) 中国物流集团可以为客户带来哪些价值?

(2) 新质生产力对第三方物流服务有哪些影响?

(3) 新质生产力影响下的第三方物流服务与传统第三方物流服务的价值创造有何不同?

●●●项目考核

1.单项选择题

(1) 下列关于第三方物流的说法中错误的是(   )。

A.从某种意义上看,第三方物流就是合同物流

B.第三方物流的优势是提供专业的物流服务

C.第三方物流不如自营物流

D.外包是第三方物流产生的重要原因

(2) 关于物流服务,下列说法中正确的是(   )。

A.随着产业结构的变化,物流服务的需求由质量型需求向数量型需求转化

B.物流行业的增值服务主要是货物拆拼箱、贴标签、包装、产品退货管理等

C.物流服务既能创造商品的形质效用，又能产生空间效用与时间效用

D.第三方物流提供的流通加工服务主要为货主商品进行改包装、贴标签、组装处理等，并不产生增值效益

（3）（   ）第三方物流企业的主要业务活动是为客户提供门到门运输、门到站运输、站到门运输、站到站运输等一体化运输服务，以货物运输为主，根据客户需求，可以提供物流功能一体化服务。

A.运输型　　　　　　B.仓储型　　　　　　C.货运代理型　　　　D.综合服务型

（4）（   ）第三方物流企业应以为客户提供货物存储、保管、中转等仓储服务，以及配送服务为主，还可以为客户提供其他仓储增值服务。

A.运输型　　　　　　B.仓储型　　　　　　C.货运代理型　　　　D.综合服务型

（5）客户在进行第三方物流选择时最先要考虑的因素是（   ）。

A.企业自身物流需求的特点　　　　　　B.第三方物流提供者的核心竞争力

C.第三方物流提供者的服务范围　　　　D.第三方物流提供者的客户服务能力

2.多项选择题

（1）与自营物流相比，第三方物流的优势在于（   ）。

A.能够提供专业化的物流服务　　　　　B.具有规模经济效应

C.信息技术优势　　　　　　　　　　　D.有利于企业培育核心竞争力

（2）按照国家《物流企业分类与评价指标》的规定，物流企业主要类型包括（   ）。

A.运输型　　　　　　　B.仓储型　　　　　　C.货运代理型

D.综合服务型　　　　　E.供应链企业

（3）第三方物流企业绩效评价体系中通常包括（   ）。

A.功能指标　　　　　　B.经营指标　　　　　C.稳定性指标

D.人员工资　　　　　　E.服务周期

（4）第三方物流企业绩效评价体系的功能指标包括（   ）。

A.客户服务水平　　　　B.配送功能　　　　　C.仓储功能

D.运输功能　　　　　　E.管理水平

（5）第三方物流企业绩效评价体系的稳定性指标包括（   ）。

A.客户服务水平　　　　B.技术实力　　　　　C.盈利能力

D.企业聚合力　　　　　E.企业形象

3.判断题

（1）第三方物流的合作注重的是长期合作和双方共赢。　　　　　　　　（   ）

（2）第三方物流企业在合作中更注重新客户的挖掘和开发。　　　　　　（   ）

（3）第三方物流企业绩效评价体系中，经营性指标反映第三方物流企业各个增值环节的功能实现情况。　　　　　　　　　　　　　　　　　　　　　　　（   ）

（4）第三方物流企业绩效评价体系中，功能指标反映第三方物流企业的发展潜力，关乎第三方物流企业的长期经营，并且影响与企业长期合作的可能性。（   ）

（5）第三方物流的供应商一般指能为其提供相关资源（如可控车辆、可控仓库甚至物流信息等）的企业。　　　　　　　　　　　　　　　　　　　　　　　（   ）

4.问答题

（1）第三方物流的优势是什么？

（2）何谓战略联盟？其组建方式有哪些？

（3）影响第三方物流选择的因素有哪些？

（4）第三方物流的增值服务体现在哪些方面？

● ● ● 项目实训

1.实践训练

某公司首次承揽到三个集装箱运输业务，时间较紧，从上海到大连铁路1 200公里，公路1 500公里，水路1 000公里。该公司自有10辆10吨普通卡车和一个自动化立体仓库，经联系附近一家联运公司虽无集装箱卡车，却有专业人才和货代经验，只是要价比较高，至于零星集装箱安排落实车皮和船舱，实在心中无底，根据情景分析，有以下几种方案：（1）自己购买若干辆集装箱卡车然后组织运输。（2）可以与铁路部门联系，安排运输但心中无底。（3）水路最短路程，请航运公司来解决运输。（4）第三方物流联运公司，虽无集装箱卡车，但其可租车完成此项运输。（5）没有合适运输工具，放弃该项业务。

你认为采取哪种方案比较妥当？为什么？

2.课外实训

对某区域第三方物流发展进行调研，并撰写市场调研报告。

3.拓展实训

实训情景：刘总是国内一家机械设备制造公司的老总，最近在物流服务商（TPL）的选择上感到很烦恼，一直拿不定主意。

以前合作的大型物流服务商虽有强大的网络，但是其服务质量、赔偿效率都很难令人满意，并且该服务商在价格发生对其不利变动时，经常拒绝按照合同价格提供服务。目前有一些中小型服务商，虽然服务稍好，但配送网络不够完善。

实训内容：（1）请为刘总最终选择第三方物流的类型，并说明原因。

（2）谈一谈第三方物流企业应如何发展。

（3）请你结合刘总企业的情况为其设计一套合理的第三方物流评价指标体系。

项目六
物流服务与管理

学习微平台

拓展阅读 6-1

学习目标

知识目标：

1. 了解物流服务的内容和物流服务的特点。
2. 熟悉物流服务管理的原则。
3. 掌握物流金融服务的功能。

能力目标：

1. 能够认识到物流服务的本质。
2. 具有管理中小型物流企业服务的能力。
3. 能够结合实际进行企业物流服务的具体分析。

素养目标：

1. 培养物流人服务意识、顾客意识。
2. 增强社会责任感、诚信服务意识。

价值引领案例

顾客第一，服务为本｜华鼎冷链"私人定制"引领行业新风尚

　　华鼎冷链凭借卓越表现荣获"2024年度值得用户信赖物流企业先锋奖"。在竞争激烈的物流市场中，华鼎冷链凭借创新服务模式与综合实力脱颖而出，货运量不断攀升，成为行业领导者。

　　华鼎冷链遵循"以服务为本"的理念，持续在技术创新、服务优化等方面发力，为客户提供更加优质、高效、智能的定制化物流解决方案，推动行业高质量发展。其广泛覆盖的物流网络、一对一的"保姆式服务"以及时效性强的物流运输，确保货物准时、安全抵达，大幅度提升客户的运营效率，优化成本并降低风险。华鼎冷链坚持"私人定制化"策略，依托科技驱动的标准化管理模块，为每位客户"量体裁衣"，将复杂的物流运输流程简化为高效精准的解决方案。借助华鼎云Sass智能化管理系统，华鼎冷链能够实时掌控物流状态，快速响应客户需求，确保货物以最优路径配送。这种高效、智能的服务模式，不仅提升了客户满意度，也为行业树立了服务新标杆。

资料来源　中国酒茶网. 华鼎冷链荣膺"2024年度值得用户信赖物流企业先锋奖"殊荣！［EB/OL］.［2025-01-12］. https://baijiahao.baidu.com/s? id=1821021807855543825&wfr=spider&for=pc.

思考：（1）如何理解华鼎冷链"以服务为本"的价值观？

　　　　（2）华鼎冷链的经营理念对你提升物流服务意识有哪些影响？

任务一　了解物流服务

★任务目标

认识物流服务、物流服务产品的特征，熟悉物流服务的本质和影响要素。

小词典

物流服务是指为满足客户物流需求所实施的一系列物流活动过程及其产生的结果。

一体化物流服务是指根据客户物流需求所提供的全过程、多功能的物流服务。

★课堂讨论

（1）如果从淘宝上购买一款商品，你倾向于选择哪家快递为你送货？为什么？

（2）你认为哪些技术创新对物流服务的影响最大？

★问题引导

内蒙古自治区赤峰市宁城县是我国主要猫砂生产基地，年产上百万吨猫砂。位于韵达赤峰网点对面的，是一个占地 2 000 平方米的猫砂大仓。韵达赤峰网点日均揽收猫砂达 8 000 件，负责安检、扫描、装车等一系列工作，确保猫砂能够安全、快速地发往全国各地。该网点以客户为核心，特设专人客服，推荐"客户管家"系统，让商家寄递无忧。其优质服务深得商家与消费者信赖。韵达赤峰网点重视长期合作，不断升级物流能力与服务水平，探索创新物流模式，共促猫砂产业蓬勃发展。

思考：韵达赤峰网点通过优化哪些物流服务来满足猫砂产业商家的需求？

引导知识点

一、物流服务的内容

物流服务作为物流产品的表现形式，是为满足客户物流需求所实施的一系列物流活动过程及其产生的结果。

物流服务的内容是满足客户的物流需求，保障供给，无论在服务的量上还是质上，都要使客户满意。现代物流对于服务的要求可以用 5R（5 个"合适"）来表示，即将合适的产品以合适的数量和合适的价格在合适的时间送到合适的地点。

从不同的角度和经营实体看，物流服务有不同的内容。

1.物流客户服务

客户服务是指为支持企业的核心产品（或服务）而提供的服务。制造企业和流通企业的物流服务，就是用来支持其产品营销活动而向客户提供的一种服务，是客户对商品利用可能性的物流保障，这种物流服务也可称为物流客户服务。

从现代营销观点来看，客户在购买商品的时候，不仅仅是购买商品实体本身，而是购买由有形产品、服务、信息和其他要素所组成的"服务产品组合"，物流服务是这个"服务产品组合"的重要组成部分。在当今的竞争中，有形产品并不一定能保证企业取得良好的经济效益和在市场上长久地生存下去，因此使企业更具竞争力的是企业能够为客户提供比竞争者更好的服务。

不论企业采取自营物流的方式还是外包、社会化方式来完成一系列提供物流客户服务所必需的物流业务活动，物流客户服务主要都是围绕客户所期望的商品、所期望的订货周期，以及所期望的质量展开的，其表现形式也是多种多样的。

① 物流客户服务体现为一种具体活动，它是企业物流系统的输出，而企业物流系统的功能是由一系列物流功能活动实现的。例如，订单处理、拣选、分类理货、流通加工、运输、配送等活动。

② 物流客户服务表现为一种执行的标准或绩效水平。例如，企业向客户许诺的供货周期、商品存货保障率、商品完好率等。供货周期的长短和存货保障率以及商品完好率是衡量企业物流服务水平高低的重要尺度，客户也是通过这些指标来观察和体验企业的物流服务的。企业往往根据客户的要求以及营销战略制定一个适宜的物流服务执行标准，保持这个标准的物流服务，成为企业物流服务质量控制的目标。

③ 物流客户服务表现为一种经营理念，即通过物流服务标准与成本的平衡，找到企业经营效益与客户需求的最佳结合点。物流服务成为以客户为导向的企业营销理念。

小思考 6-1

查阅国家标准《医药物流质量管理审核规范》（GB/T 42502—2023），总结医药物流的客户分类及服务标准。

2.物流企业服务

物流企业服务的基本内容包括运输、储存、包装、装卸、流通加工、配送、物流信息、物流系统设计以及其他的增值服务，如市场调查与预测、库存控制决策建议、订货指导、业务运作过程诊断、各种代办业务和物流全过程追踪等。

物流企业的服务要满足货主企业向其客户提供物流服务的需要，无论是在服务能力上，还是在服务质量上，都要以货主及其客户满意为目标。能力上的满足主要表现在适量性、多批次、广泛性（场所分散）等方面；质量上的满足主要表现在安全、准确、迅速、经济等方面。物流企业的服务市场来自货主企业的物流需求。

制造企业或流通企业在向客户（包括内部客户）提供物流服务的过程中，可能将物流业务活动的全部或部分委托给专业物流企业（如运输企业、仓储企业、第三方物流企业等）承担。从物流活动委托方的角度来看，物流企业提供的是一种服务，这种服务同时也构成了制造企业或流通企业物流服务的一部分。例如，当某个运输企业受制造企业的委托，将工厂成品库的产品运送到零售商店的时候，运输企业就代替制造企业完成了对零售商店这个客户的产品送达服务，运输企业的运输服务因此也就成为制造企业物流服务的一部分。从这个意义上讲，运输企业的运输服务也就具有了物流服务的性质。

物流企业受货主企业的委托完成物流服务，物流企业的服务对象既是货主企业，

学习微平台

微课 6-1：
如何理解客户
关系管理的重
点在于留住老
客户？

又是货主企业视为上帝的顾客。物流企业必须把握货主企业物流需求的特点，将物流服务融入货主企业的物流系统中去，根据需求分析开发新的服务产品，做好物流服务产品的营销和服务工作。

学习微平台

动画 6-1：
如何理解物流
服务？

二、物流服务的特点

1. 无形性

无形性是物流服务的最主要特征。由于服务及组成服务的要素大多具有无形的性质，因此物流服务本身也具有无形性。此外，不仅服务是无形的，客户享受服务而获得的感受和利益也可能很难觉察到，或仅能抽象地表达。对客户来说，这种服务不易识别，较难考核和控制，难以实现评估。一旦发生投诉或纠纷，由于没有一个具体的实物展现，因此很难处理。物流服务的无形性使这类产品的营销和管理增加了难度。物流企业应注重把无形转变为有形，这样便于考核和衡量。例如，通过强大的运输设备和高效的配送来打消物流服务的无形性带给消费者的风险感受；建立可以衡量的指标进行绩效评价，并将其作为改进物流服务的方向。

2. 不可储存性

物流服务不能如实体产品那样储存。物流服务是在生产中被消费的，而其购买者从中得到的好处不能为将来的消费"储存起来"。很多服务的使用价值，如不及时加以利用，就会不可弥补地失去。不可储存性使得物流服务在供求的时间上、空间上的矛盾较难协调，从而影响了服务的质量和效用。

3. 复杂性

物流服务不是实物本身，而是服务供方通过一系列的活动，如物料管理、拣选、运输、配送、运费支付、直拨、JIT交货、订单处理、运费评估、货物组配、库存管理、回收物流等将服务提供给服务的买方。由于物流服务涉及范围广，因此其质量往往难以统一衡量，质量水平经常变化，很难统一界定。物流服务的复杂性，往往使客户对服务产品很难形成一个统一的认识，每次获得的物流服务感受都不相同，从而降低了客户的总体满意度。如果客户对服务的感知水平符合或高于其预期水平，则客户可获得较高的满意度，从而认为企业具有较高的服务质量；反之，则会认为企业的服务质量较差。因此，物流企业应着力保持服务应有的品质，力求始终如一，维持高水准。

4. 不可分离性

物流服务的生产和消费具有不可分离的特性，也就是说，服务的生产和消费是并行的。物流服务人员在向客户提供服务的同时，也是客户消费服务的过程，两者在时空上具有不可分割性。物流服务的直接作用对象虽然是物品，但最终的服务对象还是客户，客户只有加入到服务的生产过程中，才能使物流服务更好地按客户的要求得以实现。特别是高端的增值物流服务，更需要客户的积极介入，才能真正实现量身定做的服务。物流服务的不可分离性，使物流企业在业务运作中受客户的影响较大，使企业的可控性降低。

5. 增值性

传统物流服务的主体功能是运输和仓储，服务目标和核心是保值。现代物流企业可以通过独特的活动，对物流的功能进行整合，为客户提供一体化的增值服务，使物流服务的供需双方能够通过共同努力提高效率和效益。物流企业增值服务的起点就是各种物流服务的基本功能，特别是运输、仓储、信息集成、存货管理、订单处理、物料采购等核心功能，最可能成为增值服务延伸的起点。可见，增值服务就是在基本功能的基础上，对货主的服务细分再细分、对服务品种创新再创新的过程。

★ 问题引导

2024年"双11"购物节长达一个月，德邦快递提前布局应对。通过调配资源、科技服务，实现"1小时"快速揽收与高效中转，引入自动化分拣与IoT技术优化运输。德邦快递推出"特快当日"服务，跨省6小时可达，覆盖300余城市，承诺未达时效全额退运费；注重服务品质，保证送前电联、按需送货。同时，德邦快递实践绿色物流，使用绿色包装，为商家与消费者提供高效、极速、环保的物流体验。

思考：影响电商"双11"配送服务的主要因素有哪些？

引导知识点

三、影响物流服务的因素

1.缺货水平

缺货水平是指对企业产品可供性的衡量尺度。对每一次缺货情况要根据具体产品和客户做完备记录，以便发现潜在的问题。当缺货发生时，企业要为客户提供合适的替代产品，或尽可能地从其他地方调运，或向客户承诺一旦有货立即安排运送，目的在于尽可能保持客户的忠诚度，留住客户。

2.订货信息

企业要向客户快速准确地提供所购商品的库存信息、预计的运送日期。对客户的订单，企业有时难以一次完全满足，这种订单需要通过延期订货、分批运送来完成。延期订货发生的次数及相应的订货周期是评估物流系统运作优劣的重要指标。延期订货处理不当容易造成失销，对此，企业要给予高度重视。

3.信息的准确性

顾客不仅希望快速获得全面的物流信息，同时也要求这些关于订货和库存的信息是准确无误的。企业对不准确的数据应当注明并尽快更正，对经常发生的信息失真要特别关注并努力改进。

4.订货周期的稳定性

订货周期是从顾客下订单到收货为止所跨越的时间。订货周期包括下订单，订单汇总与处理，货物拣选、包装与配送的时间。顾客往往更关心订货周期的稳定性，而非绝对的天数。当然，随着对时间竞争的日益关注，企业也越来越重视缩短整个订货周期。

5.其他因素

如特殊货运、订货的便利性、替代产品等。

小思考 6-2

申请退换货时，消费者无须承担邮费——已推出 14 年的电商"运费险"，2024 年多次被舆论热议。此类服务和"七天无理由退换"成为商家店铺减少消费者顾虑、提升销量的重要工具，许多消费者也养成了"不敢购买没有运费险的商品"的心理。随着"运费险"在各类电商平台的普及，消费者退换货量变大，2024 年物流网点的退货件（逆向件）和散单件增长尤为明显，成为提升市场份额的重要来源。

思考：如何提升逆向件物流服务质量？

★问题引导

低碳化、可持续成为物流业发展的必然趋势。近年来，伴随可持续发展目标的提出，尤其是资源的有限性，循环经济的发展越来越受到重视。可持续物流服务包括环境可持续性、客户可持续性、经济可持续性和社会可持续性四个方面。

思考：如何理解可持续物流服务？可持续物流服务的质量该如何衡量？

引导知识点

四、物流服务质量的指标

物流服务质量是衡量物流企业满足客户需求的能力水平，是企业通过提供物流服务，对达到服务产品质量标准、满足用户需要的保证程度。为了规范并提升第三方物流的服务质量，《第三方物流服务质量及测评》（GB/T 24359—2021）于 2022 年 6 月 1 日正式颁布并实施。标准确定了第三方物流的 11 个主要服务质量指标，从服务结果、服务感知和服务能力三个方面度量第三方物流服务质量水平。主要指标如下：

1. 服务结果

（1）订单处理正确率：统计期内，无差错订单处理数占订单总数的比率。

（2）订单按时完成率：统计期内，按时完成客户订单数占订单总数的比率。

（3）账货相符率：统计期内，库存物品账货相符的笔数占库存物品总笔数的比率。

（4）货差率：统计期内，物品累计差错数量占交付物品总数的比率。

（5）货损率：统计期内，物品累计损失数量占交付物品总数的比率。

（6）信息传输准确率：统计期内，准确地向客户传输信息的次数占信息传输总次数的比率。

（7）信息传输准时率：统计期内，准时地向客户传输信息的次数占信息传输总次数的比率。

2. 服务感知

（1）客户有效投诉率：统计期内，客户有效投诉订单数占订单总数的比率。

（2）客户有效投诉处理办结率：统计期内，在规定时间内处理办结的有效投诉订单数占客户有效投诉订单数的比率。

3.服务能力

（1）订单满足率：统计期内，实际发货数量与订单需求数量的比率。

（2）紧急订单响应率：统计期内，有效响应客户紧急需求的订单数占客户紧急需求订单总数的比率。

课堂提问 ✓

物流服务对于企业竞争力的重要性体现在哪些方面？

课堂实训 ✓

"日啖荔枝三百颗，不辞长作岭南人"。茂名是中国最大的荔枝产区，拥有3个国家地理标志认证产品，种植面积达到了9.3万公顷。由于对保鲜技术要求高，使得荔枝的快速、安全运输成为一大难题。据悉，在荔枝从田间地头走向消费者和生产线的过程中，"最先一公里"损耗率为15%~25%。为了解决这一问题，当地政府与一家专业的第三方物流企业合作，引入先进的物流管理系统和技术，优化荔枝的运输流程，降低损耗率，提高运输效率，同时保持荔枝的新鲜度和品质。

请根据上述内容提出切实可行的物流优化方案，为荔枝等农特产品的快速、安全运输提供有力支持。

案例分组讨论 ✓

瑞雪冷链：专精特新典范，打造食品物流信赖之选

河南瑞雪供应链管理有限公司（以下简称瑞雪冷链）在冷链物流市场凭借提供专业化、精细化服务脱颖而出。公司积极响应国家鼓励物流企业向专精特新方向发展的号召，专注于多式联运、智慧物流等领域，特别是在连锁餐茶饮、食品厂商和生鲜品行业表现卓越。

瑞雪冷链秉持"正心、正念、正行"的服务理念，不断打磨和优化服务，致力于提供高效、安全、可靠的冷链仓运配一体化服务。公司深刻理解食品与饮料行业对安全与品质的高要求，通过高标准的冷链物流设备与技术，结合先进的仓配物流管理信息系统，确保产品全程冷链保持最佳状态，满足客户对食品安全与新鲜度的极致追求。

资料来源　编者自撰。

问题：分析瑞雪冷链如何通过创新物流服务提高市场竞争力。

任务二　认识物流服务管理

★任务目标

掌握确定企业物流服务水平的要素，能够熟练应用物流服务的功能，具有管理中小型物流企业服务的能力，并能在实践中加以运用。

★课堂讨论

某物流公司接到了承运两套不同型号设备零件的委托，两批货物被安排在同一天装箱，发往不同的收货人。然而，在装箱的时候发生了失误，两批货物分别被装入了对方的瓦楞纸箱，随即运向了完全不同的目的地。北京的收货人收到了本应发往广州的设备零件，立刻向物流公司致函询问。

（1）请问装箱失误的原因可能包括哪些？

（2）该物流公司应如何减少事故造成的损失并提升物流服务？

★问题引导

2024年，中国外运股份有限公司（以下简称中国外运）深化改革创新，全面构建"新型承运人"模式，提升产业链供应链韧性和安全水平。秉承"成就客户创造价值"的理念，中国外运通过深化物流服务合作，积极拓展海外业务，空运、陆运、水运、汽运多管齐下，推出了多元化物流解决方案。此外，中国外运积极履行社会责任，以专业服务能力赢得全球客户认可。

思考：中国外运构建"新型承运人"模式体现了物流服务管理的哪些原则？

引导知识点

一、物流服务管理的原则

物流服务管理的原则是指导物流企业在运营过程中实现高效、优质服务和成本控制的基本准则。以下是物流服务管理的主要原则：

1. 客户导向原则

物流服务管理应以客户需求为核心，提供个性化、差异化的服务，力求客户满意度最大化。

2. 成本控制原则

在保证服务质量的前提下，通过优化物流流程、合理配置资源等方式，最大限度地降低物流成本。

3. 信息化原则

充分利用信息技术手段，如物流信息系统、物联网等，提高物流管理的信息化水平，实现物流过程的自动化和智能化。

4. 灵活性原则

物流服务应具备适应市场变化的能力，能够根据客户需求和市场环境的变化，快速调整服务策略和方案。

5. 服务质量原则

确保物流服务的高质量，包括货物的及时交付、准确无误以及完好无损。

6. 环保原则

物流活动应符合环保政策法规，逐步实现绿色物流，减少对环境的污染。

7. 合理化原则

物流活动应追求合理化，即通过优化物流系统的设计和运作，实现成本与服务之间的平衡。

8.动态性原则

物流服务应注重动态性，即根据市场变化和客户需求的动态调整服务内容和方式。

9.对比性原则

物流服务应具有对比性，即与其他竞争对手相比，具有独特的服务特色和优势。

10.社会系统吻合原则

物流服务应与整个社会系统相吻合，考虑社会需求和政策导向，实现企业与社会的协同发展。

这些原则共同构成了物流服务管理的基础框架，帮助物流企业实现高效、优质、低成本的服务目标。

小思考6-3

假设你是一家物流公司的客户服务经理，你会如何运用以上物流服务原则做好本职工作？

★ 问题引导

长久物流是国内5A级综合物流企业，专注于汽车产业链物流服务，国际业务尤为突出。其涵盖国际铁路、海运、公路、空运及多式联运，并提供国际货代、入场物流、循环包装、散货装配、代理采购等增值服务，满足多样化需求，增强客户黏性。2024年，二手车出口及售后服务等增值服务成为其国际业务的新亮点。

思考：长久物流在国际业务中主要提供哪些增值物流服务？

引导知识点

二、增值性物流服务

物流服务的基本内容包括运输服务、储存服务、装卸搬运服务、包装服务、流通加工服务、物流信息处理服务等。但除了传统的物流服务外，还需要增值性物流服务。增值性物流服务包括以下内容：

1.增加便利性的服务

一切能够简化手续、简化操作的服务都是增值性服务。在提供电子商务的物流服务时，实行一条龙的门到门服务，提供完备的操作或作业提示，免培训、免维护、省力化设计或安装、代办业务，一张面孔接待客户，24小时营业，自动订货，传递信息和转账（利用EOS、EDI、EFT），物流全过程追踪等都是对电子商务销售有用的增值性服务。

2.加快反应速度的服务

快速反应已经成为物流服务发展的动力之一。传统观点和做法将加快反应速度变成单纯对快速运输的一种要求，但在需求方对速度的要求越来越高的情况下，它也变成了一种约束，这样就必须想其他办法来提高速度。具有重大推广价值的增值性物流服务方案应该是优化电子商务系统的配送中心、物流中心网络，重新设计适合电子商务的流通渠道，以此来减少物流环节，简化物流过程，提高物流系统的快速反应能力。

3.降低成本的服务

电子商务发展的前期，物流成本居高不下，有些企业可能会因为承受不了这种高成本而退出电子商务领域，或者选择性地将电子商务的物流服务外包出去，这是很自然的事情。因此，发展电子商务，一开始就应该寻找能够降低物流成本的物流方案。企业可以考虑的方案包括：采取物流共同化计划，同时，具有一定的商务规模，比如亚马逊之类具有一定销售量的电子商务企业，可以通过采用比较适用但投资比较少的物流技术和设施设备，或推行物流管理技术，如运筹学中的管理技术、单品管理技术、条形码技术和信息技术等，提高物流服务的效率，降低物流成本。

4.提供延伸服务

延伸服务向上可以延伸到市场调查与预测、采购及订单处理等；向下可以延伸到配送、物流咨询、物流方案的选择与规划、库存控制决策建议、货款回收与结算、教育与培训、物流系统设计与规划方案的制订等。关于结算功能，物流的结算不仅仅是物流费用的结算，在从事代理、配送的情况下，物流服务商还要替货主与收货人结算货款等。关于需求预测功能，物流服务商应该根据物流中心的商品进货、出货信息来预测未来一段时间内的商品进出库量，进而预测市场对商品的需求，从而指导订货。关于物流系统的设计咨询功能，第三方物流服务商要充当电子商务经营者的物流专家，因而必须为电子商务经营者设计物流系统，代替其选择和评价运输商、仓储商及其他物流服务供应商，国内有些专业物流公司正在进行这项尝试。关于物流教育与培训功能，物流系统的运作需要电子商务经营者的支持与理解，通过向电子商务经营者提供培训服务，可以培养其对物流中心经营管理者的认同感，可以提高电子商务经营者的物流管理水平，将物流中心经营管理者的要求传达给电子商务经营者，也便于确立物流作业标准。

以上这些延伸服务具有很强的增值性，提供此类服务的难度也很大，能否提供此类增值服务已成为衡量一个物流企业是否真正具有竞争力的标准。

▶▶ **小资料6-1**

技术突破驱动低空物流服务迈入"触手可及"时代

低空物流正以技术创新与场景突破加速融入民生服务，通过无人机即时配送、医疗救援、农村物流等多元场景重塑现代生活图景。地区层面，深圳口岸实现"空投外卖"，武汉血液中心配送时效提升3倍，巢湖岛民快递从2小时缩短至4分钟，八达岭长城游客可5分钟获取山下饮品。技术层面，美团第四代无人机突破中雨、中雪环境限制，实现3公里15分钟极速配送，顺丰丰翼无人机山区运输成本降低60%，大疆农业无人机在新疆棉田实现全流程自动化喷洒。然而，规模化发展仍面临载重续航不足、空域协同效率低、运维成本高等挑战，需政策引导与生态共建。未来，在政策持续加码和技术迭代驱动下，低空物流市场规模预计2025年突破

1 500亿元，2035年或达6 000亿元，逐步构建"城市低空天网"，推动物流服务从"遥不可及"走向"触手可及"。

资料来源　薛岩. 低空物流：从"遥不可及"到"触手可及"［N］. 科技日报，2025-03-08（6）.

小思考6-4

手提专差服务是哪种类型的增值服务？

★问题引导

假设你是一家大型电商企业的物流部门经理，为了制定科学合理的提升策略，需要系统评价当前的物流服务水平。你会采取哪些具体步骤来全面、客观地评估物流服务水平，从而确保后续改进措施的针对性和有效性？

引导知识点

三、衡量物流服务水平的步骤

物流服务水平不是一成不变的，应随着市场与企业经营状况的变化做出相应的调整。因此，物流服务水平的确定是一个动态的变化过程，它主要包括以下几个步骤（如图6-1所示）：

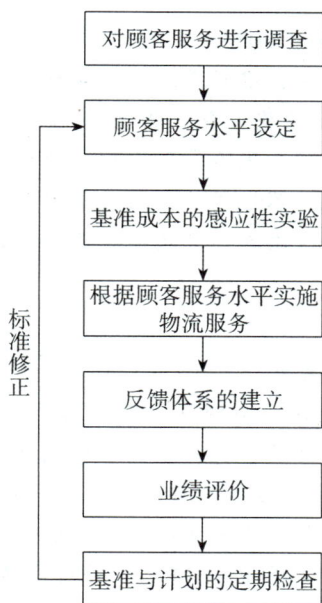

图6-1　物流服务水平确定的步骤

（1）对顾客服务进行调查。通过问卷、专访和座谈，收集物流服务的信息。了解顾客提出的服务要素是否重要，他们是否满意，与竞争对手相比是否具有优势。

（2）顾客服务水平设定。根据对顾客服务调查所得出的结论，对顾客服务各环节的水平进行界定，初步设立服务水平标准。

（3）基准成本的感应性实验。基准成本的感应性是指顾客水平变化时成本的变化程度。

（4）根据顾客服务水平实施物流服务。

（5）反馈体系的建立。顾客评定是对物流服务质量的基本测量，而顾客一般不愿意主动提供自己对服务质量的评定，因此必须建立服务质量的反馈体系，及时了解顾客对物流服务的反应，这可以为改进物流服务质量提供帮助。

（6）业绩评价。在物流服务水平试行一段时间后，企业的有关部门应对实施效果进行评估，检查有没有索赔、迟配、事故、破损等，通过顾客意见了解服务水平是否达到标准、成本的合理化达到何种程度、企业的利润是否增加、市场是否扩大等。

（7）基准与计划的定期检查。物流服务水平不是一个静态标准，而是一种动态过程，也就是说，顾客物流服务水平并不是一成不变的，而是要定期核查、变更，以保证物流服务效率。

（8）标准修正。对物流服务标准的执行情况和效果进行分析，如果存在问题，需要对标准做出适当修正。

课堂提问 ✓

生活中人们对物流企业服务质量如何评价？试分析国内物流业服务现状。

课堂实训 ✓

《药品物流服务规范》（GB/T 30335—2023）于2023年9月7日经国家市场监督管理总局、国家标准化管理委员会批准正式发布并实施。该标准规定了药品物流服务的基本要求，以及人员与培训、设施设备、信息系统、仓储、运输与配送、装卸与搬运、交接、增值服务、信息管理、风险管理、投诉处理、服务评价与改进的要求。适用于药品物流服务与管理活动，不适用于药品医院院内物流服务与管理活动。

请结合上述标准查阅资料，思考药品物流服务质量该如何评价。

案例分组讨论 ✓

寄丢毕业证书就只赔3倍运费36元？

7月10日，张某通过某快递公司邮寄毕业证书至上海，邮寄费用12元。该邮件于7月11日9时45分到达上海之后，就一直在中转站转投递，最后彻底丢失。

张某认为，因毕业证书丢失后不能补办，每次只能根据需要回学校补办学籍证明，且一次只能补办一张。邮件的丢失影响严重，遂要求快递公司赔偿多次补办学籍证明支出的交通、餐饮、住宿等费用5 515元，并赔偿精神抚慰金3万元。

快递公司认为，邮件丢失后，已多次调查丢失情况无果，且该邮件未保价，只能赔偿不超过邮费的3倍费用。快递公司还认为，张某已补办了相关的学籍证明，因此不认可精神损失费。

江苏省淮安市盱眙县人民法院经审理后认为，毕业证书的永久性灭失势必给原告造成精神上的损害。快递公司在转投递的过程中将证书遗失，属于履约不当，应对张某的财产损失及精神损失予以赔偿，判决快递公司赔偿张某因补办证明而支出的各项费用合计4 000元，并赔偿张某精神抚慰金5 000元。

资料来源 丁国锋，许瑶蕾，黄舒. 寄丢毕业证书就只赔3倍运费36元？江苏盱眙法院：毕业证包含特定精神利益内容判赔9 000元［N］. 法治日报，2024-09-04.

问题：为避免此类事件再发生，快递企业应如何进一步优化物流服务？

任务三　了解物流金融服务

★任务目标

熟悉物流金融的功能，能够结合企业实际选择适当的物流金融模式。

★课堂讨论

A物流企业与B、C、D企业签订了运输合同，为这些企业提供为期一年的代理运输服务，约定每逢双月20日结算。3月底，A物流企业由于开发新市场资金链吃紧，便去商业银行以未到期的应收账款办理了融资。那么，商业银行在提供信用贷款前，需要考察该企业哪方面的情况？

小词典

物流金融（Logistics Finance）是指在面向物流业的运营过程中，通过应用和开发各种金融产品，有效地组织和调剂物流领域中货币资金的运动。

这些资金运动包括发生在物流过程中的各种存款、贷款、投资、信托、租赁、抵押、贴现、保险、有价证券的发行与交易，以及金融机构办理的各类涉及物流业的中间业务等。

★问题引导

2024年年初，江苏监管局推动铁路运输单证金融服务试点。建行江苏省分行响应号召，推出"铁路运费贷"，专为95306平台铁路货运企业设计，专款专用支付运费，授信易得、利率灵活。对大中型企业提供线下"一对一"服务，小微企业则享受大数据线上标准化产品，按日计息、随借随还、纯信用、低成本、流程便捷。此举创新了金融服务模式，加大了对铁路物流的支持力度，有利于铁路物流高质量发展与现代物流体系的构建。

思考："铁路运费贷"如何发挥物流金融功能，进而促进了铁路物流的高质量发展？

引导知识点

一、物流金融的功能

物流金融是物流企业在提供物流服务的过程中，由物流企业为物流需求方提供的与物流相关的资金支付结算、保险、资金信贷等物流衍生的金融服务。物流金融已成为物流企业获得客户资源的重要手段，同时也成为商业银行一项重要的利润来源。

对于制造商与销售商而言，商品在从生产线到消费者手中的流转过程中，必然伴随着大量的库存积累。这些库存是满足市场需求、应对供货与制造周期不匹配问题的关键所在，然而，它们同时也承载着相应的成本负担。为了有效缓解企业因库存而导致的大量资金占用问题，可以积极利用企业现有的"仓单"与"存货"等资源，使之转化为企业发展的新动力。企业亟需将这些沉淀的资产盘活，而金融机构，尤其是银行，在提供融资支持的同时，也面临着如何有效控制贷款风险的重要课题。这要求银行必须深入了解抵押物的具体情况，包括验证权利凭证的真实性与完整性。然而，这些工作往往超出了金融机构自身的业务范围和专业能力，因此，与物流企业的紧密合作显得尤为重要。在物流金融中涉及三个主体：物流企业、中小企业和金融机构。物流企业与金融机构联合起来为资金需求方——中小企业提供融资。物流金融的开展对这三方都是非常迫切的现实需要。物流企业和金融机构的紧密融合能够有力地支持社会商品的流通，促进流通体制改革的顺利进行。

（1）物流金融不仅在传统意义上通过提高流通服务质量、降低物资积压与消耗、加快货币回笼周转来发挥杠杆作用，更在现代经济体系中，特别是在电子商务、跨境电商等新型贸易模式下，展现出更强的资金流动性和风险管理能力。通过数字化、智能化的物流金融解决方案，可以更加高效地匹配资金需求与供给，促进资金流、信息流和物流的深度融合，进一步加速经济循环。

（2）物流金融为第三方物流企业提供一种金融与物流集成式的创新服务，随着供应链金融的发展，物流金融的服务内容更加丰富多样。除了传统的物流、流通加工、融资、评估、监管、资产处理、金融咨询等服务外，还涵盖了供应链金融产品设计、风险管理咨询、区块链技术应用等前沿领域。这些创新服务不仅提升了供应链的整体运营效率，还增强了供应链的韧性和可持续性。

（3）在物流金融的发展过程中，风险控制和合规性成为不可忽视的重要方面。物流企业和金融机构需要严格遵守相关法律法规和监管要求，加强风险预警和防控机制建设。同时，通过引入区块链、人工智能等先进技术，提高交易透明度和数据安全性，降低欺诈和违约风险。

▶ 小资料6-2

规范供应链金融，强化中小企业融资服务

为提升金融服务实体经济质效，优化中小企业融资环境，2025年2月，中国人民银行等部门起草了《关于规范供应链金融业务引导服务中小企业融资的通知（征求意见稿）》。该通知强调，供应链金融应服务实体经济、社会民生和国家战略，支持中小企业动产和权利质押融资，推动供应链票据应用，保障中小企业权益，防止核心企业拖欠账款。商业银行需完善信用风险管理，规范业务合作和信息数据管理。应收账款电子凭证应具备真实贸易背景，付款期限原则上不超过1年。供应链信息服务机构应做好风险核查和提示。资金清结算应通过商业银行等机构开展。中国人民银行等部门将加强监管，指导行业自律，设置2年过渡期。该通知旨在规范供应链金融业务，引导服务机构更好地服务中小企业融资，强化规范，防控风险。

★ 问题引导

某中小型物流企业，主要从事电子产品的仓储与配送业务。近期，由于市场需求增加，该企业需要扩大仓储规模并提升配送能力，但面临资金短缺的问题。

思考：该企业可采取哪种物流金融模式解决资金短缺问题？

引导知识点

二、物流金融的模式

1.融通仓业务

融通仓是一种对物流、信息流和资金流综合管理的创新，是对物流服务、金融服务、中介服务和风险管理服务的集成，也是这些服务之间的组合与互动。融通仓的核心思想是在各种流的整合和互补互动关系中寻找机会和时机，其目的是提升顾客服务质量、提高经营效率、降低运营资本、拓宽服务内容、降低风险、优化资源使用、协调多方行为、提升供应链整体绩效和整个供应链竞争力等。在实际操作中，融通仓业务可分为仓单质押业务和保兑仓业务。

（1）仓单质押业务。仓单是仓库接受货主的委托，将货物存入仓库以后向货主开具的说明存货情况的存单。仓单质押是指货主把货物存储在仓库中，然后可以凭仓库开具的仓单向银行申请贷款，银行根据货物的价值向货主企业提供一定比例的贷款。第三方物流企业开展的仓单质押业务，不仅仅指企业的仓单，也包括存货、权利凭证（如提单、应付和应收单据凭证等）。对于物流企业而言，一方面，开展仓单质押业务可以增加配套服务功能，提高仓储的附加值，提升企业综合价值和竞争力，稳定和吸引众多客户进驻市场开展经营业务；另一方面，物流企业作为银行和客户都信任的第三方，可以更好地融入客户的商品产销供应链中，这也加强了其与银行的同盟关系。

仓单质押业务具有以下功能：①有利于生产企业的销售；②有利于商贸企业获得融资；③有利于回购方（交易所或会员单位）拓展自身业务；④能以标准仓单作为质押获得融资；⑤使得贷款人与回购人紧密合作，实现双赢。

这一融资方式的过程如下：银行作为信用贷款的提供方、第三方物流企业作为融通仓服务的提供方、生产经营企业作为资金的需求方和质押物的提供方，三方协商签订长期合作协议，生产经营企业在协作银行开设特殊账户，并成为提供融通仓服务的第三方物流企业的会员企业，生产经营企业采购的原材料或待销售的产成品进入第三方物流企业设立的融通仓，同时向银行提出贷款申请；第三方物流企业负责进行货物验收、价值评估及监管，并据此向银行出具证明文件；银行根据贷款申请和价值评估报告酌情向生产经营企业发放贷款；生产经营企业照常使用和销售其融通仓内的产品；第三方物流企业确保在销售产品的收款账户为生产经营企业的协作银行开设的特殊账户的情况下予以发货；生产经营企业以其所得偿还贷款。如果生产经营企业不履行或不能履行贷款债务，银行有权从质押物中优先受偿。

仓单质押模式的具体流程如图6-2所示。

（2）保兑仓业务。保兑仓业务是指在供应商承诺回购的前提下，购买商向银行申请以供应商在银行指定仓库的既定仓单为质押的贷款额度，并以银行控制其提货权为条件的融资业务。在这一业务中，第三方物流企业实际控制货物并为银行提供监管。保兑仓业务主要定位于钢材、石油、汽车、轮胎、纸张、烟草等行业，产品属于易变

学习微平台

动画6-2：
如何理解物流金融？

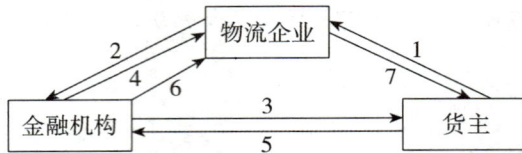

图6-2　仓单质押模式的具体流程

注：1表示货主将货物存入物流企业仓库；2表示物流企业向金融机构开具仓单；3表示货主获得银行根据仓单提供的贷款；4表示金融机构委托物流企业监管货物；5表示货主归还金融机构贷款；6表示金融机构通知物流企业放货；7表示物流企业将货物放还货主。

现、价值相对较高、流通性强的商品。其主要涉及四方主体：银行、供货商、购货商和储存方。具体操作程序为：依托银行贷款，购货商从供货商进货，存储在储存方仓库，货物是贷款的质押品，购货商在每次取货时向银行付款，储存方的责任是货物到达后验收，出具收货凭证，同时根据合同约定方式发货。

2.代理结算业务

（1）垫付货款模式。在最基本的垫付货款模式中包括第三方物流企业、发货人、提货人三方。垫付货款模式的流程如下：发货人委托第三方物流企业送货，第三方物流企业垫付扣除物流费用的部分或者全部货款；当提货人提货时，第三方物流企业向提货人交货，同时根据发货人的委托向提货人收取发货人的应收账款；第三方物流企业与发货人结清货款。如果提货人拒绝支付货款，第三方物流企业有权要求发货人回购货物。如果第三方物流企业资金实力不强，其可以与银行合作，发货人将货物的所有权交给银行，而银行向发货人提供融资。当提货人向银行支付货款时，第三方物流企业可以根据银行指令为提货人送货。如果提货人没有支付货款，银行可以要求发货人回购货物。在这一流程中，第三方物流企业主要承担对货物的监管职责。垫付货款模式的具体流程如图6-3所示。

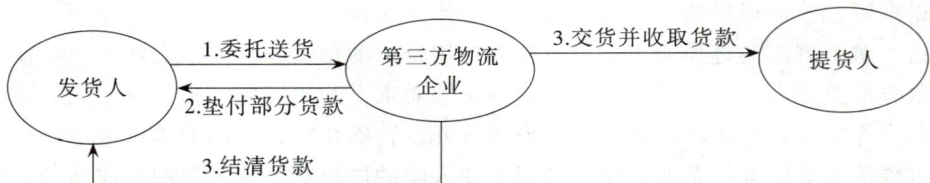

图6-3　垫付货款模式的具体流程

在垫付货款模式中，发货人除了与提货人签订购销合同外，还应该与第三方物流企业签订物流服务合同，在该合同中，发货人应无条件承担回购义务。对第三方物流企业而言，其盈利点是将客户与自己的销售结合在一起，客户群的基础稳固。

（2）代收货款模式。垫付货款模式主要针对 B to B 业务，对于 B to C 业务，则适用代收货款模式。第三方物流企业在送货时，代替发货人向提货人收取货款，再将货款转交给发货人。不论垫付货款模式还是代收货款模式，第三方物流企业都有一个资金的沉淀期，这批资金对于第三方物流企业来说就是一笔不必付利息的融资。而且，通过提供这样的服务，第三方物流企业和交易双方可以成为利益相关者，有利于形成核心竞争力。代收货款模式的具体流程如图6-4所示。

图6-4 代收货款模式的具体流程

在代收货款模式中，发货人与第三方物流企业签订委托配送和委托收款合同，第三方物流企业每日为用户送货上门的同时根据合同代收货款，每周或每月第三方物流企业与发货人结清货款。

物流金融作为一种新型的服务模式，使"物流、资金流和信息流结合"从概念变成了现实。它在拓展了金融机构业务范围的同时，进一步促进了中小企业与第三方物流企业的发展，是一种多赢性的金融服务模式。物流金融的发展对提高供应链的运行效率、降低银行贷款风险具有重要意义。2022年3月，中共中央办公厅、国务院办公厅印发了《关于推进社会信用体系建设高质量发展促进形成新发展格局的意见》，鼓励银行发展订单、仓单、保单、存货、应收账款融资和知识产权质押融资等，提出"创新信用融资服务和产品"，发展普惠金融。目前，物流金融业务的模式有多种，不同的银行、不同的地区都有不同的操作模式及合同条款，这种状况不利于银行的风险控制，操作程序也比较烦琐，应尽快制定相对统一的物流金融业务流程，规范合同条款。

◉ 小案例6-1

中外运仓单质押流程

该项目的源头公司为北京公司，所有信息由北京公司统一接收和处理，以保障信息传输的安全、准确和及时。具体内容为：供应商发货到其经销省市，货物入中外运在各经销商省市的仓库，由中外运当地仓库负责监管。银行根据各地经销商的信用额度及发货申请，通知北京公司发货，北京公司接到发货通知书后立即通知各地中外运公司进行发货和物流配送等操作。图6-5为中外运仓单质押流程。

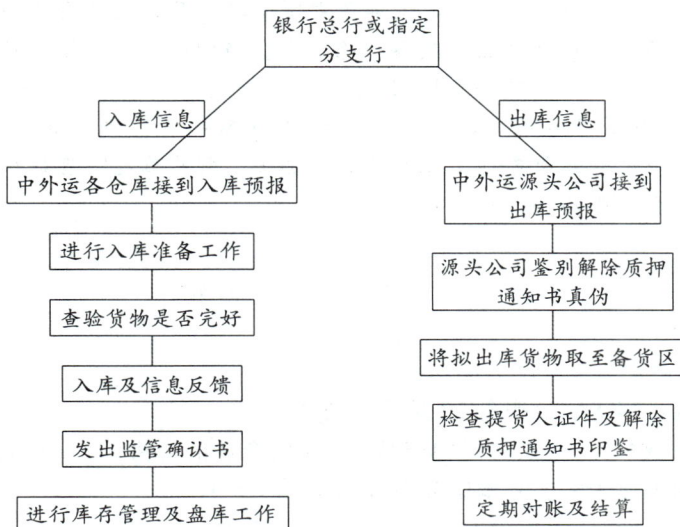

图6-5 中外运仓单质押流程

思考：在仓单质押流程中，若借款人违约，贷款提供方和物流企业该如何协作处理质押货物才能确保债权得到妥善解决？

课堂提问 ✓

物流企业为客户提供金融服务对物流企业或者供应商来说有没有风险？为什么？

课堂实训 ✓

查询一下阿里巴巴卖家如何申请阿里小额贷款。

案例分组讨论 ✓

京东供应链金融激活工业制造业增长新引擎

工业制造业面临发展压力，京东供应链金融科技成为关键驱动力。针对资金管理痛点，京东科技推出采购融资、保理融资、融资租赁、智管信单及京保贝、京东金采等矩阵式产品，服务超千家核心企业，惠及数百万上下游小微企业，累计让利超十亿元。

京东科技通过正向保理和反向保理服务，解决上下游账期不一致的问题，助力企业平滑现金流。如与徐工电商合作，引入高效分账系统和京东白条等金融产品，提升业务效率，缩短回款周期，降低运营成本。智管信单创新升级应收账款，提高流动性，传递核心企业信用至多级供应商。

针对采购账期短问题，京东科技提供采购融资、供货贷等金融产品，增强企业的流动性。如与新奥集团合作，贯通上下游金融支持，解决采购资金短缺问题，确保稳定供货。同时，引入保理模式，打造"金采+保理"创新模式，延长账期，降低融资成本。此外，京东科技还通过企业金库等财富管理产品，盘活企业闲置资金，优化资金配置，提供多样化理财产品和服务，确保资金稳健增值，保持流动性和安全性。

资料来源　梅婧. 京东供应链金融科技破局账期难题，激活工业制造业增长新引擎［EB/OL］.［2025-01-13］. https://baijiahao.baidu.com/s？id=18211148040333352666&wfr=spider&for=pc.

问题：京东供应链金融服务为工业制造企业解决了哪些难题？查找相关资料，分组讨论京东供应链金融服务的流程。

●　●　● 项目考核

1.单项选择题

（1）下面不属于物流服务5R要求的是（　　　）。

A.合适的数量　　　　B.合适的产品　　　　C.合适的价格　　　　D.合适的路线

（2）下列不属于物流基本服务内容的是（　　　）。

A.运输　　　　　　B.储存　　　　　　　C.包装　　　　　　　D.代理结算

（3）物流服务的基本原则是（　　　）。

A.以适当的成本实现高质量的物流服务

B.为提高服务质量不惜成本

C.以尽可能低的成本降低服务水平

D.以适当的成本实现一般服务

（4）下列属于物流服务特点的有（　　　）。

A.固定性　　　　　　B.移动性　　　　　　C.复杂性　　　　　　D.主动性

（5）增值性物流服务不包括（　　　）。

A.增加便利性的服务　　　　　　　　　B.加快反应速度的服务

C.降低成本的服务　　　　　　　　　　D.合理安排仓储

2.多项选择题

（1）对物流客户服务的理解正确的有（　　　）。

A.物流客户服务体现为一种具体活动

B.物流客户服务表现为一种执行标准

C.物流客户服务表现为一种经营理念

D.物流客户服务是一种短期行为

（2）物流客户服务是为了满足客户需求所进行的一项特殊工作，其内容包括（　　　）。

A.订单处理　　　　B.技术培训　　　　C.处理客户投诉　　　D.服务咨询

（3）影响物流服务的因素有（　　　）。

A.缺货水平　　　　　　　　　　　　B.订货信息

C.订货周期稳定性　　　　　　　　　D.订货的方便性和灵活性

（4）物流服务质量的指标有（　　　）。

A.人员沟通质量　　B.订单释放数量　　C.信息质量　　　D.订购过程

（5）仓单质押业务的功能包括（　　　）。

A.有利于生产企业的销售

B.有利于商贸企业获得融资

C.有利于回购方（交易所或会员单位）拓展自身业务

D.以标准仓单作为质押获得融资

3.判断题

（1）客户服务是一个附加服务，目的只是获取经济利益。　　　　　　　　（　　）

（2）物流客户服务应从属于附加产品的范畴，它不同于传统意义上的服务，而是强调能够为所有供应链成员实现价值增值的一系列活动。　　　　　　　　　（　　）

（3）物流服务的宗旨是在服务数量与品质上都使货主满意。　　　　　　（　　）

（4）物流服务人员为顾客提供服务的过程，也是顾客消费服务的过程，两者在时空上具有不可分割性。　　　　　　　　　　　　　　　　　　　　　　　（　　）

（5）运输服务越快，转移中的存货就越少，可以利用的运输间隔就越长。（　　）

4.问答题

（1）仓单质押模式的流程如何？

（2）物流服务的作用和地位如何？

●●●●项目实训

1.实践训练

小王是现代物流管理专业的毕业生，工作几年后想在自己家乡创业开办个物流公司。请为其公司设计具体的物流服务项目。

2.课外实训

为物流企业设计客户服务满意度调查问卷。

3.拓展训练

某顾客价值11万元的黄金在邮寄过程中离奇失踪。这次黄金丢失是由物流企业内部盗窃引发的，大部分丢失的黄金已经追回。联系实际谈谈物流企业如何防止内盗。

项目七
物流成本控制

学习目标

知识目标：

1.了解物流成本的含义、构成、分类和特点。

2.了解降低物流成本的途径和物流成本管理的内容。

3.掌握物流成本核算的方法。

4.了解物流成本控制的分类。

5.掌握物流成本控制的原则、步骤、注意事项和方法。

能力目标：

1.能够进行物流成本管理。

2.能够进行物流成本核算。

3.能够进行物流成本控制。

素养目标：

1.培养物流人的社会责任感、使命感。

2.培养物流人的节约意识、共享意识。

价值引领案例

合作、共享丨餐饮供应链数字化升级，降本增效赢未来

随着餐饮连锁化步伐加快，供应链成为餐饮企业的核心竞争力。消费者购物习惯转向线上，促使餐饮供应链加速数字化转型。传统供应链因环节繁多、效率低下而难以满足市场需求，物流成本高昂成为痛点。

中营集团洞悉行业困境，推出"中营·智链配送"平台，旨在通过数据互通与库存共享，重塑餐饮供应链。平台整合全国优质供应商，实现全品类采购覆盖，餐饮商户可通过 App 一站式采购，享受低于自采价格及免费配送服务，显著降低物流成本，提升运营效率。同时，供应商也能通过平台拓宽销路，降低渠道成本，实现共赢。

学习微平台

拓展阅读 7-1

中营·智链配送通过优化供应链流程，减少中间环节，实现库存信息的实时共享与协同，提高库存利用率和周转率，从而降低物流成本。此外，平台还利用智能订单处理系统，提升订单处理速度与准确性，进一步减少物流损耗与时间成本。

资料来源　智链配送. 2024餐饮发展新趋势 更多店主通过供应链寻求降本之策［EB/OL］.［2024-03-30］. https://baijiahao.baidu.com/s? id=1794939075894523133&wfr=spider&for=pc.

思考： 上述餐饮供应链数字化转型的价值与意义何在？

任务一　了解物流成本

★任务目标

了解物流成本的含义、构成、分类和特点。

小词典

物流成本是指物流活动中所消耗的物化劳动和活劳动的货币表现。

★课堂讨论

物流成本的重要性体现在哪些方面？何为隐性物流成本？

★问题引导

某大型制造企业正面临物流成本不断攀升的挑战，为了有效控制成本并提升运营效率，企业决定对物流成本进行全面审查与优化。审查过程中，企业发现物流成本不仅包括传统的仓储、运输等显性费用，还涉及许多难以直接量化的隐性成本，如库存占压资金的利息、设施设备占压资金的利息、缺货损失等。

思考：该大型制造企业物流成本的构成主要有哪些？

引导知识点

具体来说，物流成本是指产品在实物运动过程中，如包装、装卸搬运、运输、储存、流通加工、配送、信息处理等物流活动过程中所支出的人力、财力和物力的总和。

一、物流成本的构成

1.库存费用

库存费用是指花费在保存货物上的费用，除了包括仓储费用、残损费用、人力费用、保险和税收外，还包括库存占压资金的利息。把库存占压资金的利息加入物流成本，是现代物流成本与传统物流成本计算的最大区别。

2.运输费用

一般而言，运输费用包括货运费用、车队费用、燃料费用、设备维护费用、劳动力费用、保险费用、装卸费用、逾期滞留费用和税收等。运输费用的名目繁多，不同运输方式的运输费用有不同的构成内容和范围。

3.物流管理费用

物流管理费用是指为了以最低的物流成本达到客户满意的服务水平，在对物流活动进行计划、组织、协调与控制的过程中所花费的成本。

4.隐性物流成本

隐性物流成本是指指在企业物流活动中，隐藏于总成本之中且未被财务核算直接反映的成本。这些成本通常难以直接计量，但对企业的物流成本控制和效益提升具有重要影响。隐性物流成本通常包括库存资金利息成本、设施设备占压资金利息成本、和库存资金机会成本、设施设备占压资金机会成本、缺货损失成本、退换货损失成本、市场反应慢的损失成本。主要成本具体计算公式如下：

库存占压资金利息成本=平均库存金额×外借资金比例×占压时间×平均银行贷款利率

物流设施设备占压资金利息成本=平均设备金额×外借资金比例×占压时间×平均银行贷款利率

缺货损失成本=原料涨价损失+合同违约赔付+客户撤销订单损失+其他损失

存货占用自有资金发生的机会成本=存货账面余额×行业基准收益率（或企业内部收益率）

存货占用自有流动资金发生的 机会成本（隐性成本）= 流动资金占用成本 - 存货占用银行贷款所支付的利息（显性成本）

★ 问题引导

在超市里花6元钱买一瓶2升的饮料时，你也许不太注意，这6元钱里包含了人工成本、原材料费用以及物流成本，最后才是一瓶饮料的利润。其实，这瓶饮料的制造成本（也就是把人工成本和原材料费用加在一起）只不过4元左右，利润不过几角钱，物流成本却超过了1元钱。一瓶饮料在仓储、运输上消耗的费用能够占到销售价格的20%～30%。

思考：一瓶饮料的物流成本具体包括哪些方面？

📍 引导知识点

二、物流成本的分类

按照不同的标准，物流成本可以进行多种分类。

1.按物流成本支出形态分类

按物流成本支出形态的不同，物流成本可分为直接物流成本（即本企业支付的物流成本）和委托物流成本（即支付给其他物流服务组织的费用）两大项。直接物流成本包括材料费、人工费、管理费、燃料动力费、折旧费等；委托物流成本包括包装费、运输费、手续费、保管费等。这种分类的优点是便于检查物流成本用于各项日常支出的数额和所占比例，对比和分析各项成本水平的变化情况，因此比较适合生产企业和专业物流部门的物流成本管理。

其中：

（1）材料费。它是指因物料消耗而支出的费用，包括包装材料费、消耗性工具费、低值易耗品摊销、其他物料消耗费。

（2）人工费。它是指因人力消耗而支出的费用，包括工资、奖金、补贴、福利、医药费、职工教育培训费等。

（3）管理费。它包括办公费、差旅费、业务招待费等。

（4）燃料动力费。它包括水费、电费、燃料费。

（5）折旧费。

（6）其他费用。它包括劳动保护费等。

学习微平台

动画7-1：物流成本包含哪些？

▶ **小资料7-1**

中国物流业迈入提质增效新阶段

当下我国物流业正从规模速度扩张进入质量效率提升的新阶段。2024年，社会物流总费用与GDP的比率预计为14.1%左右，与2023年相比下降0.3个百分点，但与欧美等发达国家10%以下的占比水平相比，还有进一步下降的空间。

2024年11月，中共中央办公厅、国务院印发《有效降低全社会物流成本行动方案》，行动方案明确了5方面20项重点任务，包括深化体制机制改革、促进产业链供应链融合发展、健全国家物流枢纽与通道网络、加强创新驱动和提质增效、加大政策支持引导力度等。

物流降成本主要通过调结构、促改革优化资源配置，推进铁路、公路货运改革，促进数据开放互联。产业结构调整对降低物流成本至关重要，需提升供应链服务能力，加快现代供应链体系建设，创新物流与生产力布局协同模式。同时，需打通多式联运堵点，整合物流枢纽设施，发展多式联运，优化运输结构。随着科技应用，智慧物流成为新趋势，应加快物流科技创新，提升服务质效，培育新动能。鼓励物流新模式，深化产业融合，构建智慧物流供应链新生态，有效降低全社会物流成本，提升产业价值创造能力。

资料来源　王思琦. 2024年社会物流总额将超过360万亿元 降本增效成行业发展关键词［EB/OL］.［2024-12-18］. https://baijiahao.baidu.com/s? id=1818781083534305969&wfr=spider&for=pc.

2.按物流活动过程的先后次序分类

按物流活动过程的先后次序，物流成本可分为物流筹备费、企业内物流费、销售物流费、退货物流费、废弃品物流费。这种分类方法便于分析物流各阶段的成本花费情况，较适合综合性的物流部门。

（1）物流筹备费。它是指物流的计划费、预测费、准备费用。

（2）企业内物流费。它是指采购仓储物流费、各种生产性物流费、装卸费、运输费、加工费、包装费。

（3）销售物流费。它是指为销售服务的物流费、储存费、运输费、包装费、服务性费用。

（4）退货物流费。它是指因退货、换货引起的物流费用。

（5）废弃品物流费。它是指在商品、包装材料、运输容器的废弃过程中产生的物流费用，如垃圾清运费等。

3.按物流的功能分类

按物流功能的不同，物流成本可分为物品流通费、信息流通费、物流管理费三个方面。这种分类方法主要用于分析不同功能的物流成本所占的比例，能够发现导致物流成本过高的原因。

（1）物品流通费。它是指完成商品的物理性流通所产生的费用，包括包装费（即商品在运输、装卸、保管、分拆包装活动中产生的费用）、装卸运输费（即商品在一定范围内发生水平位移或垂直位移所需的费用）、保管保养费（即在一定时期内因保管、保养商品所产生的费用）和流通加工费（即在流通过程中为提高物流效益、进行商品加工所产生的费用）。

物品流通费根据流通环节的不同，又可分为运输费、流通加工费、配送费、包装费、装卸搬运费和仓储费，见表7-1。

表7-1	物品流通费根据流通环节的不同进行的分类
运输费	◇人工费用（如工资、福利费、资金、津贴、补贴等） ◇营运费用（如营运车辆的燃料费、轮胎费、折旧费、维修费、租赁费、检车费、车辆清理费、过路费等） ◇其他费用（如差旅费、事故损失费、相关税费等）
流通加工费	◇流通加工设备费用 ◇流通加工材料费用 ◇流通加工劳务费用 ◇流通加工期货费用
配送费	◇配送运输费用 ◇分拣费用 ◇配装费用
包装费	◇包装材料费用 ◇包装机械费用 ◇包装技术费用 ◇辅助包装费用
装卸搬运费	◇人工费用 ◇装卸搬运合理损耗费用 ◇其他费用
仓储费	◇仓储持有成本 ◇仓储缺货损失 ◇在途库存持有成本

（2）信息流通费。它是指因处理、传输物流信息所产生的费用，包括与储存管理、订货处理、顾客服务有关的费用。

（3）物流管理费。它是指进行物流的计划、调整、控制所需的费用，包括作业现场管理费、物流机构管理费。

上述几种物流成本的分类方法是比较常见的。事实上，物流管理人员可以根据企业物流现状及其所反映的物流成本的不同侧面，采用不同的分类方法。具体采用何种分类方法，通常是围绕着如何加强物流成本管理进行的，目的是降低物流成本。

★问题引导

假设你是某公司的物流财务专员，应邀参加公司组织的总经理、各部门主管出席的公司降本增效会议。

思考：你会如何结合物流成本的特点，动员大家重视物流成本的管理？

◎引导知识点

三、物流成本的特点

1.物流成本的隐含性

物流成本的隐含性又称物流冰山现象。"物流冰山说"认为，企业的绝大多数物流成本都是混杂在其他费用之中的，能够单独列出会计项目的物流成本只是其中很小的一部分，这部分是可见的，人们常常误解为它就是物流成本的全貌。其实，这只不过是浮在海面上的、能被人看见的冰山一角而已。

2.物流效益的背反现象

在企业中，物流成本产生的领域往往是不同部门管理的领域，这种部门的分割使得相关物流活动无法进行整体协调和优化，从而出现了一种物流功能的成本削减，另一种物流功能的成本增加的现象，这种此消彼长、此损彼益的现象是经常出现的。

3.成本削减的乘数效应

物流成本的削减对企业利润的增加具有显著影响。假设企业的销售额为100万元，物流成本为20万元，如果企业的物流成本下降1万元，就可使企业增加1万元的收益。这就是物流成本削减的乘数效应。

4.物流成本中的非可控现象

在物流成本中，有的成本可由物流部门控制和掌握，有的成本则是物流部门无法控制和掌握的，如紧急运输等计划外发货产生的费用。

学习微平台

微课7-1：如何根据物流成本的特点进行物流成本的优化管理？

小思考7-1

如何根据物流成本的特点进行物流成本的优化管理？

课堂提问 ✓

某物流公司成本费用见表7-2。

表7-2   物流成本费用（按支付项目）

成本内容	费用支付项目	支付金额（元）
1	折旧费	94 779
2	材料费	6 722
3	工资津贴	116 882
4	修缮费	11 253
5	水电费	11 472
6	燃料费	50 206
7	其他支出	17 998
合计		309 312

问题：请对该物流公司的物流成本构成进行分析，并思考还有哪些物流成本计算形式。

课堂实训 ✓

请根据给出的条件，计算相关数据。

如果一个企业的物流成本占销售额的10%，企业的销售额为1 000万元，则物流成本是多少？

假如这个企业的销售利润率为2%，那么创造10万元的利润，需要增加多少销售额？降低多少物流成本可以达到这个利润水平？

案例分组讨论 ☑

顺丰控股（集团）有限公司在新疆实现24小时送达，货运价格不变；"丝路号"全货机每周直飞5个航班10架次，国内各区域的货物经杭州、西安转运至新疆，并通过新疆将货物及时转运至中亚、西亚及欧洲。

在烟台，顺丰助力大樱桃快速送达全国及海外，16年来共运送8万多吨，销售额近30亿元。2024年，顺丰加大运力投入，增设便民寄递点，提高揽收效率，实现大樱桃"当日采，当日达"。其成功得益于智慧地图调度、自发式气调保鲜箱保鲜及自动化扫描称重等技术。顺丰的创新技术和全方位物流解决方案，不仅提升了运输时效，也保障了樱桃新鲜度，推动了现代农业与现代物流的深度融合，为地方经济发展注入了新活力。

资料来源　烟台融媒．烟台大樱桃红了，顺丰专机首航晨发夕至［EB/OL］．［2024-05-26］．https：//baijiahao.baidu.com/s？id=1800125000707731876&wfr=spider&for=pc.

问题：顺丰如何平衡技术投入与成本控制，实现农产品物流的效率和品质提升？

任务二　认识物流成本管理

★任务目标

了解影响物流成本的因素，掌握降低物流成本的途径和物流成本管理的内容，能够进行物流成本管理。

📖小词典

物流成本管理是指对物流活动发生的相关成本进行计划、组织、协调与控制。

★课堂讨论

（1）物流成本管理的目标是什么？

（2）是不是一味追求低成本就是"好的管理"呢？

★问题引导

中粮（成都）粮油工业有限公司是中粮集团在西南地区最大的农产品加工和仓储物流基地。公司携手科捷智能，采用6台堆垛机、3台AGV机器人及WMS/WCS系统，打造智能仓储物流。此创新节省了一半以上人工作业，提升50%的作业效率，实现了降本增效。目前，该合作项目已实现无人化作业，成为中粮集团智慧物流的典范。

思考：哪些关键因素会影响物流成本？

引导知识点

企业可以通过物流成本计划与预算的编制，并用计划或预算目标去考核，最终达到改进物流作业活动、控制物流成本、提高物流活动经济效益的目的。

一、影响物流成本的因素

1.竞争性因素

当今社会，市场环境变幻莫测，市场竞争日趋激烈，处于这样一个复杂的市场环境中，企业之间的竞争也并非单方面的，不仅包括产品价格的竞争，还包括服务水平的竞争，而高效的物流系统是提高顾客服务水平的重要途径。如果企业能够及时、可靠地提供产品和服务，就可以有效提高服务水平，这些都依赖于物流系统的合理化。同时，企业的顾客服务水平又直接决定了物流成本的多少。因此，物流成本是伴随着日趋激烈的竞争而不断发生变化的。

2.产品因素

产品的特性不同也会影响物流的成本，这主要体现在：

（1）产品价值。随着产品价值的增加，每个领域的成本都会增加。物流成本在一定程度上反映了货物移动的风险。一般来说，产品的价值越大，对运输工具的要求就越高，仓储和库存成本也会随着产品价值的增加而增加。高价值意味着高库存成本，高价值的产品过时的可能性更大，在储存时所需的物理设施也更加复杂和精密。此外，高价值的产品往往对包装也有较高的要求。

（2）产品密度。产品密度越大，每车装的货物越多，运输成本就越低，同时仓库中一定空间内存放的货物也越多，库存成本也就越低。

（3）易损性。易损性对物流成本的影响是显而易见的，易损的产品对运输和库存都提出了更高的要求。

（4）特殊搬运。某些产品对搬运提出了特殊的要求，如利用特殊尺寸的搬运工具，或在搬运过程中需要加热或制冷等，这些都会增加物流成本。

3.空间因素

空间因素是指物流系统中工厂或仓库相对于市场或供货点的位置关系。若工厂距离市场太远，则必然会增加运输费用。

★ 问题引导

根据《有效降低全社会物流成本行动方案》，到2027年，我国力争将社会物流总费用与GDP的比率降至13.5%左右。我国是制造业大国，鉴于制造业物流总额占社会物流总额近90%，降低全社会物流成本的关键在于制造业。通过物流与制造业融合创新，推动物流成本实质性下降，增强产业竞争力，畅通经济循环。制造业物流成本涵盖全链条，如钢铁、汽车行业物流成本高昂，占总成本20%至30%，具有较大下降空间。

思考：如何降低制造业物流成本？

引导知识点

二、降低物流成本的途径

1.物流合理化

物流合理化就是使一切物流活动和物流设施趋于合理，以尽可能低的成本获得尽可能好的物流服务。物流各项活动的成本往往此消彼长，若不综合考虑，必然会造成极大浪费。物流合理化要通盘考虑，根据实际物流流程来设计、规划，不能单纯强调某个环节的合理、有效。

2.物流质量

只有不断提高物流质量，才能不断减少和消除各种差错，降低各种不必要的费用支出，降低物流过程的消耗，从而保持良好的信誉，吸引更多的客户，形成规模化和集约经营，提高物流效率，从根本上降低物流成本。

3.物流速度

提高物流速度，可以减少资金占用，缩短物流周期，降低储存费用，加强货运枢纽与配送中心等不同部门间的协调活动，从而节省物流成本。海尔公司通过提高采购物流、生产物流、销售物流的速度，缩短整个物流周期，提高资金的利用率，实现了低成本运营。

4.重视物流技术选择

先进的物流技术和物流手段不仅可以提高物流速度、增加物流量，而且可以减少物流损失。例如，广泛采用电子信息技术，可以密切物流各环节的联系，减少或杜绝物流各环节之间因信息不畅造成的不必要的停滞，加快物流速度。因此，物流企业应力求采用先进、适用的物流技术，协调各项物流作业，促进物流水平的提高，降低物流成本。

5.实施供应链管理

在供应链环境下，市场的最终用户对商品的周转时间提出了更高的要求。供应链环境下的物流必须真正做到迅速、准确、高效。物流企业不仅要将降低物流成本的目标贯彻到企业所有职能部门之中，还要加强与供应链伙伴的合作和联盟，协调与其他企业以及顾客、运输者之间的关系，从而实现整个供应链活动的高效率。

6.物流人才

实现物流合理化，提高物流服务质量及加快物流速度，都需要专业的物流人员去完成，他们的技能、工作方法、态度都将间接影响企业物流成本的大小。

★ 问题引导

医药流通企业在医药产业链中承担连接上下游的桥梁职能，是医药市场平稳运行的关键环节。国药控股广东物流有限公司（以下简称"国控广东物流"）从物流成本、运营周期、客户覆盖面、客户服务体验等方面出发，对现有的仓储与运输网络进行重新规划，将库存、作业人员、物流设备、资源进行规模化、集约化的管理整合，从而有效降低医药供应链物流单件成本。从2021年至今，在部分传统物流仓的基础上升级改造和新建智能化仓库，采用高密度存储充分利用库容空间降低仓储成本，并部署与应用了人工智能（AI）、机器人、物联网、视觉识别等前沿技术，以促进整体医药物流的提质、降本、增效。为有效推进物流数字化转型，承接集团的战略规划落地，国控广东物流启动了物流数字化转型项目集。按照客户需求和管理目标灵活定义业务运作策略，大幅提升管理层业务感知能力，对物流各业务活动进行管控，实现所有物流业务运营的订单处理需求，助力达成数字化订单运营，上下游客户实时监控订单情况，降低沟通成本，促进供应链时效性达成、异常问题处理、智能决策、智能运营。

思考： 国控广东物流有哪些物流成本控制经验值得借鉴？

📍引导知识点

三、物流成本管理的方法与内容

1.物流成本管理的方法

企业在进行物流成本管理时，首先要有明确的管理目的，做到有的放矢。一般情况下，企业物流成本管理的出发点为：通过掌握物流成本的现状，发现企业物流中存在的主要问题；对各个物流部门进行比较和评价；依据物流成本的计算结果，制定物流规划，确立物流管理战略；通过物流成本管理，寻求降低物流成本的环节，强化总体的物流管理。物流成本管理的方法有三种，详见表7-3。

表7-3 物流成本管理的方法

方法	内容
物流成本横向管理法	对物流成本进行预测和计划编制
物流成本纵向管理法	对物流过程进行优化管理： ◇运用线性规划法和非线性规划法制订最优运输计划，实现物品运输优化 ◇运用系统分析技术，选择货物最佳的配比和配送路线，实现货物配送优化 ◇运用存储论研究经济合理的库存量，实现库存优化 ◇运用模拟技术对整个物流系统进行研究，实现物流系统的最优化
计算机系统管理法	将物流成本的横向与纵向联系起来，形成一个不断优化的物流系统。通过一次次计算、评价，使整个物流系统得以不断改进，最终找出使物流总成本最低的最佳方案

2.物流成本管理的内容

物流成本管理的内容主要包括物流成本核算、物流成本控制、物流成本分析、物流成本计划、物流成本决策、物流成本预测、物流成本考核，如图7-1所示。

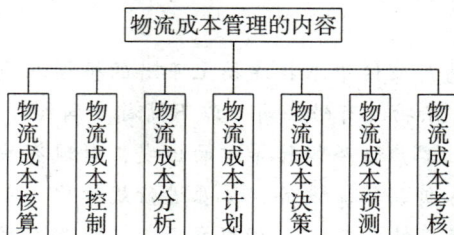

图7-1 物流成本管理的内容

（1）物流成本核算。物流成本核算是根据企业确定的成本计算对象，采用与其相适应的成本计算方法，按规定的成本项目，依据一定的标准对物流成本进行汇集与分配，从而计算出各物流服务成本的实际总成本和单位成本。

（2）物流成本控制。物流成本控制是根据计划目标，对影响成本的各种因素和条件采取必要的措施，以保证物流成本预算的顺利实现。物流成本控制包括事前控制、事中控制和事后控制。通过成本控制，企业可以及时发现物流过程中存在的问题，从而采取纠正措施，保证物流成本目标的实现。

（3）物流成本分析。物流成本分析是在成本核算及其他有关资料分析的基础上，运用一定的方法揭示物流成本水平的变动，进一步查明影响物流成本变动的各种因素。物流成本分析可以检查和考核物流成本计划的完成情况，找出实际与计划出现差异的原因，揭露物流环节的主要矛盾。

物流成本分析包括物流成本全面分析、物流效益分析和物流功能成本分析。物流成本全面分析如图7-2所示，物流成本全面分析指标见表7-4，物流效益分析指标见表7-5，物流功能成本分析如图7-3所示。

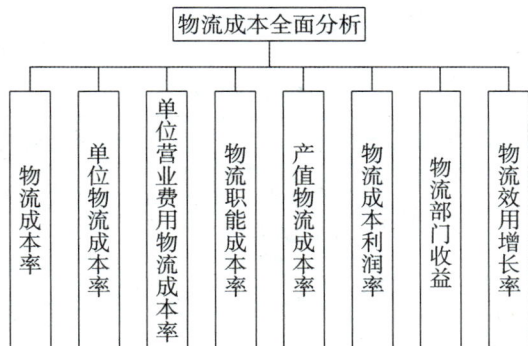

图7-2 物流成本全面分析

表7-4 物流成本全面分析指标

指标名称	指标计算公式	指标应用目的	指标评价
物流成本率	物流成本率=物流成本÷销售额×100%	单位销售额需要支出的物流成本	比率越高，对价格的弹性越低
单位物流成本率	单位物流成本率=物流成本÷企业总成本×100%	企业物流成本占企业总成本的比率	比率越高，企业整体物流合理化水平越低
单位营业费用物流成本率	单位营业费用物流成本率=物流成本÷（销售费用+一般管理费用）×100%	物流成本占营业费用的比率	判断企业物流成本的比重，适合作为企业物流过程合理化的评价指标
物流职能成本率	物流职能成本率=物流职能成本÷物流总成本×100%（注：各物流职能成本包括包装费、运输费、保管费、装卸费、流通加工费、信息流通费、物流管理费等）	物流各项职能成本占物流总成本的比率	可以明确各物流职能成本占物流总成本的比率，为企业进行物流成本控制提供依据

续表

指标名称	指标计算公式	指标应用目的	指标评价
产值物流成本率	产值物流成本率=物流成本÷企业总产值×100%	企业创造单位产值需要支出的物流成本	反映该时期物流过程耗费的经济效果
物流成本利润率	物流成本利润率=利润总额÷物流成本×100%	利润总额与物流成本的比率	物流效率高，则该指标高。通过企业自身的纵向比较，可以说明企业资金耗费经济效益的状况
物流部门收益	物流毛收益=年物流收益总额−年物流成本总额 物流部门收益=（物流毛收益−管理费用）×物流费用率权重×修正系数	以物流为利润中心，分析物流成本和物流销售收益的关系	物流销售收益必须是在一定物流费用率下的收益，超过规定的物流费用率，物流部门收益将大打折扣
物流效用增长率	物流效用增长率=物流成本本年比上年增长率÷销售额本年比上年增长率×100%	企业物流成本变化和销售额变化的关系	合理比率应小于1；如大于1，则应考核物流费用控制过程中物流费用可降低的空间

表7-5 物流效益分析指标

物流过程	分析指标	具体指标
进出货物流过程	每小时处理货量	每小时处理进货量、每小时处理出货量、进货时间率、出货时间率
	每台进出货设备每天的装卸货量	（出货量+进货量）÷装卸设备数×工作天数
储存物流过程	储存物流过程分析指标	储存面积率、可供保管面积率、储位容积使用率和单位面积保管量
盘点物流过程	盘点物流过程分析指标	盘点数量误差率、盘点品种误差率
订单处理物流过程	订单处理物流过程评估分析指标（订单作业效率分析指标）	平均每日来单数、平均客单数、平均每订单包含货件数、平均客单价值、订单延迟率、订单货件延迟率、缺货率
拣货物流过程	拣货物流过程分析指标（拣货作业效率分析指标）	拣货人员装备率、拣货设备成本产出、每订单投入拣货成本、每取货次数投入拣货成本、单位体积投入拣货成本
配送物流过程	配送物流过程分析指标（配送作业效率分析指标）	平均每人配送量、平均每人配送距离、平均每人配送重量、平均每人配送车次、平均每台车的吨公里数、平均每台车的配送距离、平均每台车的配送重量、配送成本比率、单位配送成本、每体积配送成本、每车次配送成本、每千米配送成本

物流过程	分析指标	具体指标
采购物流过程	采购物流过程分析指标（采购作业效率分析指标）	采购作业过程效率分析、货物采购及管理费用、进货数量误差率、进货不良品率、进货延迟率
整体物流过程	整体物流过程分析指标（物流作业整体效率分析指标）	人员生产量、人员生产力、固定资产周转率、每天营运金额、营业成本占营业额的比率

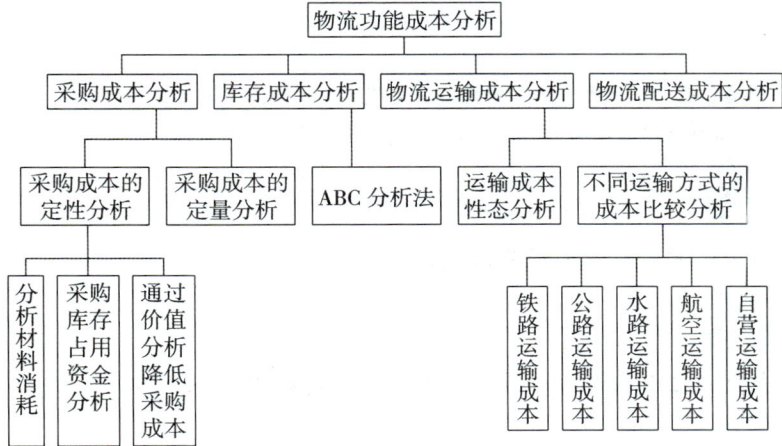

图7-3 物流功能成本分析

（4）物流成本计划。物流成本计划是根据成本决策所确定的方案、计划期的生产任务、降低成本的要求以及有关资料，通过一定的程序，运用一定的方法，以货币形式规定计划期物流各环节的费用水平和成本水平，并提出保证成本计划顺利实现所采取的措施。物流成本计划可以在物流成本各环节给企业提出明确的目标，推动企业加强成本管理，增强企业的成本意识，控制物流环节费用，挖掘降低成本的潜力，保证企业降低物流成本目标的实现。

（5）物流成本决策。物流成本决策是在成本预测的基础上，结合其他有关资料，运用一定的科学方法，从若干个拟订方案中选择一个满意方案的过程。例如，配送中心新建、改建、扩建的决策，装卸搬运设备、设施的决策，流通加工合理下料的决策等。进行物流成本决策、确定目标成本是编制物流成本计划的前提，也是实现物流成本的事前控制、提高经济效益的重要途径。

（6）物流成本预测。物流成本预测是根据有关成本数据和企业具体的发展情况，运用一定的技术方法，对未来的成本水平及其变动趋势做出科学的估计。物流成本预测可以提高物流成本管理的科学性和预见性。

（7）物流成本考核。物流成本考核是以物流责任报告为依据，将实际成本与预算成本或责任成本进行比较，确定两者差异的性质、数额以及产生差异的原因，并根据差异分析的结果，对各物流成本中心进行奖惩，以督促物流成本整体优化。

物流成本考核中的重要一环是衡量物流价值，衡量物流价值的方法如图7-4所示。

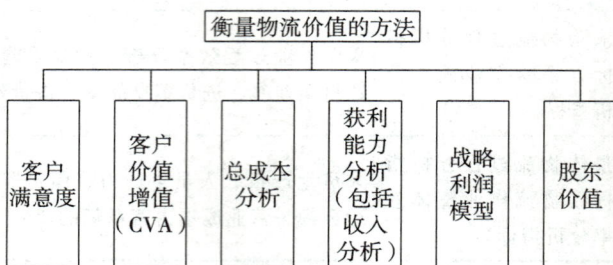

图7-4 衡量物流价值的方法

注：
（1）客户价值包括产品属性、服务属性、交易成本、生命周期成本、风险。
（2）CVA=观察到的公司提供的价值÷观察到的竞争对手提供的价值。

课堂提问 ✓

如何看待公路货物运输的超载问题？

课堂实训 ✓

讨论物流企业应如何加强管理、降低成本。请给出一个简单的方案。

案例分组讨论 ✓

2024年，中国物流与采购联合会公布了首批有效降低全社会物流成本的典型案例，满帮集团等22家企业凭借其出色的成果入选。

满帮集团旗下的数字货运平台运满满，通过模式和技术创新，深度运用了人工智能、云计算和大数据等技术，成功搭建了连接企业货主与货车司机的数字桥梁。该平台不仅实现了订单的快速精准匹配，还科学规划了运输路径，有效控制了企业的物流成本，并显著缩短了运输链路，提升了整体生产效率。

数字货运平台凭借其数字化、标准化和智能化的优势，有效弥补了物流链的短板，显著降低了车货匹配时间，提升了配送效率，减少了公路货运的空驶、空置和空载现象。以南通和重庆等地的企业为例，通过运满满平台，这些企业成功降低了物流成本，提升了数字化管理水平。据测算，在运满满平台上，企业货主的发货时间从原来的2.27天缩短至0.42天，司机最快几分钟就能接到订单。此外，平台推出的拼车服务通过减少中间环节，实现了"一次装卸，门到门直送"，一年时间累计为货主节省运费超过180亿元。

资料来源 央广网. 首批有效降低全社会物流成本典型案例发布 满帮集团等22家企业入选 [EB/OL]. [2024-12-17]. https://baijiahao.baidu.com/s? id=1818668654328847635&wfr=spider&for=pc.
问题：运满满如何助力物流行业降本增效？

任务三　掌握物流成本核算的方法

★任务目标

掌握物流成本核算的方法，能够进行物流成本核算。

★课堂讨论

假设A、B两个客户每月对同一商品的总需求量相同，但订货次数与订货批量不同，这对物流成本有何影响？如何定量区分？

★问题引导

无论是大型综合物流企业，还是中小型物流企业、配送中心都越来越重视物流成本管理。

思考：假如你是物流成本优化专家，你会建议大型综合物流企业、中小型物流企业、配送中心分别选择什么样的物流成本核算方法？

小词典

物流作业成本法，以特定物流活动成本为核算对象，通过成本动因来确认和计算作业量，进而以作业量为基础分配间接费用的物流成本管理方法。

引导知识点

一、会计方式的物流成本核算方法

1.品种法

品种法即以产品品种（或劳务作业种类）作为成本核算的对象，归集生产费用，并据以核算产品成本的一种方法。品种法核算程序如图7-5所示。

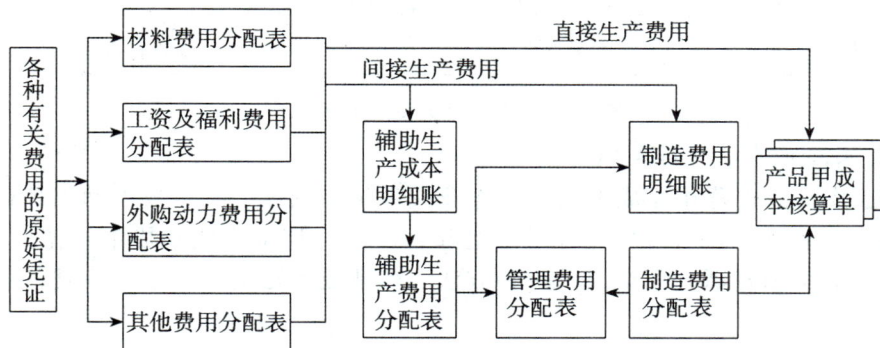

图7-5　品种法核算程序

2.分批法

分批法即以产品的批别（或劳务作业对象的批次）作为成本核算的对象，归集生产费用，并据以核算产品（或劳务作业对象）成本的一种方法。分批法核算程序如图7-6所示。

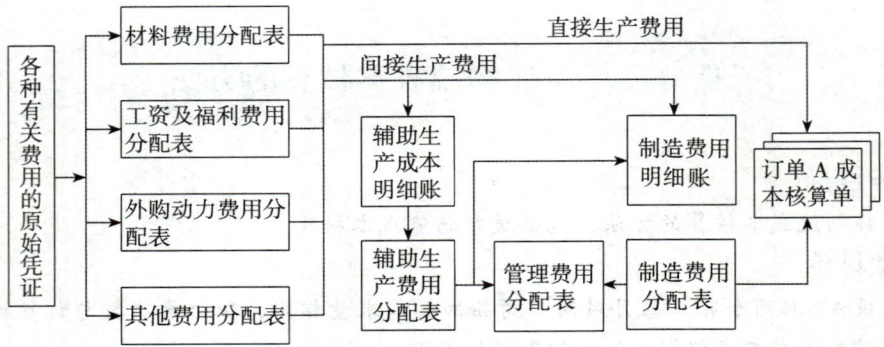

图7-6　分批法核算程序

3.逐步结转分步法

逐步结转分步法即以产品的品种和每种产品所经过的生产步骤作为成本核算的对象，归集生产费用，并据以核算产品成本的一种方法。它适用于大量、大批、多步骤生产的企业，也适用于多环节、多功能、综合性营运的物流企业。逐步结转分步法核算程序如图7-7所示。

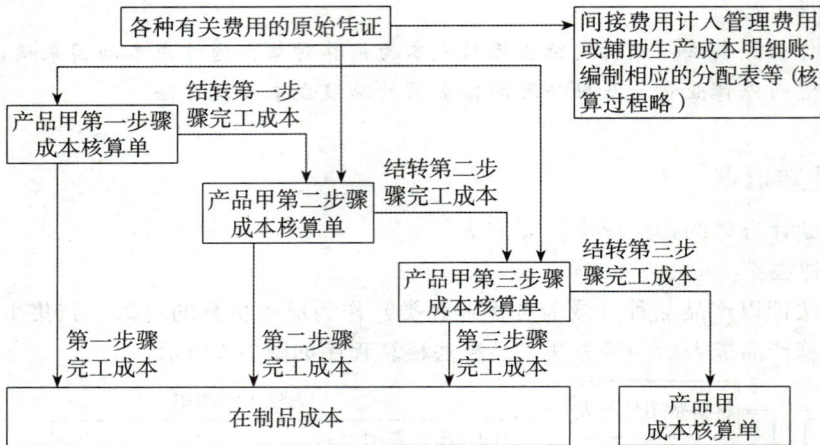

图7-7　逐步结转分步法核算程序

二、作业成本法（简称ABC法）

作业成本法也称作业成本会计或作业成本核算制度，是以成本动因理论为基础，通过对作业（activity）进行动态追踪，反映、计量作业和成本对象的成本，评价作业业绩和资源利用情况的一种方法。作业成本法的分析依据及具体内容见表7-6。

作业成本法的基本原理为：根据"作业耗用资源，产品耗用作业；生产导致作业的产生，作业导致成本的发生"的指导思想，以作业为成本计算对象，首先依据资源动因将资源的成本追踪到作业中心，形成作业成本库，然后依据作业动因将作业的成本追踪到成本对象，最终形成产品的成本。作业成本法的基本原理如图7-8所示。

表7-6 作业成本法的分析依据及具体内容

分析依据	具体内容
按成本层次分析	◇单位作业：可以使单位产品受益的作业，如机器的折旧及动力等 ◇批别作业：可以使一批产品受益的作业，如对每批产品的检验、机器准备与调试、原料处理、订单处理等。这类作业的成本与产品的批数成正比，而与批量的大小无关 ◇产品作业：可以使某种产品的每个单位都受益的作业，如对每一种产品编制生产计划、材料清单或变更工程设计等。这种作业的成本与产品产量及批量的大小无关，但与产品种类的多少成正比 ◇工序作业：计算加工成本的基础
按与作业成本动因关系的密切程度分析	◇专属作业：只与某产品的生产有关的作业 ◇共同消耗作业：与众多产品t的生产有关的作业。共同消耗作业又可分为批次动因作业、数量动因作业、工时动因作业和价值管理作业等

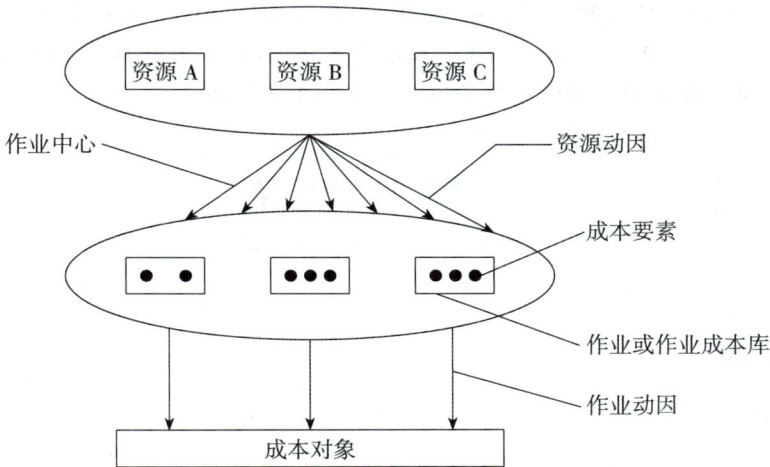

图7-8 作业成本法的基本原理

作业成本法的核算程序和具体内容见表7-7。

表7-7 作业成本法的核算程序和具体内容

核算程序	具体内容
确定各项作业的成本动因	成本动因是否客观合理，是成本作业法能否取得成效的关键。因此，成本动因的筛选与确认应由有关技术人员、成本会计核算人员和管理人员等共同分析讨论
对作业进行筛选整合，建立作业中心及作业成本库	◇对各项作业进行确认，确认方法主要有业务职能活动分解法、过程定位法、价值链分析法和作业流程图分析法等 ◇在确认作业的基础上，对作业进行筛选与整合

核算程序	具体内容
依据资源动因，将各项作业所耗费的资源追踪到各作业中心，形成作业成本库	在对企业的作业和资源动因进行全面分析的基础上，依据各项资源耗费结果、资源动因及作业之间的相关性，将当期发生的生产费用按不同的作业中心进行归集，即按各作业中心的作业成本库归集作业成本，并计算全部成本库的成本总和
根据产品对作业的消耗，将成本分配给最终产品，计算产品成本	当成本归集到各作业中心的作业成本库后，应按作业动因及作业成本额计算出作业成本的分配率，并按不同产品所消耗的作业量的多少分配作业成本，最终计算出产品应承担的作业成本 作业成本分配的计算公式：作业成本分配率=该作业中心的作业成本总额÷该作业中心的成本动因量化总和 某产品应承担的某项作业成本分配额的计算公式：某项作业成本分配额=该产品消耗某作业量的总和×该项作业成本的分配率

例7-1 某配送中心每月都会接到甲、乙两个商店购进洗衣粉的需求，分别为5次/月、400包/次，8次/月、250包/次。现已知配送中心洗衣粉的储存单位为箱，每箱洗衣粉为40包。配送中心各作业环节单位成本明细表见表7-8。

表7-8　　　　　　　配送中心各作业环节单位成本明细表

作业内容	各作业环节单位成本		说明
分拣	散件	0.05元/包（件）	
	箱	0.12元/箱	
制作拣货单证	次	1元/次	
捆包	散件	0.03元/包（件）	

问：用作业成本法计算甲、乙两个商店的配货作业成本。

解：依题可知，每月甲、乙两个商店的订货数量、订货频率与每次进货数量，见表7-9。

表7-9　　　　　甲、乙两个商店的订货数量、订货频率与每次进货数量

内容 ＼ 客户	甲商店	乙商店
订货数量	2 000包/月	2 000包/月
订货频率（配货频率）	5次/月	8次/月
进货数量/次（配货数量/次）	400包/次（10箱）	250包/次（6箱零10包）

计算甲、乙两个商店的配货作业成本，见表7-10。

表7-10　　　　　　甲、乙两个商店的配货作业成本计算表

作业内容	各作业环节单位成本		成本计算	
			甲商店	乙商店
分拣	散件	0.05元/包（件）		10×8×0.05=4（元）
	箱	0.12元/箱	10×5×0.12=6（元）	6×8×0.12=5.76（元）
制作拣货单证	次	1元/次	1×5=5（元）	1×8=8（元）
捆包	散件	0.03元/包（件）		10×8×0.03=2.4（元）
成本合计			11元	20.16元

课堂提问 ☑️

如何进行有效的物流成本核算？

课堂实训 ☑️

对某配送中心而言，A、B两个客户对某一商品的订货总需求均为100个/月，A、B两个客户的订货频率及订货次数分别为5次/月、20个/次，20次/月、5个/次。配送中心各作业环节单位成本明细表见表7-11。

表7-11　　　　　　配送中心各作业环节单位成本明细表

作业内容		单价	作业内容		单价
分拣	散件	0.08元/个	捆包	散件	2元/个
	箱（12个）	0.12元/箱		厂家原箱	0.37元/箱
	大型（20箱）	0.35元/个		大型（20箱）	0.65元/件
	次数	0.50元/次	贴标签		0.07元/个
	准备	0.06元/次			
检验	散件	0.07元/个	（以下略）		
	箱	0.15元/箱			

试用作业成本法计算A、B两个客户的配货作业成本。

任务四　掌握物流成本决策的方法

★任务目标

掌握物流成本决策的方法，能够进行物流成本决策。

★ 课堂讨论

小明和小强结伴旅游。经过长时间的徒步旅行，到了中午的时候，小明和小强准备吃午餐。小明带了3块饼，小强带了5块饼。这时，有一个路人路过。路人饿了，小明和小强邀请他一起吃饭，路人接受了邀请。小明、小强和路人将8块饼全部吃完。吃完饭后，路人为了感谢小明和小强的午餐，给了他们8元钱，然后继续赶路。

小明和小强对这8元钱的分配持不同意见。小强说："我带了5块饼，理应是我得5元钱，你得3元钱。"小明不同意："既然我们在一起吃这8块饼，理应平分这8元钱。"小明坚持认为应每人分4元钱。

思考：你认为应该如何分配这8元钱？如何评价决策的好坏？

★ 问题引导

某公司是一家专注于快速响应市场潮流、提供高性价比服装的零售企业。随着业务扩张，物流成本正逐渐成为制约其利润增长的关键因素。特别是面对季节性变化和消费者偏好的快速变化，公司需要频繁调整库存和运输策略，以确保商品能够及时送达各门店和顾客手中。

问题：该公司应如何制定灵活的物流成本决策以适应市场需求？

引导知识点

一、量本利分析法

量本利分析法是针对确定型决策的一种求解方法，是研究决策方案的销量，以及生产成本与利润之间的函数关系的一种数量分析方法，是从目标利润或目标成本出发，来确定合理的物流业务量或业务规模的方法。

二、期望值决策法

期望值决策法是针对风险型决策的一种求解方法。它以收益和损失矩阵为依据，分别计算各种可行方案的期望值，然后选择收益值最大的方案作为最优方案。

三、决策树法

决策树法也是针对风险型决策的一种求解方法。它是决策层面的一种图解，是按一定的方式绘制好决策树，用树状图来描述各种方案在不同自然状态下的收益，然后用反推的方式进行分析，据此计算每种方案的期望收益，从而进行决策的方法。

四、乐观准则、悲观准则、后悔值准则

乐观准则、悲观准则、后悔值准则是针对不确定型决策的求解方法。乐观准则也称大中取大法；悲观准则也称小中取大法；后悔值准则需要计算后悔值，所谓后悔值，也称机会损失值，是指在一定自然状态下由于未采取最好的行动方案，失去了取得最大收益的机会而造成的损失。

五、成本无差别点分析法

成本无差别点分析法就是对不同的备选方案首先计算成本无差别点，然后把它作

为数量界限来筛选最优方案的一种决策分析方法。成本无差别点是指两个备选方案在总成本相等时的业务量。当预计业务量小于成本无差别点的业务量时，则固定成本较小、单位变动成本较大的方案为较优方案；当预计业务量大于成本无差别点的业务量时，则固定成本较大、单位变动成本较小的方案为较优方案。成本无差别点分析法如图7-9所示。

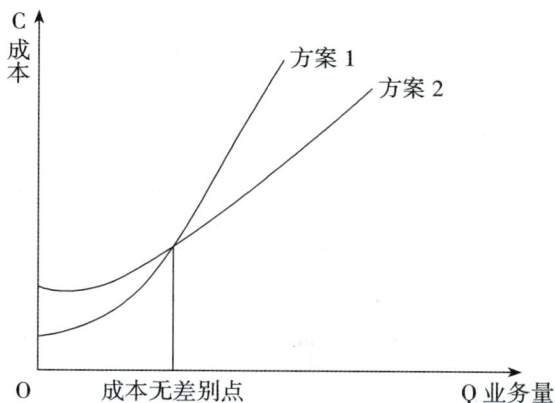

图7-9　成本无差别点分析法

六、重心法

重心法是一种模拟方法，它是将物流系统的需求点和资源点看成分布在某一平面范围内的物体系统，将各点的需求量和资源量看成物体的重量，将物体的重心作为物流网点的最佳设置点，利用求物体重心的方法确定物流网点位置的方法。

七、差量分析法

差量分析法是根据两个备选方案的"差量收入"与"差量成本"的比较所确定的"差量损益"来确定哪个方案最优的方法。差量收入是指两个备选方案的预期相关收入之间的差额；差量成本是指两个备选方案的预期相关成本之间的差额。如果"差量损益"小于零，则后一个方案较优；如果"差量损益"大于零，则前一个方案较优。应当注意，在计算时，方案的排列顺序必须一致。另外，如果有多个方案供选择时，可两两进行比较，最终确定最优方案。

八、线性规划法

线性规划法是用来解决资源的合理利用和合理调配问题的方法。具体来说有两个方面：一是当计划任务已定时，如何统筹安排，从而以最少的资源来完成任务；二是当资源的数量已定时，如何做到合理利用、配置，从而使完成的任务效果最好。线性规划法的实质是把经济问题转化为数学模型进行定量分析，通过求函数的极大值或极小值来确定最优方案。

例7-2　某产品每件销售价为100元，每件成本为70元；如果卖不掉，残值为30元。在这一时期，需求量为35~40件，即35件以下可以全部卖掉，超过40件则卖不掉。需求量和需求概率见表7-12。

问：此产品的订货量是多少？

解：根据资料，得到期望利润计算表，见表7-13。

表7-12 需求量和需求概率

需求量（件）	需求概率
35	0.10
36	0.15
37	0.25
38	0.25
39	0.15
40	0.10

表7-13 期望利润计算表

订货量（件）	35	36	37	38	39	40	期望利润（元）
概率 利润（元） 实际需求量	0.10	0.15	0.25	0.25	0.15	0.10	
35	1 050	1 050	1 050	1 050	1 050	1 050	1 050.0
36	1 010	1 080	1 080	1 080	1 080	1 080	1 073.0
37	970	1 040	1 110	1 110	1 110	1 110	1 085.5
38	930	1 000	1 070	1 140	1 140	1 140	1 080.5
39	890	960	1 030	1 100	1 170	1 170	1 058.0
40	850	920	990	1 060	1 130	1 200	1 025.0

比较表7-13中的期望利润，订货量为37件时期望利润为1 085.5元，是最大值。因此，订货量为37件是最优方案。

例7-3 某仓储企业为了增加销售额，拟投资建设仓库。据市场预测，产品销路好的概率为0.7，销路差的概率为0.3，有3种方案可供企业选择。

方案1：新建大仓库，投资成本为300万元。据初步估计，销路好时，每年可获利100万元；销路差时，每年亏损20万元。服务期为10年。

方案2：新建小仓库，投资成本为140万元。销路好时，每年可获利40万元；销路差时，每年仍可获利30万元。服务期为10年。

方案3：新建小仓库，投资成本为140万元。3年后销路好时再扩建，需追加投资成本200万元，服务期为7年，估计每年获利95万元。

问：哪个方案最好？

解：采用决策树法，先画出决策树，如图7-10所示。

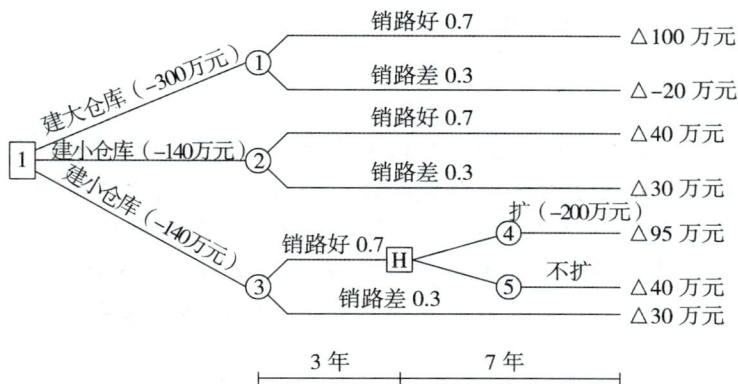

图7-10　决策树

计算各方案点的期望收益：

$E_1=\left[0.7\times100+0.3\times(-20)\right]\times10-300=340$（万元）

$E_2=(0.7\times40+0.3\times30)\times10-140=230$（万元）

$E_4=95\times7-200=465$（万元）

$E_5=40\times7=280$（万元）

$E_4>E_5$

$E_3=0.7\times40\times3+0.7\times465+0.3\times30\times10-140=359.5$（万元）

比较E_1、E_2、E_3，E_3最好。

例7-4　某运输企业对运输成本的核算有两种方案：方案A的固定成本为20 000元/月，变动成本为每吨公里0.50元；方案B的固定成本为15 000元/月，变动成本为每吨公里0.55元。假设该运输企业3月份的运输周转量为15万吨公里。

问：选择哪种方案合适？

解：计算成本无差别点，设成本无差别点的运输周转量为x吨公里，则列方程式如下：

20 000+0.50x=15 000+0.55x

方程式求解：x=100 000（吨公里）

即成本无差别点的运输周转量为10万吨公里。

由于实际运输周转量15万吨公里>10万吨公里，因此应选择固定成本较高的方案A。

课堂实训 ✓

某企业在进行下个年度产品开发设计时有两个方案可供选择：一种方案是企业自行设计；另一种方案是委托其他公司设计。每种方案都面临畅销、一般和滞销三种市场状态，不同市场状态下的概率和收益值见表7-14。

表7-14　　　　　　　　不同市场状态下的概率和收益值

市场状态	概率	收益值（百万元）	
		企业自行设计	委托其他公司设计
畅销	0.4	500	400
一般	0.3	200	300
滞销	0.3	-100	0

问：选择哪种方案的期望值较大？

✔ 案例分组讨论

易链科技有限公司，依托20余年的大宗商品供应链管理经验，创新研发了易链仓储管理系统，致力于打造一个智能化、协同化的智慧供应链平台。主要做法包括：一是实现无纸/无人化管理，通过电子合同、在线审批、二维码派车等方式，减少对纸质单据的依赖，提高流程效率；二是推进智能/协同化管理，利用IoT、SaaS等技术，实现数据在线、智能化分析，以及物流业务优化，构建共建仓储物流模式。

这些做法对降低成本产生了显著影响。首先，无纸化管理减少了纸质单据的打印、存储和传输成本，同时降低了人为错误导致的额外成本。其次，智能化管理通过数据分析优化仓储物流规划，减少库存积压和仓储费用，提高了仓储效率。最后，协同化管理打破了信息孤岛，实现了各节点信息互通，降低了沟通成本，提高了业务操作流程的规范化和系统化水平。

此外，易链仓储系统还通过预约装货等功能，提升了装卸效率，减少了司机的等待时间，从而降低了运输成本。在这些措施的共同作用下，大宗商品供应链的整体成本显著降低，企业的经济效益和市场竞争力得到提高。

资料来源　中物联物流信息服务平台分会. 易链仓储—打造大宗商品智慧仓储物流园区［EB/OL］.［2024-08-26］. http://www.chinawuliu.com.cn/xsyj/202408/26/637054.shtml.

问题：（1）易链仓储如何平衡技术创新与行业特定需求之间的关系进而降低成本？
（2）易链仓储实现大宗商品供应链智能化、协同化的做法有何启示？

任务五　了解物流成本控制

★任务目标

了解物流成本控制的分类，掌握物流成本控制的原则、步骤、注意事项和方法，能够进行物流成本控制。

📖小词典

物流成本控制是指企业在物流活动过程中依据事先制定的物流成本标准，对实际发生的物流成本进行严格审核，一旦发现偏差，及时采取措施加以纠正，从而实现预定的物流成本目标。

★课堂讨论

物流成本控制的目的是什么？如何才能有效控制物流成本？

★问题引导

交通运输部联合国家发改委印发了《交通物流降本提质增效行动计划》，在政策层面构建起了"1+5"框架体系，预计2025年有望降低物流成本3 000亿元。

思考：查阅资料，总结交通物流成本控制的发力点有哪些。

引导知识点

一、物流成本控制的分类

物流成本控制是企业物流成本管理的一个重要手段，物流成本控制分为广义的物流成本控制和狭义的物流成本控制。广义的物流成本控制是指按照物流成本发生的时间划分为事前控制、事中控制和事后控制；狭义的物流成本控制仅指事中控制。

1.物流成本事前控制

物流成本事前控制是指运用目标成本法进行物流成本控制，或者采用预算法进行物流成本控制，这属于前馈控制。目标成本法是指经过物流成本预测和决策，确定目标成本，并将目标成本进行分解，然后结合经济责任制，层层进行考核的方法。物流成本事前控制的主要内容包括物流系统的设计（如配送中心、仓库的建设）、物流设施设备的配备、物流信息系统的建设、作业流程的改进优化等。据估计，60%～80%的物流成本在物流系统的设计阶段就已经确定了，因此物流成本事前控制是物流成本控制最重要的环节，直接影响到物流作业成本的高低。

2.物流成本事中控制

物流成本事中控制是指运用标准成本法进行物流成本控制，也就是日常控制。它对物流过程中发生的各项费用（如设备费用、人工费用、工具设备费用和其他费用等）按预定的成本费用标准，进行严格的审核和监督，计算实际费用和标准费用之间的差异并进行分析，一旦发现偏差，马上采取措施加以纠正，及时进行信息反馈。

3.物流成本事后控制

物流成本事后控制是指在物流成本形成之后，对物流成本的核算、分析和考核，这属于反馈控制。物流成本事后控制通过对实际物流成本和标准成本进行比较，以此确定差异，分析原因，确定责任者，对物流成本责任单位进行考核和奖惩，进而为企业今后的物流成本控制提供意见，帮助企业制定物流成本控制制度，最终达到降低物流成本的目的。

小思考7-2

在物流成本事前控制、事中控制、事后控制的分类中，哪种控制方式更重要、更有效？

★问题引导

假设你是一家跨国食品公司的物流总监，近期由于全球供应链波动和运输成本上升，公司物流成本大幅增加，整体盈利有所下降。公司高层希望你能制订一套全面的物流成本控制方案，以应对当前的财务挑战。

思考：需要遵循哪些核心原则来指导物流成本控制策略？

引导知识点

二、物流成本控制的原则

1.经济原则

所谓经济原则，是指以较少的投入取得尽可能好的经济效果，也就是对人力、物力、财力的节省，强调效益观念。这是物流成本控制的核心，也是物流成本控制的最基本的原则。

2.全面原则

全面原则包括全员控制、全方位控制以及全过程控制。全员控制是指物流成本控制不仅要有成本管理机构人员的参与，还要求企业全体人员广泛参与，这样才能取得良好的控制效果。全方位控制是指不仅要对各项费用的数额进行控制，还要对产生费用的时间、用途进行控制，讲求物流成本开支的合理性、合法性和经济性。全过程控制是指物流成本控制不能局限于生产过程，还要将其向前延伸到物流系统的设计、研发，向后延伸到客户服务的全过程。

3.责、权、利相结合的原则

要加强物流成本控制，必须发挥经济责任制的作用，必须坚持责、权、利相结合的原则。企业内部各部门、各单位只有承担相应的物流成本控制职责，被赋予相应的权力，并享有相应的利益，才能充分调动它们对物流成本控制的积极性和主动性，取得良好的控制效果。

4.目标控制原则

物流成本控制是企业目标控制的一项重要内容。目标控制原则是指以既定的目标作为人力、财力、物力管理的基础，从而实现企业的各项经济指标。物流成本控制是以目标物流成本为依据，控制企业的物流活动，从而达到降低物流成本、提高经济效益的目的。

5.重点控制原则

重点控制原则是指加强对物流成本关键点的控制。企业日常的物流成本项目众多，计划与实际的差异点也非常多，如果平均使用力量进行管理，往往要花费大量的时间和精力，而且效果不佳。通过对关键点的控制来降低物流成本，是一些物流发达国家常用的做法。

★ 问题引导

某电子产品制造商面对日益激烈的市场竞争和不断上升的物流成本压力，决定实施精益物流转型，以便降低物流成本，同时提升物流效率和客户服务水平。

思考：该企业应遵循哪些具体的物流成本控制步骤来确保转型成功？

引导知识点

三、物流成本控制的步骤

物流成本控制贯穿于企业生产经营的全过程。一般来说，物流成本控制包括以下几个步骤：

1.制定物流成本标准

物流成本标准是物流成本控制的准绳，是各项物流费用开支的数量限度，是检查、衡量、评价物流成本水平的依据。物流成本标准包括物流成本计划规定的各项指标，由于这些指标通常比较综合，不能具体控制，因此可以采用计划指标分解法、预算法、定额法等来确定具体的指标，有时还要进行调查研究和科学计算，同时处理好这些指标与其他技术经济指标的关系。

2.监督物流成本的形成

企业应根据控制标准，经常对物流成本的各个项目进行检查、评比和监督。不仅要检查指标本身的执行情况，还要检查影响指标的各项条件，如设施设备、技术水平、工作环境等；不仅要加强物流费用开支的日常控制，做到有专人负责监督，还要加强执行者的自我控制，明确经济责任，调动全体员工的积极性。

3.及时揭示和纠正偏差

企业应及时揭示实际物流成本偏离标准成本的差异，分析差异产生的原因，明确责任归属，提出改进措施并加以贯彻执行。企业一般应采取以下步骤：

（1）提出降低物流成本的课题。从各种物流成本超支项目中寻找降低物流成本的课题，课题一般是成本降低潜力大、可能改进的项目，提出课题的内容和预期要达到的目标。

（2）讨论和决策。发动有关部门人员进行广泛研讨，尽可能提出多种解决方案，从中选择最优方案。

（3）确定方案实施的方法、步骤和负责执行的人员。

（4）贯彻执行方案。执行过程中要加强监督，检查预期目标是否实现。

4.评价和激励

评价物流成本控制措施的执行结果，根据物流成本控制情况实施奖惩。

★问题引导

2024年11月，X9622次班列实现了铝棒从新疆至广东的多式联运"一单制"突破，大幅提升了物流效率。国铁集团通过"一单制"改革，统一运单、优化组织、共享数据，降低了物流成本。铁路95306平台上线"一单制"功能，提升了服务透明度，增强了货主信任。物流网络不断升级，未来"一单制"推广将助力物流行业发展，展现中国物流创新潜力。

思考：实施"一单制"降低运输成本时，企业需注意哪些问题以确保物流服务质量不降？

引导知识点

四、物流成本控制应注意的问题

党的二十大报告指出，加快发展物联网，建设高效顺畅的流通体系，降低物流成本。随着竞争的日益加剧，物流成本控制的目标不仅仅是降低物流成本，更要通过物流的合理化，合理配置企业资源，优化业务流程，提高供应链绩效，这样才能提高企业的利润，从而提高企业的竞争力。

企业的物流成本控制应注意以下几点：

1.物流成本控制与服务质量控制相结合

由于提高物流服务质量水平与降低物流成本之间存在着"效益背反"的矛盾关系，因此在进行物流成本控制时，必须做到物流成本控制与服务质量控制相结合。物流成本控制的目标为：以最低的物流成本，实现客户预期的物流服务水平；或者是以一定的物流成本，实现最高的客户服务水平。企业应正确处理降低物流成本与提高服务质量的关系，提高物流效益。

2.局部控制与整体控制相结合

局部控制是对某一物流功能或环节耗费成本的控制，整体控制是对全部物流成本的系统控制，物流成本控制的重要原则是对物流成本的整体控制。例如，航空运输的费用比其他运输方式要高，但航空运输可以减少包装费，保管费几乎为零，而且没有时间成本，因此不能光从运输费用这一项来判断整个物流费用的高低。

3.全面控制与重点控制相结合

物流系统是一个多环节的开放系统，在进行物流成本控制时，必须遵循全面控制的原则。同时，根据重点管理的基本原则，企业应当对物流活动及对自身经济效果有重要影响的项目和因素严加控制，如对物流设备投资、贵重物品包装以及能源等物流成本项目实行重点控制，以提高物流成本控制的效果。

4.经济控制与技术控制相结合

物流成本是一个经济范畴，进行物流成本管理必须遵循经济规律，广泛运用利息、奖金、定额、利润、绩效考核等经济手段。同时，物流管理又是一项技术性很强的工作，企业必须改善物流技术和提高物流管理水平，通过物流作业的机械化、自动化，以及对运输管理、库存管理、配送管理等技术的充分运用，降低物流成本。

5.专业控制与全员控制相结合

专业的物流成本控制是必要的，如运输部门对运输费用的控制、仓储部门对保管费用的控制、财会部门对全部费用的控制等。同时，企业要加强物流成本全员控制的意识，形成严密的物流成本控制网络，这样才能最终达到降低物流成本的目的。

★ 问题引导

陆海新通道中老铁路首次运输中药材从老挝琅勃拉邦至重庆，单柜物流成本降至过去的60%，运输时效缩短了6天。中老铁路自开通运行3年以来，进出口货物呈现出稳步增长的良好态势，展现出蓬勃的发展活力。如今新增进口中药材，为运载货物种类增添了"新成员"，为中老铁路打造"黄金线路"注入了新动能。

思考：请结合中药材物流的复杂性，分析如何控制物流成本。

引导知识点

五、物流成本控制的方法

物流成本控制的方法主要有目标成本法、标准成本法、责任成本法等。

1.目标成本法

目标成本法起源于20世纪60年代初期的日本丰田汽车公司。为了更有效地实现供应链管理的目标，使客户需求得到最大程度的满足，丰田汽车公司从战略的高度进行分析，将成本管理与战略目标相结合，使成本管理与企业经营管理全过程的资源消耗和资源配置协调起来，从而产生了目标成本法。

三 小词典

目标成本法以给定的竞争价格和预期将要实现的利润为基础来决定产品的成本。目标成本法是产品生产在后，价格和利润决定在前，即企业首先确定客户会为产品或服务支付的价格和企业期望产生的利润，其次计算出产品或服务应花费的成本，最后根据制定的目标成本进行产品或服务的开发设计。

目标成本法使成本管理模式发生了转变：从"客户收入=成本价格+平均利润贡献"转变为"客户收入−目标利润贡献=目标成本"。

企业根据市场调查得到的价格，扣除需要得到的利润以及为继续开发产品所需的研发经费，计算出产品在制造、分销和加工处理过程中允许的最大成本，即目标成本，用公式表示如下：

$$C = P - S$$

式中：C——目标成本；P——目标销售价格；S——目标利润。

目标成本法建立在企业内部和外部环境相结合的基础之上，用系统理论把影响企业经营的各种因素考虑到企业产品生产的过程中。因此，目标成本法较传统成本法来说是一个基于开放系统的方法。传统成本法是一个基于企业内部的封闭系统的方法，忽视了企业与其所处环境之间的相互作用。目标成本法强调企业适应外部环境的重要性，把价格、利润和成本三个关系紧密又互相影响的因素结合在一起，提高了企业服务的质量，适应了环境，满足了顾客的需要。传统成本法与目标成本法的区别见表7–15。

表7–15　　　　　　　　　　传统成本法与目标成本法的区别

项目	传统成本法	目标成本法
指导思想	以基期的成本水平为依据，考虑到计划期有关因素变动对成本的影响，以此来确定计划期的成本水平，并进行成本管理	以市场为导向，围绕企业的经营管理目标进行成本管理，它取决于企业的目标利润水平
管理范围	管理范围只局限于事中、事后的成本管理	管理范围是将企业的全部经营活动作为一个系统，从事前的成本预测到成本的形成及事后的成本分析，实行全面的、全过程的管理，将全部经营活动中的一切耗费都置于成本控制之下
管理侧重点	侧重于事后管理，虽然也进行成本分析、提出改进意见，但改进措施的实施要等到下一个成本管理期间	把工作重点放在事前控制和事中控制上，及时分析差异，并采取措施消除不利因素影响，提高了成本控制的地位
管理责任的区分	以成本的形成作为成本管理的出发点和归宿	强调成本指标的分解及归口管理，在各自的责任范围内有效控制成本，严格划分责任

例 7–5　某企业物流运输的同业平均服务利润率为17.8%，预计本年服务量为408万吨公里，服务的市场价格为1元/吨公里。

问：企业的物流目标利润、物流目标总成本、物流目标单位成本各是多少？

解：物流目标利润=408×1×17.8%=72.624（万元）

物流目标总成本=408×1−72.624=335.376（万元）

物流目标单位成本=335.376÷408=0.822（元/吨公里）

例 7-6　某新产品预计单位售价为 2 000 元，单位产品目标利润为 300 元，该产品的税率为 9%，预计单位产品期间费用为 200 元。

问：该产品的目标成本是多少？

解：该产品的目标成本=2 000−300−2 000×9%−200=1 320（元）

例 7-7　某企业加工一种新产品投入市场，据分析，其单价不能高于同类产品售价（50 元）的 120%，预计加工该产品的固定费用为 1 500 元，目标利润为 11 500 元，销售量为 1 000 件。

问：该产品的目标单位变动成本是多少？

解：该产品的目标单位变动成本=50×120%−（11 500+1 500）÷1 000=47（元/件）

2.标准成本法

📖 小词典

标准成本法是指以预先制定的标准成本为基础，将实际发生的成本与标准成本进行比较，核算和分析成本差异的一种成本计算方法，也是加强成本控制、评价企业经营业绩的一种成本控制方法。

标准成本法的核心是根据标准成本记录和反映产品成本的形成过程和结果，实现对成本的控制。标准成本法包括制定标准成本、计算和分析成本差异、处理成本差异三个环节。其中，制定标准成本是采用标准成本法的前提和关键，据此可以达到成本事前控制的目的；计算和分析成本差异是标准成本法的重点，据此可以促进成本控制目标的实现，并进行经营业绩考评。

📖 小词典

物流标准成本是指以一定的预测方法为基础，根据物流服务水平的要求估算出的物流成本。

选择物流标准成本是一项很困难但非常重要的工作，因为成本水平过高或过低都会影响员工的工作积极性，都不能充分挖掘员工的工作潜力，所以企业可以选取可行性标准作为物流成本控制的依据。

物流标准成本通常包括直接材料标准成本、直接人工标准成本和服务费用标准成本。

（1）直接材料标准成本。直接材料标准成本是指在物流活动中耗费的材料成本。直接材料标准成本一般发生在物流活动中的包装和流通加工过程中。直接材料标准成本涉及的指标有标准用量和标准单位成本。在企业的物流活动过程中，产品的包装和流通加工往往需要耗用多种材料，因此计算时要按照材料种类分别确定每种材料的标准用量和标准单位成本。

直接材料标准成本=标准用量×标准单位成本

标准用量是通过实际测定或技术分析制定的材料耗费的用量标准；标准单位成本是根据市场价格和企业的采购成本确定的。

（2）直接人工标准成本。直接人工标准成本是指直接用于物流活动的人工成本。直接人工标准成本涉及的指标有标准工时和标准单位成本（标准工资率）。

直接人工标准成本=标准工资率×标准工时

在确定物流活动的直接人工标准成本时，首先要对物流活动的过程加以研究，包括物流活动中需要经历哪几个环节、每个环节要做哪些工作、每项工作需要耗费多长时间，以此测算出标准工时；其次要对企业的工资支付形式、制度进行研究，以便结合实际情况来制定标准工资率。

（3）服务费用标准成本。服务费用标准成本可以分为变动服务费用标准成本和固定服务费用标准成本两部分。这两部分服务费用标准成本都按照标准用量和标准分配率的乘积计算，标准用量一般用工时表示。

①变动物流服务费用标准成本的制定：

变动物流服务费用标准成本=单位物流服务直接人工标准工时×每小时变动物流服务费用的标准分配率

每小时变动物流服务费用的标准分配率=变动物流服务费用总额÷物流服务直接人工标准总工时

②固定物流服务费用标准成本的制定：

固定物流服务费用标准成本=单位物流服务直接人工标准工时×每小时固定物流服务费用的标准分配率

每小时固定物流服务费用的标准分配率=固定物流服务费用总额÷物流服务直接人工标准总工时

例7-8　某物流公司某月计划正常运营能力为9 100直接人工小时，直接人工工资预算总额为48 000元，营运间接费用预算总额为24 600元。其中，变动间接费用预算为8 400元，固定间接费用预算为16 200元。假设某项单位物流服务直接人工标准工时为10小时，直接材料标准消耗定额为10千克，每千克标准单价为12元。

问：该项物流服务的标准成本是多少？

解：标准工资分配率=直接人工工资总额÷直接人工标准总工时

=48 000÷9 100

=5.27（元/小时）

变动间接费用标准分配率=变动间接费用预算总额÷直接人工标准总工时

=8 400÷9 100

=0.92（元/小时）

固定间接费用标准分配率=固定间接费用预算总额÷直接人工标准总工时

=16 200÷9 100

=1.78（元/小时）

由此可以确定该项物流服务的标准成本，见表7-16。

表7-16　　　　　　　　该项物流服务的标准成本计算表

成本项目		数量标准	价格标准	单位标准成本（元）
直接材料		10千克	12元/千克	120
直接人工		10小时	5.27元/小时	52.7
间接费用	变动间接费用	10小时	0.92元/小时	9.2
	固定间接费用	10小时	1.78元/小时	17.8
合计				199.7

表7-16可以作为物流企业的单位物流服务的"标准成本卡",利用"标准成本卡"可以为日常的物流成本控制提供依据。

3.责任成本法

三　小词典

责任成本是指责任单位能够预测、计量和控制的各项可控成本之和。

责任成本按照责任部门承担责任的原则,以责任单位作为计算对象来归集成本,它反映了责任单位与成本费用之间的关系。

（1）直接计算法。直接计算法是将责任单位的各项责任成本直接归集汇总,以求得该单位责任成本总额的计算方法。其计算公式如下:

单位责任成本=该单位各项责任成本之和

用这种方法计算,结果较为准确,但计算量较大。

（2）间接计算法。间接计算法是以责任单位发生的全部成本为基础,扣除该责任单位的不可控成本,再加上从其他责任单位转来的责任成本的计算方法。其计算公式如下:

单位责任成本=责任单位发生的全部成本–该责任单位的不可控成本+其他责任单位转来的责任成本

这种方法的计算量比直接计算法小,但在运用间接计算法时,应当首先确认该单位的不可控成本和其他责任单位转来的责任成本。

例7-9　甲生产车间下设A、B、C三个生产班组,各班组均采取间接计算法计算其责任成本。其中,A班组的责任成本业绩报告见表7-17。

表7-17　　　　　　　　　　　责任成本业绩报告

责任单位:甲车间A班组　　　　　　　　××××年××月　　　　　　　　　　单位:元

项目			实际数	预算数	差异
生产成本	直接材料	原料及主要材料	12 080	12 200	−120
		辅助材料	11 400	11 300	+100
		燃料	11 560	11 500	+60
		其他材料	1 450	1 460	−10
		小计	36 490	36 460	+30
	直接人工	生产人员工资	16 300	15 200	+1 100
		生产人员福利费	2 120	2 100	+20
		小计	18 420	17 300	+1 120
	制造费用	管理人员工资及福利费	11 140	11 000	+140
		折旧费	11 450	10 660	+790
		水电费	1 680	2 000	−320
		其他制造费用	11 350	11 500	−150
		小计	35 620	35 160	+460
	合计		90 530	88 920	+1 610
其他费用	减:折旧费		11 450	10 660	+790
	废料损失		150		+150
	加:修理费		5 300	5 000	+300
责任成本			84 230	83 260	+970

表7-17表明，甲车间A班组本月归集的实际生产成本90 530元减去不该由该班组承担的折旧费11 450元，并减去废料损失150元（因采购部门采购材料的质量问题而发生的工料损失），再加上从修理车间转来的应由该班组承担的修理费5 300元，即为A班组的责任成本84 230元。

从总体上看，A班组当月的责任成本预算执行情况较差，超支970元。从各成本项目来看，"直接材料"中的"原料及主要材料"和"其他材料"共节约130元，"制造费用"中的"水电费"和"其他制造费用"共节约470元。"直接人工"实际比预算超支1 120元，经查明，这主要是企业提高计件工资单价所致。对于从企业修理车间转来的修理费5 300元（比预算超支300元），还应进一步加以分析，看其是因为本班组对设备操作不当导致维修费用增加，还是因为修理车间提高了修理费用（如多计修理工时等）。

对节约的费用项目应进一步加以分析，找出原因，以巩固取得的成绩。

例7-10 甲车间责任成本的计算和考核。其责任成本业绩报告见表7-18。

表7-18 　　　　　　　　　　　　　责任成本业绩报告

责任单位：甲车间　　　　　　　　　　××××年××月　　　　　　　　　　单位：元

项目	实际数	预算数	差异
A班组责任成本	84 230	83 260	+970
B班组责任成本	68 930	67 890	+1 040
C班组责任成本	76 890	77 880	−990
合计	230 050	229 030	+1 020
甲车间可控成本：			
管理人员工资	24 500	24 300	+200
设备折旧费	22 960	23 000	−40
设备维修费	22 430	22 500	−70
水电费	5 600	5 200	+400
办公费	3 000	2 500	+500
低价值耗品摊销	6 980	6 800	+180
合计	85 470	84 300	+1 170
甲车间责任成本合计	315 520	313 330	+2 190

从表7-18可以看出，甲车间A、B、C三个班组中，C班组的成本业绩是最好的，甲车间当月责任成本超支2 190元，其中下属三个班组共超支1 020元，甲车间可控成本超支1 170元。A、B两个班组超支合计为2 010元（970+1 040），是责任成本控制的重点。

对于甲车间可控成本的超支项目，还应进一步详细分析，查找原因，采取措施加以控制。

例 7-11　××公司总部责任成本的计算和考核。其责任成本业绩报告见表7-19。

表7-19　　　　　　　　　　××公司总部责任成本业绩报告

××××年××月　　　　　　　　　　单位：元

项目	实际数	预算数	差异
甲车间业绩报告：			
A班组责任成本	84 230	83 260	+970
B班组责任成本	68 930	67 890	+1 040
C班组责任成本	76 890	77 880	−990
甲车间可控成本	85 470	84 300	+1 170
甲车间责任成本合计	315 520	313 330	+2 190
乙车间业绩报告：			
⋮	⋮	⋮	⋮
供应科业绩报告：			
⋮	⋮	⋮	⋮
总部责任成本业绩报告	131 500	132 000	−500
责任成本总计	1 223 450	1 221 400	+2 050
销售收入总额	1 455 450	1 445 300	+10 150
利润	232 000	223 900	+8 100

表7-19表明，该公司总部销售收入实际数超出预算数10 150元，在抵减责任成本超支数2 050元后，其利润实际数比预算数净增8 100元。对销售收入增加10 150元的原因，还需进一步加以分析，如看其是否与成本增加有关等。

案例分组讨论 ✔

2024年12月13日，中国物流与采购联合会举办"有效降低全社会物流成本交流会暨2024年第八届货运物流行业年会"，正式发布"有效降低全社会物流成本典型案例报告（首批）"。安能物流凭借"数字化绿色化发力，打造成本优化新引擎"的案例成功入选。

在总成本领先能力上，安能已取得一定成效：通过精益化管理与新技术引进，提升了分拨中心及运输的效率。一方面，持续优化车线规划和投产配置，推进车队精细化管理；另一方面，部分分拨中心上线自动化分拣流水线设备，分拣操作效率及产能承载上限不断提升，成本有效节降。通过系列举措，公司在2024年三季度单位运输成本同比下降6.3%，单位分拨成本同比下降16.7%。

目前，公司在杭州萧山分拨中心、郑州分拨中心试点上线了自动化分拣流水线，从基础网络开始，努力打造快运行业新质生产力。首条自动化流水线已在郑州分拨中心正式运营，依托智能控制系统，通过高精度扫描和称重，减少人工干预和操作环节，实现货物自动运转。该自动化流水线能够日处理3万件货物，单班次处理峰值可达4万件，有效降低了运营成本，显著提升了分拨效率。

目前，安能与吉利远程商用车合作，共建绿色智能运力体系。双方在车辆采购、物流与供应链、试用车合作、定制化服务、数字化物流等多个领域展开合作，推广新能源车辆在物流场景下的应用，减少物流过程中的碳排放，共同推动绿色智能运力体系的建设。截至目前，公司已在8条线路上投入智能驾驶车辆，提高了安全性，降低了运营成本。

资料来源　佚名. 首批有效降低全社会物流成本优秀案例名单出炉！安能物流案例入选［EB/OL］.［2025-01-21］. https://caijing.chinadaily.com.cn/a/202412/18/WS67627453a310b59111da9793.html.

问题：安能物流控制物流成本的有效措施有哪些？

●　●　项目考核

1.单项选择题

（1）（　　）是根据企业确定的成本计算对象，采用相适应的成本计算方法按规定的成本项目，依据一定的标准对物流费用进行汇集与分配，从而计算出各物流服务成本的实际总成本和单位成本。

A.物流成本核算　　　B.物流成本预测　　　C.物流成本计划　　　D.物流成本决策

（2）（　　）是根据计划目标，对影响成本的各种因素和条件采取必要的措施，以保证物流成本预算的顺利完成。

A.物流成本核算　　　B.物流成本控制　　　C.物流成本分析　　　D.物流成本决策

（3）（　　）是针对确定型决策的一种求解方法，是研究决策方案的销量，以及生产成本与利润之间的函数关系的一种数量分析方法。

A.量本利分析法　　　B.期望值决策法　　　C.决策树法　　　　　D.重心法

（4）（　　）是运用标准成本法进行物流成本控制，也就是日常控制。

A.物流成本事前控制　　　　　　　　B.物流成本事后控制

C.物流成本事中控制　　　　　　　　D.物流成本全面控制

（5）物流成本控制的最基本的原则是（　　）。

A.全面原则　　　B.经济原则　　　C.目标控制原则　　　D.重点控制原则

2.多项选择题

（1）物流成本按物流费用支出形态进行分类，包括（　　）。

A.材料费　　　B.管理费　　　C.物品流通费　　　D.销售物流费

（2）物流成本按物流活动的范围进行分类，包括（　　）。

A.物流筹备费　　　B.企业内物流费　　　C.废弃品物流费　　　D.退货物流费

（3）物流成本按物流的功能进行分类，包括（　　）。

A.物品流通费　　　B.信息流通费　　　C.物流管理费　　　D.折旧费

（4）影响物流成本的因素包括（　　）。

A.产品因素　　　　B.服务因素　　　　C.空间因素　　　　D.竞争性因素

（5）为了有效进行物流成本控制，必须遵循（　　）。

A.经济原则　　　　　　　　　　B.责、权、利相结合原则

C.目标控制原则　　　　　　　　D.重点控制原则

3.判断题

（1）物流成本是产品在实物运动过程中所支出的人力、财力和物力的总和。

（　　）

（2）隐性成本可以用定量分析的方法进行估算。　　　　　　　　　　（　　）

（3）产品价值越大，对其所需使用的运输工具的要求就越高，仓储和库存成本也就随着产品价值的增加而增加。高价值意味着存货中的高成本。　　　　（　　）

（4）产品密度越大，每车装的货物越少，运输成本就越高；同样，仓库中一定空间内存放的货物也越少，库存成本也就越高。　　　　　　　　　　　（　　）

（5）物流成本控制是以目标物流成本为依据，控制企业的物流活动，以达到降低物流成本、提高经济效益的目的。　　　　　　　　　　　　　　　　（　　）

4.问答题

（1）写出物流成本控制的步骤。

（2）物流成本控制应注意哪些问题？

●●●项目实训

1.实践训练

德州扒鸡公司门店配送物流是自营模式。公司想降低物流配送成本。请为其规划降低物流配送成本的方案。

2.课外实训

调查一家企业的物流成本控制情况，结合学习内容，针对该企业的物流成本控制提出建议，并完成一份调研报告。

3.拓展训练

某物流与供应链集团其电商仓储分部A同时服务于甲、乙、丙三个客户。月末时其物流总成本、资源成本、员工总工作时间和甲、乙、丙客户订单及占用资源，见表7-20、表7-21、表7-22、表7-23。

表7-20　　　　　　　　　　　物流总成本

支付形态	支付明细	相关费用（元）
维护费	固定资产折旧	100 000
人工费	单证处理人员（4人）	14 000
	货物验收人员（4人）	14 000
	货物进出库作业人员（5人）	18 000
	仓储管理人员（4人）	14 000

续表

支付形态	支付明细	相关费用（元）
材料费	资材费	20 000
一般经费	水电费	10 000
	合计	190 000

表7-21　　　　　　　　　　　　　资源成本表　　　　　　　　　　　单位：元

费用	订单处理	货物验收	货物进出库	仓储管理	合计
人工费	14 000	14 000	18 000	14 000	60 000
折旧费	10 000	10 000	30 000	50 000	100 000
资材费	6 000	2 000	6 000	6 000	20 000
水电费	2 000	1 000	2 000	5 000	10 000
合计	320 000	27 000	56 000	75 000	190 000

表7-22　　　　　　　　　　　　　员工总工作时间

员工类别	总工作时间（小时/月）
单证处理人员（4人）	700
货物验收人员（4人）	700
货物进出库作业人员（5人）	1 000
仓储管理人员（4人）	700

表7-23　　　　　　　　　　　甲乙丙客户订单及占用资源表

项目（单元）	甲客户	乙客户	丙客户	合计
月订单总数（份）	400	240	160	800
占用托盘总数（个）	800	400	300	1 500
货物进出库总工时（小时）	550	280	170	1 000
租赁仓库面积（平方米）	15 000	9 000	6 000	30 000

计算各作业分配系数，计算甲、乙、丙客户实际服务成本。

（使用作业分配系数计算公式，作业分配系数=作业成本/作业量）

项目八
产业物流

学习目标

知识目标：

1.掌握零售业物流的运营模式。

2.了解制造业物流、冷链物流、会展物流、快递业物流。

3.掌握农业物流的分类。

能力目标：

1.具有应用零售业物流的业务运作能力。

2.能够合理利用生产物流的运营模式，具有应用生产物流的业务运作能力。

3.能够合理利用农业物流的运营模式，具有应用农业物流的业务运作能力。

4.能够合理利用冷链物流，具有应用食品物流的业务运作能力。

5.具有应用快递业物流的业务运作能力。

6.具有应用会展物流的业务运作能力。

素养目标：

1.培养物流人的使命感、责任感。

2.根植法治和安全意识，牢记服务本质。

3.培养物流人的创新意识、钻研精神。

价值引领案例

合作共赢、携手创新 | 携手顺丰冷运，助力冷链配送"最后一公里"

2024年，顺丰冷运与宁波烯冷新能源科技有限公司（以下简称烯冷）携手，在西安、杭州、济南、广州等地全面启动了城市冷链配送"最后一公里"项目。该项目采用烯冷研发的石墨烯单元化冷链周转箱，搭载于顺丰电动三轮车上，有效解决了狭窄道路配送难题。

该冷链周转箱集成了烯冷创新的一体式新能源智能冷机，运用变频技术和石墨烯增强换热技术，实现了快速制冷与恒温运行，专为肉类、果蔬、水产品、乳制品及医药等敏感货物设计。其箱体采用滚塑成型，无锈蚀、抗压抗震，有效降低了冷链车运行能耗。烯冷不仅与顺丰冷运合作，还与多家车企联手，共同开发新能源冷链车型，满足不同需求。此外，烯冷的冷链解决方案已远销海外，应用于印度尼西亚、巴西等国的外卖冷藏配送，并与孟加拉国企业合作，共建太阳能充电的智能冷链物流系统，旨在减少食品浪费与碳排放。

作为国家石墨烯创新中心的孵化项目，烯冷在新能源制冷、物联网、锂电池及石墨烯应用方面拥有技术优势。其智能冷链物流解决方案不仅提升了冷链运输效率，还通过可再生能源技术（如太阳能充电）大幅降低物流碳排放，实现从源头到终端的安

学习微平台

拓展阅读 8-1

全高效、绿色低碳配送。

资料来源 石墨烯联盟. 携手顺丰冷运，助力冷链配送"最后一公里"［EB/OL］.［2024-09-11］. http://www.ngicer.com/news_detail/355.html.

思考：（1）顺丰冷运启动城市冷链配送"最后一公里"项目的意义何在？

（2）烯冷的智能冷链物流解决方案有何价值？

任务一 了解零售业物流活动

★任务目标

了解零售业物流，掌握零售业物流的运营模式，具有应用零售业物流的业务运作能力。

小词典

零售业物流就是计划、执行与控制商品从产地到消费者的实际流程，并且在盈利的基础上使顾客满意，它包括商品采购、商品库存、商品销售几个阶段。

学习微平台

微课 8-1：
零售业物流

★课堂讨论

（1）超市的理货员主要在做哪些工作？

（2）很多大型连锁超市都会自建配送中心，承担大部分的物流配送业务，而没有选择将物流业务外包出去，为什么？

★问题引导

胖东来作为零售业领先者，重视物流配送对供应链效益的推动。自建物流中心和配送网络，强化储备能力，快速响应消费者需求。推进数字化转型，采用一站式仓储物流方案，提升处理能力。严格筛选供应商，确保产品品质，并与供应商、物流公司高效协同。提供多样化配送服务，保障客户便捷体验。与供应商建立长期战略伙伴关系，助力供应商优化生产，提高供货质量和效率。注重绿色和责任能力提升，选择符合社会责任标准的供应商。

思考：胖东来在零售业物流方面采取了哪些举措，体现了零售业物流的哪些特点？

引导知识点

一、零售业物流的特点

零售业物流是商品零售过程中一切物流活动的总称，其最终目的是在正确的时间把正确的货物以正确的方式送到正确的地点。目前，由于供货商的物流管理水平参差不齐，完全依赖供货商来经营零售企业的物流，有可能会使零售企业的商品销售出现问题，因此零售企业要不断加强企业内部的商品管理，以减少缺货带来的销售损失，避免增加成本。此外，供货商必须及时、准确地将订购的商品送到商店，否则，即便零售企业对商品的销售动向把握得当，订单也准确无误地送到供货商手中，如果后者不能及时、准确地将商品送到商店，就会给零售企业带来损失。为了避免上述情况的产生，零售企业越来越重视建立和完善自己的物流系统。

零售企业的物流系统不同于一般生产企业的物流系统，它具有如下特点：

（1）地理上比较分散，连锁超市可能遍布大江南北；规模较小，十几平方米的店铺也是一个销售网点。

（2）产品多样化，即使同一品牌的商品也包括很多型号。

（3）对时间的要求比较苛刻。必须在规定的时间内到货，否则对配送中心、销售网点、顾客都可能产生影响。就连商品本身，如不易保存的海鲜、肉类等商品，对时间也有严格的要求。

因此，许多零售企业加强了物流配送中心的建设，通过市场预测与决策，研究商品的供应链物流。采取共同进货的方式，以减少不必要的流转环节，降低物流费用，从而达到提高物流管理水平、顺利完成商品使用价值运动过程的目的。

📡 小思考8-1

零售企业物流人员需要具备什么样的素质？

★ 问题引导

7-11便利店在配送管理方面展现出高度的精确性和严格性，基于数据分析实现货物高效流转。其配送特色主要体现为以下三方面：

首先，采用小额配送，即减少每家店的单次采购量，增加采购次数。小额配送策略减少了单次采购量，增加了采购次数，避免了库存囤积，确保日日鲜食品的正常供应，减少食品浪费。

其次，共同配送模式通过整合生产厂家、供应商和7-11总部的配送路径，形成合理的物流体系，提高了配送效率，降低了成本。7-11根据各门店销售数据进行计划订货和配送，确保每次订货和配送的精准性。

最后，"根据温度管理"是7-11配送模式的另一大特色。便利店根据产品保存温度进行分类，如冷冻型、微冷型、恒温型和暖温型，并采用不同的配送设备、时间和频率。一日三次的配送制度确保了食品的新鲜度，同时"少量多次"的配送原则也保证了配送的精准性。

思考：7-11的配送模式有何特点？

📍 引导知识点

二、零售业物流模式的划分

零售业物流模式是零售企业为了形成自己的竞争优势，对零售业物流的各个要素进行有机组合而形成的物流运作和管理系统。零售企业及其上游的供应商、物流商共同构成了一条紧密的供应链，该供应链采用何种物流模式直接关系到其运作效率和运作成本。

根据不同的标准，零售业物流模式可以进行不同的划分。

1.按主体划分的物流模式

（1）企业自营物流。企业自己拥有物流中心。零售企业沃尔玛在物流方面的成功说明了物流配送中心的重要作用。在我国的商业连锁经营中，具有一定规模的超级市场、便利店、专业店、综合商场等，都十分重视物流环节，并相继建立了物流配送中心。物流配送中心主要是为本企业的连锁分店进行配货，同时也可以为其他企业提供货物，因此能够创造更大的经济效益和社会效益，而且这种做法也符合企业的长期利益和战略发展需要。连锁企业都有自己的经营特色，自建物流配送中心有利于协调与连锁店铺之间的关系，保证这种经营特色不被破坏。

（2）社会化物流。在这种物流模式中，连锁企业的物流活动完全由第三方的专业物流公司来承担。社会化物流的优势在于这些物流公司能够在作业和管理上更专业，可以降低连锁企业的经营风险。在运作中，专业物流公司对信息进行汇集、处理后，按客户订单的要求，配送到各门店。这种物流模式还可以为用户之间的交流提供信息，从而起到调剂余缺、合理利用资源的作用。社会化物流模式是一种比较完善的物流模式。

（3）供应商（或生产商）直接物流。随着零售企业的不断发展，大型超市的规模不断增大，对商品的需求量也成倍增加，这就可以由供应商（或生产商）直接配送到零售企业（或连锁店），有些商品（如生鲜商品）不适合转运，也可以由供应商（或生产商）直接配送到零售企业（或连锁店）。

（4）共同物流。这是一种物流经营企业间为实现整体的物流合理化，以互惠互利为原则，互相提供便利的物流服务的协作型物流模式。

共同物流属于一种横向集约联合，按供货和送货形式的不同，可分为共同集货型、共同送货型和共同集送型。共同集货型是指由几个物流中心组成共同物流联合体，采用"捎脚"方式向各货主取货。共同送货型是指共同物流中心从货主处分散集货，而向客户送货采用"捎脚"方式。共同集送型则兼有上述两种模式的优点，是一种较理想的物流模式。随着"互联网+物流"的发展，这种模式将成为发展方向。

按共用范围的不同，共同物流还可分为资源共同型和共同管理型。资源共同型是指参加横向集约联合的企业组成共同物流中心，使各加盟企业的有限资源（含人、财、物、时间和信息）得到充分利用。共同管理型是指企业间在管理上各取所长、互通有无、优势互补，主要表现在人员的使用与培训上。

共同物流模式可以极大地促进"物尽其用"和"货畅其流"，值得大力推广。

小思考8-2

共同物流模式实施的难点是什么？

2.按物流时间及商品数量划分的物流模式

（1）定时物流。定时物流是指按规定的时间间隔进行物流活动的模式。每次物流活动的品种和数量既可按计划执行，也可在物流活动之前通过电话或专用网络通知。由于定时物流活动的时间固定，便于安排工作计划和使用车辆，因此对用户来讲，定时物流也便于安排人员、设备接货。需要注意的是，由于物流商品种类多，配货、装货难度较大，因此在商品数量发生变化时，也会使物流运力安排出现困难。

（2）定量物流。定量物流是指按规定的批量进行物流活动的模式。这种模式商品数量固定，备货工作较简单，可以按托盘、集装箱及车辆的装载能力规定物流数量，因此能有效利用托盘、集装箱等集装方式；同时，这种模式可以做到整车物流，因此物流效率较高。对用户来讲，每次接货都处理同等数量的货物，有利于人力、物力的准备。

（3）定时、定量物流。定时、定量物流是指按照规定的物流时间和物流数量进行物流活动的模式。这种模式兼有定时物流和定量物流两种模式的优点，但特殊性强、计划难度大，适合采用的对象不多。

（4）定时、定线物流。定时、定线物流是指在规定的运行路线上按事先确定的运行时间表进行物流活动的模式。用户可按规定路线、车站和时间接货及提出物流活动的要求。采用这种方式有利于安排车辆及驾驶人员，在配送用户较多的区域，也可避免产生因过分复杂的配送要求造成的配送组织工作及车辆安排的困难。

（5）即时物流。即时物流是指完全按照用户突然提出的物流要求进行物流活动的模式，它是一种灵活性很强的应急物流模式。

3.按供应链中的节点企业角色划分的物流模式

（1）供应商主导的物流。供应商主导的物流适合供应商规模大、物流能力强的企业。这种模式广泛应用于专卖店、超市等零售业态。

（2）零售商主导的物流。零售商主导的物流有利于零售商对本企业的自我控制和管理，有利于满足多品种、多批次、低数量、及时配送的需求。这种模式广泛应用于大型综合超市、连锁超市等零售业态。

（3）物流商主导的物流。物流商主导的物流有利于借助社会化专业物流完成运输、仓储等任务，有利于零售企业加快资金周转、规避风险、集中企业的核心竞争力等，一般应用于仓储式超市等零售业态。

4.新零售下零售物流新模式

（1）O2O物流模式。O2O物流模式即结合线上订单和线下门店的物流配送模式，如盒马鲜生的"前店后仓"模式。O2O物流模式具有快速响应、灵活性强的特点，适用于线上线下融合的零售企业，特别是生鲜电商和大型超市。

（2）社区团购物流模式。社区团购物流模式是指从中心仓到网格仓，再到团长或门店的物流运输方式。社区团购物流模式具有集中配送、社区化服务的特点，适用于社区团购平台和生鲜电商。

（3）B2C电商物流模式。B2C电商物流模式是指通过"城市中心仓+门店落地配"的方式，实现线上订单的快速配送。B2C电商物流模式具有库存优化、高效配送的特点，适用于大型电商平台和连锁零售企业。

（4）M2C电商模式。M2C电商模式是指制造商直接面向消费者的电商模式，通过平台销售商品。M2C电商模式具有极简供应链、快速交付的特点，适用于制造商直接销售商品的场景。

三、零售业物流模式的选择

零售业在选择物流模式时，应秉持以下三方面原则：

1.经济可行性原则

经济可行性原则主要是指从经济和成本的角度分析如何选择零售商物流模式。它的指标包括物流管理成本、物流交易成本、人力资源成本和顾客服务成本。满足这些指标是零售业物流有效、稳健运行的前提条件。

2.技术可行性原则

技术可行性原则主要是指从物流主导企业信息处理和满足顾客需求的角度分析选择零售业物流模式。它的指标包括数据处理能力、信息共享能力、关键顾客服务能力和顾客需求响应率。这些指标是零售业供应链条正常运行和实现零售业服务功能的保证。

3.风险可控性原则

风险可控性原则主要是指从风险管理、降低风险、提高安全性的角度分析采用何种物流模式。它的指标包括库存管理风险、缺货风险以及企业间战略不吻合风险。这些指标会影响零售企业运行的稳定性。

课堂提问 ✔

零售企业是否自建配送中心取决于哪些主要因素？

课堂实训 ✔

把全班学生分为5~8个小组，每个小组以一个企业的身份开展经营活动。每个企业可以通过广告宣传吸引客户、销售产品，根据库存决定下个月的采购量（注：企业的经营活动完全由学生自己决定，老师可以作为消费者设计市场需求量，到各企业购买商品）。最后看哪个企业的物流活动控制得最好。

经营商品的保质期、每月销售量、销售价格资料见表8-1。

表8-1　　　　　　　　　　经营商品的保质期、每月销售量、销售价格资料

项目	水果	小食品	方便面	饮料	洗涤剂	牛奶
保质期	1个月	2个月	3个月	4个月	5个月	6个月
销售量（月）	100千克	150箱	100箱	80箱	50箱	30箱
销售价格	10元/千克	20元/箱	30元/箱	50元/箱	200元/箱	100元/箱

供应商供应商品价格变化资料见表8-2，量大从优。

表8-2　　　　　　　　　　供应商供应商品价格变化资料

项目	水果	小食品	方便面	饮料	洗涤剂	牛奶
数量 价格	100千克以上 6.0元/千克	150箱以上 13元/箱	100箱以上 20元/箱	80箱以上 43元/箱	50箱以上 150元/箱	30箱以上 50元/箱
数量 价格	75~100千克 6.4元/千克	120~149箱 14元/箱	80~99箱 21元/箱	70~79箱 44元/箱	40~49箱 155元/箱	25~29箱 60元/箱
数量 价格	50~75千克 6.8元/千克	100~119箱 15元/箱	60~79箱 22元/箱	60~69箱 45元/箱	30~39箱 160元/箱	20~24箱 65元/箱

续表

项目	水果	小食品	方便面	饮料	洗涤剂	牛奶
数量	40~50千克	80~99箱	40~59箱	50~59箱	20~29箱	15~19箱
价格	7.2元/千克	16元/箱	23元/箱	46元/箱	165元/箱	70元/箱
数量	25~40千克	50~79箱	20~39箱	30~49箱	10~19箱	10~14箱
价格	7.6元/千克	17元/箱	24元/箱	47元/箱	170元/箱	75元/箱
数量	1~25千克	1~49箱	1~19箱	1~29箱	1~9箱	1~9箱
价格	8.0元/千克	18元/箱	25元/箱	48元/箱	180元/箱	80元/箱

案例分组讨论 ✓

名创优品携手美团，物流赋能即时零售新纪元

名创优品与美团达成深度战略合作，加速布局即时零售领域的闪电仓，即名创优品24H超级店。这些店铺覆盖周边5~10千米，24小时营业，通过美团的即时配送网络满足消费者线上下单、最快30分钟送达的需求。目前，该业态店铺已开设约500家，年内将突破800家，成为名创优品国内市场的第二增长极。

美团作为即时零售市场的领导者，其闪电仓运营模式成熟，具备强大的数据支持和物流能力。名创优品借助美团的即时配送和数据分析，优化选址和货盘策略，实现了差异化经营。24H超级店定位于"大刚需+小IP"，SKU数量未来将达到3 000个，与常规店商品差异率达到70%。

此次合作标志着名创优品在即时零售领域的进一步升级和深化，也反映了即时零售市场的快速增长和闪电仓成为行业核心动力的趋势。美团闪电仓数量近年来迅速增长，预计至2027年将超过10万个，市场规模将达到2 000亿元。名创优品通过与美团深度合作，成为"开仓"的标杆性品牌商，为中国零售行业带来了新的转型与发展契机。

资料来源 张雪梅. 踩上又一风口？名创优品加码万亿即时零售市场［EB/OL］.［2024-10-17］. https://news.qq.com/rain/a/20241017A04FYO00.

问题： 名创优品如何利用物流实现更快速、更精准的差异化经营？

任务二 认识制造业物流过程

★任务目标

了解制造业物流，能够合理利用生产物流的运营模式，具有应用生产物流的业务运作能力。

小词典

制造业物流是指围绕制造业企业所进行的原材料、零部件的供应物流，是各生产工序上的生产物流以及企业为销售产品而进行的对客户的销售物流。

★ **课堂讨论**

在众多家电生产企业中，海尔拥有自营物流公司，同时提供第三方物流服务；美的组建"安得物流"，实行全面信息化管理，做"一票到底"的配送；长虹自己负责四川地区的物流配送，其他地区则交给第三方物流公司；伊莱克斯则将物流业务全部交给第三方物流企业来经营。试探讨家电物流行业的未来发展方向与策略。

★ **问题引导**

传化智联为制造业物流提供数字化转型支持

传化智联是一家为制造业物流提供数字化转型支持的企业，助力企业降本增效，打造衔接货主企业、物流企业的信息系统，为制造业提供从线下到线上定制化解决方案和服务。

一是形成全方位地面物流服务网，为各类制造企业提供集、分、储、运、配等物流供应链服务的"地网"。

二是打造智能物流货运平台，形成立体式线上物流服务网。通过数字技术，将单个公路港连接成全国一张网，实现制造企业物流业务在线化、数字化、标准化、智能化。

三是健全仓配运物流服务，线下以"智能公路港全国网"为基础，建成覆盖33个城市的仓储网络，整合连接了自有车辆、物流公司与社会车辆等400多万运力资源。

四是提供支付金融服务，实现了物流行业从发货到收货的全程支付在线化。

据传化智联估算，已为快消、钢铁、家电、化工、能源等40多个行业的上百万家企业提供服务，为其提升20%～30%的综合物流效能。以轮胎企业为例，预计可有效降低轮胎制造的仓储及运输成本，提高运营效率，加速制造企业供应链的规范化、透明化、安全化，预计供应链综合成本降低约25%，库存周转率提高约20%，装卸货工时效率提高60%以上，订单及时交付率提高80%以上。

思考：传化智联为制造业物流提供了哪些支持？

引导知识点

一、物流业与制造业的关系

物流业与制造业之间相辅相成、紧密联系。现代制造业的发展离不开现代物流业的支撑；同时，现代物流业的发展必须以现代制造业为基础。两者互为生产要素，互为服务对象，互相促进，共同发展。具体表现如下：

1.物流业的发展必须以制造业为基础

首先，制造业为现代物流业提供了先进的物流装备，包括运输设备、仓储设施设备、装卸搬运设备和流通加工设备等。相关物流装备的技术水平决定了物流业的运营水平与发展程度。

其次，物流业的大部分功能都是围绕着如何满足制造业的需求而存在的。据统计，目前制造业创造的物流业务量占物流业总业务量的70%以上，制造业的物流总值占全国物流总值的比例达88%，所以物流业的大部分价值都是为制造业服务所创造的。

2.制造业的发展离不开物流业的支撑

首先，物流业能提升制造业的生产效率并降低成本。随着国际分工的日趋深化和跨国公司跨国生产的普及，制造业的生产组织和工序流程被高度分解，物流已成为制造业运行与发展的重要环节，高效的物流运作对制造业的效率提升和成本降低具有重要作用。如果没有现代物流配送体系，没有以信息技术与供应链管理技术为基础的现代物流业的支撑，现代制造业的发展就难以持续。

其次，物流业能提升制造业的核心竞争力。一方面，现代物流技术和服务水平能够促进制造业物流水平的直接提高，进而提升制造行业的整体竞争力；另一方面，第三方物流主体承接制造企业的物流业务，间接提升了制造业的整体竞争力。

3.制造业呼唤智能物流

在目前"互联网+"日益深入的情况下，制造业更需要智能物流（智慧物流）来提供更好的服务和帮助。所谓智能物流，是指具备先进的覆盖全国的城市物流中心网络，具备覆盖供应链上下游的全业务运营管理系统，具备联结全行业各种角色（主体）的开放的生态平台，具备借助大数据和云计算、5G、北斗、人工智能物联网技术、机器人、无人机并融合人、车、货、仓、云端技术的智慧物流大脑的先进物流系统。

◉ 小案例8-1

海尔物流

海尔物流推进本部成立于1999年。海尔集团将分散在23个产品事业部的采购、原材料仓储配送、成品仓储配送的职能统一整合，成立了独立运作的专业物流公司，并下设采购、配送、储运3个事业部，实现战略一体化。海尔物流推进本部研究后发现，海尔物流存在以下问题：一是工厂布局与总体规划布局不清楚；二是物流、商流、信息流和资金流的结合不紧密；三是物流专业的功能不完善。针对这三点，海尔进行物流重组、供应链管理、物流产业化设计，帮助海尔从一个将要倒闭的企业发展成为一个国际化的企业。

思考：结合资料，分析海尔物流如何应对数字化转型趋势？

★ 问题引导

联想作为全球PC巨头，拥有2 000多家核心供应商，构建了韧性较强的供应链网络。联想实施供应链智能控制塔系统，推动AI在供应链各环节的应用，并致力于可持续发展。联想与供应商建立共荣共生关系，共同成长，并通过子公司联晟智达将供应链解决方案输出给其他企业。

思考：制造业物流有哪些特征？联想采取了哪些具体措施来强化供应链韧性？

◉ 引导知识点

二、制造业物流的特征

制造业物流是指围绕制造企业的物料和成品在供应商、制造商和客户之间，制造商内部各生产车间甚至生产工位之间的有序平稳流动，以及它们之间的信息流动。制造业物流主要有以下特征：

1.复杂性

对于制造业物流来说，组成产品的零部件成千上万，小到螺栓、螺母，大到大型铸件如汽车底盘、电器壳体，因此物流活动与物流管理十分复杂。它们不仅需要现代化的自动化立体仓库来储存各种大小适中的原材料和零部件，而且需要现代化的普通仓库来存放一些体积较大、形状不规则的零部件（如汽车底盘等）。这就增加了物流中心管理工作的复杂程度。此外，大型制造企业，特别是从事加工装配式生产的企业，由于生产工序多，因此物流路线复杂，物流网络也相当复杂。

2.有序性

对于制造企业，特别是使用自动化流水线生产的大型制造企业来说，其生产的平稳有序性，要求各个零部件的需求在时间上具有有序性，要求在不同加工、装配工序上的零部件在时间上具有次序性，这就要求制造业物流具有较高的有序性。

3.配套性

在生产制造过程中，大部分零部件的需求是配套的，如螺栓配螺母、相应的轴承配相应的轴等，因此整个产品的所有零部件实际上可以看成一套零部件。这就要求制造业物流应具有配套性，即按照配套产品的需求准备各个零部件，并确保各个零部件的到货时间合理，从而保证生产的正常进行。

4.定路线性和定时性

生产企业尤其是大型自动化生产企业在进行生产时，加工工位的地理位置一般不会发生变化，即相应零部件的物流目的地没有发生改变，因此其物流路线是固定的；同时，随着生产节奏的变化，各个工位上的需求也是十分稳定的，体现在物流上即对物流时间的要求也是稳定的，只是随着生产计划的变化而进行小幅度的调整。结合制造业物流的定路线性和定时性，物流企业可以借助自动化程度更高的连续输送机，如辊道式输送机等简化物流中心的管理，借助特定的流程提高物流工作效率，降低物流管理的难度。

5.高度准时性

由于生产的连续性，对于进行流水式生产的企业来说，其对物流的准时性有极高的要求。对于批发零售业物流来说，若物流不及时造成缺货，其结果可能是暂时性地失去该客户；而对于制造业物流来说，若物流不及时，造成的后果将是整条生产线停工待料，从而产生不可估量的损失。物流企业可以通过将物流信息系统与企业计划信息系统高度集成的方法，提高物流的可预测性，从而实现物流的高度准时性。

6.信息网络与JIT生产模式的一体化

电子商务的运用对制造业物流的管理提出了新的目标，即"准时化生产"（just-in-time，JIT），并尽可能做到"零库存"。JIT是指在需要的时间、按需要的数量供给需要的产品。这对管理观念和管理手段均提出了全新的要求，信息网络与JIT生产模式的一体化大大提高了JIT的效率。例如，德国大众汽车公司把所需采购的零部件按照使用频率分为高、中、低三个部分，同时把所需采购的零部件按照所含价值量的高低也分为高、中、低三个部分，将使用频率高和价值含量高的重合部分确定为需要及时供应的零部件，并在网上公布。供方通过联网的计算机了解需方的需要量。借助信息网络，供应商能够及时得到各种需求信息，从而能够及时为用户提供所需零部件。

所以，物流信息要支持物流的各项业务活动，通过信息传递，把运输、储存、加工、装配、装卸、搬运等业务活动联系起来，能够提高物流的整体作业效率。图8-1是制造业物流中物流和信息流的示意图。

从图8-1中可以看出，制造业物流研究的核心是如何对生产过程中的物流和信息流进行科学的规划、管理和控制。

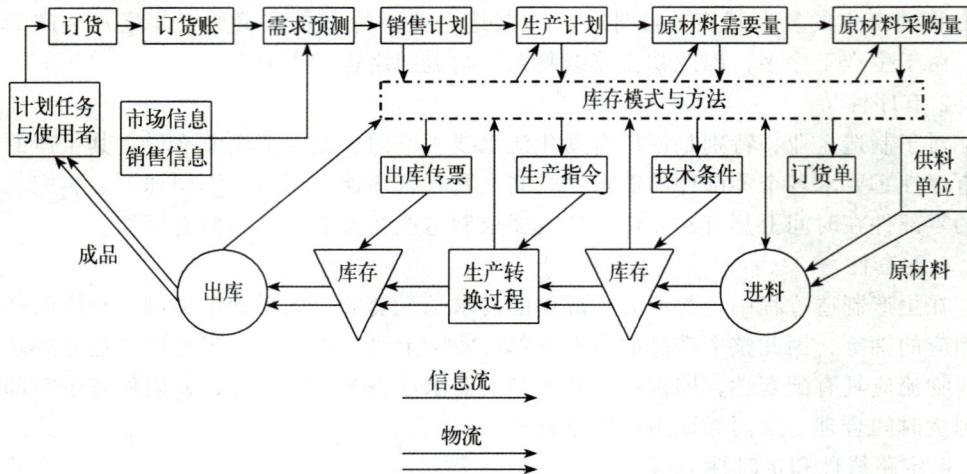

图8-1　制造业物流中物流和信息流示意图

小案例8-2

蒙牛的崛起

物流运输是乳制品生产企业的重大挑战之一。蒙牛目前的触角已经遍及全国各地，甚至还伸向东南亚。乳制品的保质期很短，巴氏奶仅10天，酸奶也不过21天左右；乳制品对冷链的要求很高，巴氏奶必须保持在0℃~4℃，酸奶则必须保持在2℃~6℃。蒙牛采用尽量缩短运输半径、合理选择运输方式、全程冷链保障（奶牛—奶站—奶罐车—工厂）、提高商品实载率、尽量减少空载等方法完成对每个需求点的配送。

思考：蒙牛乳制品物流有何特点？有哪些特殊要求？

★问题引导

长享科技是长安民生与一汽物流共同成立的科技创新企业，专注于汽车流通产业物流外包服务。公司通过"车易云"智慧物流平台，解决了整车末端配送的问题（如服务标准化不足、成本高、效率低等）。长享科技构建全国性仓储网络，提供一体化服务，并实现次日达运输。车易云平台实现业务全流程数字化、智能化管理，提升了效率，降低了成本。在制造业物流领域，长享科技通过VTC业务模式创新，实现整车"仓配一体"和"统仓共配"，通过提供全链条服务、数据分析和智能化管理实现供应链上下游信息协同，提升了整体效益。

思考：如何利用物流外包有效解决整车物流的行业痛点问题？

引导知识点

三、制造企业物流外包的优势

随着市场竞争的加剧，越来越多的制造企业选择将物流外包。制造企业物流外包的优势如下：

1.竞争压力导致物流外包动力增强

在全球经济下行压力加大，贸易、投资、工业生产等活动态势放缓的形势下，我国的制造企业面临着不小的竞争压力。受此影响，自营物流的高固定成本使得制造成本居高不下。

出口数量下滑，同样对物流企业造成了恶劣影响。第一，业务量急剧下降，导致行业内出现恶性价格竞争。第二，物流设施闲置率上浮。第三，由于客户经营出现困难，因此物流服务费的回收也很困难。

制造企业和物流企业双方的困境使得缔结合作联盟、共同探索控制物流成本的合理路径成为可能。传统上的单一职能外包已经达到成本下降的底线，制造企业和物流企业只有通过科学规划、信息共享的物流外包，才能挺过竞争压力增大的难关。

2.物流外包成为供应链整合的纽带

竞争压力迫使制造企业重视自己的供应链管理，而物流外包有助于在各个参与方之间形成合力，使物流、信息流、商流紧密衔接，构建一体化供应链管理优势，从而成为制造企业新的竞争力。

3.制造企业物流外包出现新变化

制造企业物流外包涉及两个层面：一是规划层；二是操作层。我国制造企业早期的物流外包往往止步于操作层面，即具体物流职能的外包，如运输、仓储、包装等的外包。接受任务的物流企业无法从全局的角度分析问题，规模效益发挥不足，储运和人力资源无法合理配置，从而导致物流高成本运行。

近年来，物流外包出现了新变化，制造企业对一体化供应链物流服务的需求大幅增加，从而促进了综合物流服务商的发展。中远物流等一些物流服务集成商借助资深行业背景和专业人才优势，在物流规划层与制造企业展开合作，协助制造企业制订综合性的物流规划方案，涉及物流服务提供商的选择、物流基础设施规划、业务调度分配、信息系统对接、数据挖掘等，有些物流企业还将业务拓展至金融领域，提供仓单质押服务，帮助制造企业盘活资金。

4.物流外包可以使制造企业提高自己的核心竞争力

现代竞争理论认为，企业要取得竞争优势，必须巩固和扩展自己的核心业务，这就要求企业致力于核心业务的发展。因此，越来越多的制造企业将仓储、运输等非核心业务外包给专业化的第三方物流企业。

5.利用第三方物流企业的先进技术减少制造企业的投资，降低制造企业的经营风险

第三方物流企业先进的设施和软件可以提高物流作业的效率，减少制造企业在物流领域的投资，使制造企业将财力集中在核心优势方面，从而降低制造企业的经营风

险。一项调查表明，第三方物流企业需要投入大量资金用于购买物流技术设备，包括软件、通信设备和自动识别系统。

6.物流外包可以使制造企业真正做到零库存

制造企业将物流外包后，由第三方物流企业负责采购，采购的物料暂时存放在第三方物流企业的仓库里，直到制造企业领用该物料之后，才付款给第三方物流企业。这样，大部分采购成本就落在了第三方物流企业的身上，并且推迟了制造企业付款的时间。同时，第三方物流企业在采购时会面临很大的压力，既要保证及时为制造企业提供物料，又要兼顾自己的库存成本，这就需要先进的物流系统来支持。

此外，物流外包还有利于制造企业拓展国际业务。随着全球经济一体化进程的加快，不少没有国际营销渠道的制造企业希望进入国际市场，而国际第三方物流恰恰可以帮助这些制造企业实现其拓展国际业务的目的。

小案例8-3

冠生园物流外包

冠生园集团是国内著名的老字号食品集团，主要生产和经营糖果、蜂制品、酒类、面制品、味精、冷冻食品、保健食品、生物医药、休闲食品等近20个系列上千个品种。其拥有的近100辆货运车辆要承担上海市3 000多家大小超市和门店的配送，还有北京、太原等地的运输，实际工作过程中出现了淡季运力闲置、旺季忙不过来的现象，每年维持车队运行的费用达到上百万元。冠生园最终决定委托上海虹鑫物流有限公司（简称"虹鑫物流"）作为第三方物流机构，负责运输工作。虹鑫物流每天一早输入冠生园相关的配送数据，然后制定出货最佳搭配装车作业图，安排合理的行车路线。此外，合同中规定，如果货物在运输途中被损坏，由物流公司负责赔偿。据统计，原来铁路运输发往北京的货物需要7天送达，物流外包后，只需要2~3天即可送达，而且是"门到门"服务，5个月就为冠生园节约了40万元的费用。由于配送及时周到、保质保量，因此冠生园的销售额和利润有了大幅度增长。更重要的是，企业领导可以从非生产性的包装、运输中解脱出来，集中精力抓好生产。

思考：冠生园该如何做好物流外包风险防范？

★问题引导

2024年9月25日，第十六届制造业与物流业联动发展年会在宁波召开，聚焦"新质生产力驱动物流业升级，创新赋能制造业提质增效"。大会围绕制造业供应链与智慧物流、智能制造与数字物流、公转铁与多式联运物流体系建设等议题展开深入交流。会上展示了商用车及物流前沿技术，为供需双方搭建合作平台，一汽解放等企业参展，展品广受好评。

思考：制造业与物流业联动发展的重要意义有哪些？

引导知识点

四、物流业与制造业联动发展

产业联动是指为了推动经济发展，相关各产业间进行的以生产要素的流动与优化重组为主要内容的产业协作活动。

制造与物流业的联动发展指制造业和物流业以产业关联为基础，将制造业物流业务和物流企业的物流运作联合起来，进行产业协作活动，共同促进双方发展。两业联动发展的基础是产业关联和产业分工，动力是产业协作-供应链运作方式，本质是互利行为，主体是企业。

现代物流业与制造业相互影响、关系密切。制造业为现代物流业提供了先进的装备和技术，制造业的发展释放了物流需求；现代物流业推动了制造业技术结构的升级，并对制造业的产业升级起到了至关重要的作用。

（1）从作用方式上看，现代物流业对制造业升级的影响一方面表现为通过现代物流技术和服务促进制造业物流水平的提升，从而直接提高了制造业的整体竞争力；另一方面表现为第三方物流主体承接制造企业的物流业务，从而间接提高了制造业的整体竞争力。

（2）从企业层次上看，现代物流业可以通过改善制造企业的采购、销售与生产系统提高制造企业的生产效率，从而降低采购、销售及生产成本。

（3）从产业层次上看，制造业实施供应链改造可以合理优化资源，提高行业的综合竞争力。供应链的实质是物流管理在深度和广度上的扩展。

（4）现代物流技术水平直接提高了制造业的技术水平。现代制造业普遍采用的物流技术主要有单元化技术、物流信息化技术、物料搬运技术、现代仓储技术等，从而大幅度提高了物流业的运作效率和管理水平。

制造业与物流业联动发展的实践表明：现代物流业通过提升制造业的物流水平发挥对制造业产业升级的直接推动作用，现代物流技术被制造企业合理利用可以直接提高制造技术水平，提高制造业的物流水平是制造业和物流业和谐发展的关键。

◌ 小案例8-4

上海通用与中远的合作

上海通用的生产线基本上做到了零库存，而这在很大程度上归功于中远出色的物流运作。中远按照上海通用要求的时间准点供应，门到门的运输配送使零部件存放于途中。门到门运输具有很大优势，具体如下：

第一，包装成本可以大幅度降低，因为从供应商的仓库门到用户的仓库门，装一次卸一次就可以了，这比铁路运输要方便得多。

第二，库存可以放在运输途中，只要算好时间，货物就可以准时送到。生产线的旁边设立了再配送中心，货物到位后2个小时以内就用掉了。再配送中心在这2个小时里起到了一个缓冲的作用，这就是传统意义上的安全库存。如果没有再配送中心，货物在生产线上流动的时候就没有了"根据地"，就会比较混乱，因此再配送中心还能起到集中管理的作用，每隔2个小时"自动"补货到位。

思考：上海通用和中远如何共同实施先进物流管理策略来实现零库存并优化成本管理？

课堂提问 ✓

有人认为，制造业物流应该注重围绕制造企业本身的生产组织物流。例如，如何实施物流才能使生产平稳有序地进行而又尽可能地降低库存水平？各生产工序间如何调整物流工具的使用时间以及优化物流路线？如何预测各生产工序上的需求并通过信息系统的通信来进行物流合理化建设？如何在原有厂区对物流中心进行最优选址？这种说法对吗？请说明理由。

课堂实训 ✓

某销售企业订购100辆自行车，要求11月20日交货，请问自行车生产厂家该如何安排生产计划？图8-2是自行车产品结构树。

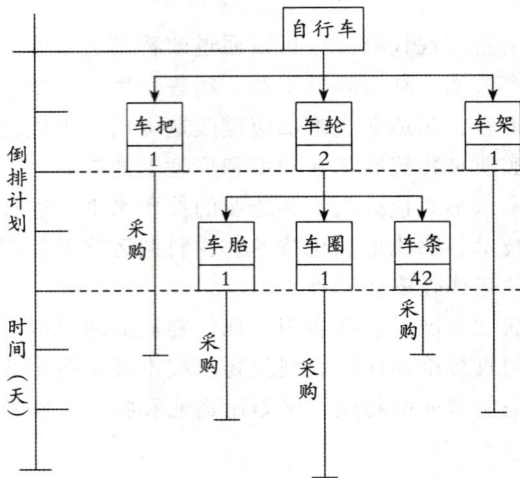

图8-2 自行车产品结构树

案例分组讨论 ✓

江铜物流：制造业物流的领军者与现代综合物流典范

江西铜业集团有限公司（以下简称江铜集团）是中国大型阴极铜生产商及品种齐全的铜加工产品供应商，位列"中国企业500强"榜单第43位。江铜物流是江铜集团的全资子公司，国家4A级物流企业。公司下设8个生产经营单位，并在华南、华东、华西驻有运营团队，致力于成为具有行业核心竞争力的现代综合物流企业，加速智慧、数字物流建设。

公司主要业务涵盖公路客货运输、危险品运输、物料配送、网络货运平台运营、海陆铁联运、车辆维修及仓储服务等。秉承"服务创造价值"理念，践行"安全、规范、优质、持续"方针，江铜物流积极参与"互联网+物流"，与多家世界500强及百余家大中型企业建立了业务关系。其旗下子公司江西铜盛智网，通过打造大宗商品智慧供应链管理服务平台，科技赋能、智能引导、规范灵活，提供全面物流信息及交易服务。

此外，江铜物流致力于大型专用机械设备国产化研制，与中冶宝钢、湖北三江瓦力特等成功联合设计研制了渣包车和低平板车等专用大型车辆设备，填补了国内制造空白，展现了强大的制造业物流实力，进一步提升了其在物流行业的竞争力。

资料来源 江西铜业集团物流有限公司. 公司简介［EB/OL］.［2025-01-03］. http：//www.jccjtwl.com/About-us.

问题：江铜物流如何结合行业特性，探索铜产品物流的智能化发展路径？

任务三　熟悉农业物流运营模式

★任务目标

了解农业物流，掌握农业物流的分类，能够合理利用农业物流的运营模式，具有应用农业物流的业务运作能力。

小词典

农业物流是指在农业生产及相关联的农业生产资料供应和农产品销售过程中的一切物流活动的总称。农业物流分为农业生产物流、农业供应物流和农业销售物流。农业物流包括农业生产资料和农产品的运输、储存、加工、包装、装卸搬运、配送和信息管理等功能要素。

★课堂讨论

我们经常在报纸上看到某地农产品积压，甚至烂在地里，农民增产不增收；另一方面，城市里该种农产品的价格又比较高。这是为什么呢？

★问题引导

国务院办公厅印发的《关于加快农村寄递物流体系建设的意见》（国办发〔2021〕29号）提出，到2025年，基本形成开放惠民、集约共享、安全高效、双向畅通的农村寄递物流体系，实现乡乡有网点、村村有服务，农产品运得出、消费品进得去，农村寄递物流供给能力和服务质量显著提高，便民惠民寄递服务基本覆盖。德邦与多地政府签订农产品采购战略合作协议，实现上门取送货，解决"最后一公里"难题；推出产地直发线路，实现从采摘到目的地直达配送，针对偏远地区则采用干线铁路、空运线路直发；充分利用"邦安选"等自有电商平台及内部直播平台，及时上架各地农产品，助力产品销售。

思考：结合德邦在农产品物流方面的实践，分析农业物流的主要特征有哪些，并探讨这些特征对农业物流体系建设和运营的影响。

引导知识点

一、农业物流的特征

1.农业物流主体的特殊性

农业物流主体既有加工企业、运销企业，又有农户（农户可视为一个自主经营、自负盈亏的经营主体）。

农户作为农业生产主体和核心企业的供应商，具有多重身份属性：自然人、法人、管理者、决策者、劳动者等。农户的行为模式比较复杂，决策的理性与非理性并存，并受农户个人的文化素养、偏好、心理状态、经济状况等因素影响；农户在对市场信号和经济信息的认知、判断、反应方面，既可能是理智决策，也可能是盲目从众；从数量特征上看，农户作为供应商，其数量弹性很大，有时可以少至百十人，有时又可以多至成千上万人，甚至更多。

例如，2014年至今，伊利集团发放奶款约2 473亿元，帮助合作牧场增收达95亿元，开展奶牛养殖技术线上培训534场次，培训33万人次，供应商数量之多在其他产业物流中是很少见的。

2.农业物流客体和物流工具的多样性

农业物流客体主要包括农副产品及其中间产品、产成品，还包括其他辅料、包装物等。农业物流工具种类繁多、层次不一，既可以是飞机、火车等现代物流工具，也可以是四轮拖拉机、马车等传统物流工具，还可以是个体的人。农业物流客体和物流工具的多样性决定了农业物流主体在数量上呈几何级数增长，这也增加了农业物流路径的多样性和复杂性。

3.农业物流路径的复杂性

农业物流路径的复杂性主要缘于农业生产的分散性和农产品消费的普遍性。农业物流过程可描述为：农业投入物以工厂或工业城镇为起点，经由各种运输方式到达农村，直至千家万户（这一过程的农业物流路径呈强发散性）；经过农业生产、收获等环节后，农产品由少聚多，由支线向干线汇聚到制造厂或分销商（这一过程的农业物流路径呈强收敛性）；农产品经过加工（或流通加工）后，向分销商、零售商扩散（这一过程的农业物流路径呈中度发散性）；最后农产品从各零售网点扩散至千家万户（这一过程的农业物流路径呈强发散性）。

农业物流路径的特征可概括为：强发散性+强收敛性+中度发散性+强发散性。这一特征决定了农业物流在控制上的高难度性，在管理上的复杂性，在物流硬件投资数额上的巨大性。这一特征的影响不仅表现在粮食、棉花等大宗农产品流通方面，也突出表现在一些全方位快速扩张的企业身上，如伊利、双汇、光明等，而其他产业物流路径中的一些生产资料用品基本上不具有这一特征。此外，其他产业的许多日用品物流虽然在供应链下游也体现出强发散性，在供应链上游却没有表现出强发散性+强收敛性的特征。

4.农业物流环境的全方位性和制约性

农业物流环境具有全方位性，农业包含农、林、牧、副、渔等子产业，其作业场所基本涉及我们所知的大多数地理环境。

农业物流环境的制约性表现在两个互相关联的方面：一方面，农业物流能力（包括物流管理和物流基础设施建设等方面）制约和影响着农业物流的范围和绩效，如光明乳业在建立冷链和提升物流系统能力以前，其液态奶的物流半径被局限在加工厂方圆300千米以内；另一方面，宏观物流环境、国家物流政策、农产品产业规范及标准化等对农业物流形成了外部约束和限制。

5.农业物流时间竞争的双向性和局限性

一方面，农业物流在时间竞争的策略指向上具有双向性。在其他产业物流中，时间竞争在策略指向上就是加速，即通过尽可能地缩短产品开发、加工制造、销售物流、服务支持等方面的时间长度及减少它们的波动幅度来参与竞争。在农业物流中，时间竞争在策略指向上不仅包括正向加速，即一般意义上的加速，还包括逆向加速，即削减和抑制农副产品有机体自然生长（呼吸、光合作用、熟化、腐化）的速度，以使其具有更高的经济价值。例如，对生鲜品保鲜、冷藏以降低生物体活动的强度，培育晚熟品种以均衡后续生产和供应等。

另一方面，农业物流在时间竞争方面具有局限性。首先，农产品的生产和运营周期十分漫长，这种长周期与农产品加工、流通的短周期形成了鲜明对比。在一定的经济技术条件下，农产品生产周期压缩的潜力有限，农业物流的时间竞争受到局限。其次，农产品生产环节在响应用户需求时，其响应方式与后续环节存在着巨大差异。农产品生产和决策在时间上整体刚性很强，调整的柔性差。再次，农业物流各子系统在信息的传递、物流系统的协调与集成、标准规则的一致性等方面欠缺，从而约束了农业物流基于时间竞争的整体优化空间。最后，农业物流节点的时间竞争工具有限。制造业物流在时间竞争中常用的系统简化和整合、标准化、偏差控制、自动化等方法在农业物流环节很难运用。

6.农业物流需求的不确定性

进入 21 世纪以来，随着农业和整个国民经济的发展，居民收入和生活水平不断提高，农副产品及其制品的种类和品牌日益增多，流通渠道日益多样化，消费者对价格、品质、服务等日益敏感，购买偏好和习惯也更加多样化。总体来看，农副产品的消费模式已由温饱型向质量型、服务型转变。

> ▶ 小资料 8-1
>
> **农业物流、农村物流、农产品物流的比较**
>
> 在农业物流、农村物流、农产品物流三个概念中，农业物流的外延最大，可以包括后两者，也可以把"三农"领域的物流统称为农业物流。从狭义上看，农业物流主要是生产性物流；农村物流是指维持农民自身生存、生产的生活生产资料物流；农产品物流是指农产品销售物流。

引导知识点

二、农业物流的分类

1.按物流的阶段划分

农业物流按照物流阶段的不同，可以分为农业供应物流、农业生产物流、农业销售物流。

（1）农业供应物流。农业供应物流是指为了保证农业生产不间断进行，保证农村经济持续发展，供给和补充农业生产所需生产资料和生活资料的物流。农业供应物流是农业生产的前提条件和物质保证。没有农业供应物流，农业生产就会停滞。农业供应物流还可以将工业产品向广大农村输送，是工业和农业两大物质生产部门之间的物质运动。

（2）农业生产物流。农业生产物流是指从农作物耕种、田间管理到农作物收获的整个过程中，由于配置、操作和回收各种劳动要素所形成的物流。农业生产物流是构成农业生产活动的主要内容，它决定了农业的生产成本和效率，影响着农民的收益。农业生产物流是农业生产工序间的物质运动，处于农业生产过程中，活动范围较小。农业生产的作业时间、作业内容、作业场所、作业程序、作业线路、作业组织管理等问题，都直接影响着农业生产物流的效益。

农业生产物流按照内容和形式的不同，又可分为三种物流形式：一是耕种物流，即为了耕种配置生产要素的物流，包括农业机械设备及工具的调配和运作等。二是管理物流，即为了供给培育农作物生长的物质资料的物流活动，包括育苗、间株（插秧）、除草、整枝、杀虫、追肥、浇水等作业所形成的物流。三是收获物流，即为了满足收获农作物所需生产资料形成的物流，包括农作物收割、回运、脱粒、晾晒（烘干）、筛选、处理、包装、入库等作业所形成的物流。农业生产物流的流动范围小，是农业生产要素从仓库到田地和田地之间的往复运动；物流的方向是双向的，而且出大于入；物流主体可以是农业服务队，如农机站、机耕队或短途货运公司，也可以是农民（农场）自己。

（3）农业销售物流。农业销售物流是指由农产品的销售行为引发的一系列物流活动，包括为销售农产品和满足消费者需要而进行的分拣、配货、装卸、送货等活动。

2.按物流的客体划分

农业物流按照物流客体的不同，可以分为农业生产资料物流和农产品物流。

（1）农业生产资料物流。农业生产资料物流是指以种子、化肥、农药、地膜、农业机械及农业生产消费的原材料、燃料等为物流客体，对它们进行拣选、加工、包装、分割、组配等作业，并按时送达指定地点的农业物流活动。农业生产资料物流的路径一般是由城市到农村。

（2）农产品物流。农产品物流是指以粮食、肉类、水果等农产品为物流客体，对它们进行备货、储存、分拣、配货、装卸、送货等作业，并按时送达指定地点的农业物流活动。农产品物流的路径一般是由农村到城市。

★ 问题引导

2024年11月29日，在第二十一届中国国际农产品交易会上，全国农产品采购商联盟宣布成立。联盟由农业农村部市场与信息化司指导，全国农业展览馆会同中国农产品市场协会、中国农业展览协会共同发起，由农批市场、大型商超、连锁便利店、社区团购、生鲜电商、餐饮连锁企业、集采平台等机构自愿组成，属于非营利性、非法人农产品采购商协同工作平台。

联盟将组织开展应急采购、产销对接、品牌培育、标准制定等工作，推动建立稳定可靠的农产品上行渠道，打造直通原产地的采购平台，推动产销双方形成利益共同体，塑造具有权威性、引领性、影响力的全国农产品采购商综合服务联合体。联盟以应对农产品滞销卖难、推动建立农产品营销服务体系为己任，坚持政府引导、市场运作、公益属性，致力于构建稳定、可持续的农产品产销关系，积极服务各地农业类展会、对接推介活动，促进全国范围内尤其是脱贫地区农产品流通。

思考：上述材料采用了哪种物流模式？农产品采购商联盟成立的重要意义是什么？

引导知识点

三、农业物流模式

从供应链战略出发，结合农业产业化发展的实际，可供选择的农业物流模式主要有供应链一体化发展模式、中介组织联动模式、第三方农业物流模式、农业物流联盟模式、节点-网络模式、电子虚拟供应链模式等八种。在这几种模式中，究竟采取哪种模式，要根据各城市和农村的农业产业化发展水平、农业物流主体的服务能力等多方面因素来确定。

1.供应链一体化发展模式

供应链一体化发展模式是指农业物流供应链中的核心企业将其供应链一体化，形成企业物流系统的发展模式。在农业物流供应链中，具备一定规模、协调与控制能力较强、商业信誉较好的企业，如果以农业物流作为发展战略要素，那么该企业会主动成为供应链的核心企业，并在一定范围内将农业物流供应链中的相关城乡客户、供应商和企业联结起来，整合各项物流功能，在服务水平、效率、成本与效益方面做出恰当的物流功能定位，实现城乡供应链一体化运营管理。

2.中介组织联动模式

中介组织联动模式以各种中介组织（主要包括农业合作组织、技术协会、农民经纪人等）为纽带，组织产前、产中、产后的全方位服务，使众多分散的小规模生产经营者联合起来，形成较大的统一群体，从而实现规模效益，提高市场议价能力，增加农民收入。这种模式适用于对技术要求比较高的种植业、养殖业，特别适用于新产品、新品种、新方法推广过程中的农业物流运作。中介组织可以为农民提供专业供需信息等除生产本身之外的所有服务，直接充当城乡双向流通的纽带。

3.第三方农业物流模式

第三方农业物流模式是指第三方农业物流企业独立承包一家或多家农业生产者或农资、农产品经销商的部分或全部物流业务的模式。这种模式可以把城乡双向流通中出现的物流瓶颈、供需矛盾、信息失真等问题通过第三方农业物流企业来解决。第三方农业物流企业充当了城乡双向流通的缓冲器，必须具备对农业物流的协调、组织、运作能力。第三方农业物流企业可以自行承担物流业务，也可以将一部分物流业务委托他人进行操作，可以是综合性物流企业，也可以是功能性物流企业。

4.农业物流联盟模式

农业物流联盟模式是指为了实现农业物流的战略目标，两个或多个农业物流主体通过各种协议、契约结成优势互补、风险共担、利益共享的松散型网络组织的物流模式，这是国外普遍采用的形式。这种发展模式强调企业之间在市场交易中进行战略性的合作和协调，从而有效节约交易费用；同时，由于联盟成员仍保持各自的相对独立性，仍存在着竞争（围绕自营、外购），因此能够维持较高的市场效率，从而避免了一体化组织中的僵化失灵产生的组织费用。

5.节点-网络模式

节点-网络模式是指通过发展农业物流节点，建立节点之间的联系，进而形成城乡双向的农业物流服务网络的发展模式。网络化是现代农业物流的基本特征，农业物流的效率直接依赖和受限于网络结构。现代农业物流服务网络是由节点、链接、层次和活动有机结合而成的。节点具有一定的功能和空间位置，可以是企业、供应商、顾客、物流设施；运输和通信是建立节点之间联系的链接；层次是指农业物流服务网络中的组织管理和功能层次结构；活动是指各种农业物流业务活动。由于节点的功能和布局在很大程度上决定了农业物流的网络格局和功能结构，因此我们通常将发展物流节点作为发展现代农业物流的关键和重要切入点。物流设施是指物流园区、货运中心、配送中心、仓库、货运站、港口、运输枢纽等。

这一模式的特点为：以节点的农业物流资源为优势，依靠政府的宏观管理与政策扶持，发挥农业物流企业的市场主体作用，将城乡一定区域范围内的数个物流节点有机联结起来，建立节点间的城乡农业物流合作关系，形成现代农业物流网络，构建区域农业物流系统、国际农业物流系统等。

6.电子虚拟供应链模式

电子虚拟供应链模式主要借助于网络建立商务平台，来自城乡的供应商、生产商、批发商、零售商、物流供应商等以会员形式加入其中，供客户、消费者查询，形成虚拟农业物流供应链。在虚拟农业物流供应链的运作中，各物流企业的合作是均势的，信息透明度、准确度和及时性高，所以能够减少需求不确定带来的库存增加，克服供应链敏捷性较差的不足，降低农业物流的运作成本，提高整个农业供应链的效率。这一发展模式对农业物流的服务网络与信息系统、数据处理能力、人员素质的要求很高。所以，信息技术和网络技术的发展与应用会加快我国农业物流信息化的步伐，电子商务的迅速发展会推进我国农产品电子物流的进程，农民素质的提高也会加强农业物流主体的合作意愿，这些因素促进了电子虚拟供应链模式的发展。

7.智慧农业物流模式

智慧农业物流模式是指利用物联网、大数据、人工智能、云计算等现代信息技术，对农产品从生产、储存、运输到销售的整个物流过程进行智能化管理和优化的一种现代物流模式。这种模式通过实现物流信息的实时监控、智能调度和优化配置，大幅提升了物流系统的运作效率和服务水平。借助智慧农业物流模式可以实现无人化农业物流运作、优化运输路线、精准环境控制、供应链透明化、农产品溯源等，进而提升农产品物流服务质量。

8.出口农产品海铁联运模式

出口农产品海铁联运模式是指通过铁路运输将农产品从内陆地区运输到沿海港口，再通过海运将货物运往国外目的地的一种多式联运模式。这种模式结合了铁路运输的高效性和海运的低成本优势，能够有效降低物流成本，提高运输效率。

四、农业物流模式的选择依据

影响农业物流发展的因素很多，如物流基础设施建设情况、物流渠道、市场体系、农业产业化水平、中介组织的发展状况、供应链上各个环节决策者的物流意识、国内外竞争环境的变化、物流技术与管理水平等。所以，现代农业物流模式可以有多种选择，但无论选择何种模式，都必须遵循以下三个基本原则：

1.利益原则

现代农业物流是一个整体，是以满足利用它的成员或客户的利益来维系的。因此，只有当一种发展模式对农业物流参与者具有经济利益上的吸引力时，物流参与者才会相互合作，通过实现组织目标，达到最佳的运作效果，从而实现各自的利益。这是现代农业物流持续发展的首要条件。

2.效率原则

效率原则要求以有限的资源谋求最大的成果，坚持效率原则在现代农业物流发展模式的选择过程中是显而易见和始终如一的。现代农业物流要求农业物流参与者按照专业化的分工和协作有规律、有秩序地运作，因此必定产生规模效应、协同效应。当一种农业物流模式能够尽可能地整合和利用农业物流参与者的物流资源、加快市场反应速度、降低物流成本、提高物流效率和效果时，这种农业物流模式才是有效率的，才是可以选择的。

3.可持续发展原则

我国正处于工业化发展的中期，人口众多，农产品生产和消费的数量都很大。同时，现代物流起步较晚，与农业物流相关的经济活动对资源、环境、人们生活质量的影响都很大，不可避免地会造成资源消耗过度、环境破坏严重。所以，农业物流参与者要强调全局与长远的利益，强调全方位对环境的关注，选择与绿色生产、绿色营销、绿色消费等绿色经济活动紧密衔接的集约型发展模式。

课堂提问 ✓

为什么要发展现代农业物流？

课堂实训 ✓

某些时期，市场上的猪肉、鸡蛋、大蒜、苹果等农副产品的价格波动较大，试分析其中的原因。这与物流有何关系？

案例分组讨论 ✓

近几年来，国家投入大笔资金规划粮食物流园区，部分代表性粮食物流园区的规模与投资见表8-3。

表8-3　　　　全国部分代表性粮食物流园区的规模与投资

名称	地址	投资额（万元）	占地规模（亩）
宿迁粮食物流园区	江苏宿迁	150 000	2 000

续表

名称	地址	投资额（万元）	占地规模（亩）
长春东北亚现代粮食物流园区	吉林长春	250 000	3 000
射洪粮食物流园区	四川射洪	80 000	260
漳州国际性粮食物流园区	福建漳州	10 878	200
湖南金霞粮食物流园区	湖南长沙	68 000	394

资料来源　编者根据政府公共平台资料整理。

问题：全国代表性粮食物流园区对我国农业物流的发展有何帮助？

任务四　了解食品物流业务环节

★任务目标

了解食品物流，能够合理利用冷链物流，具有应用食品物流的业务运作能力。

小词典

食品物流是指食品从供应地向接受地的实体流动过程，即根据实际需要，将食品运输、储存、装卸、搬运、包装、流通加工、配送、信息处理等基本功能实现有机结合的过程。

★课堂讨论

近年来，食品安全问题频发，一些不良商家在生产经营过程中偷偷使用了病鸡、病鸭、地沟油等，对消费者身体危害很大。物流企业能为食品安全做些什么？

★问题引导

2024年，国际食品安全与健康大会聚焦新质生产力对食品安全与质量的提升。伊利集团通过MES系统实现生产过程的智能监控，同时利用大数据雷达系统精准捕捉消费者需求，确保产品符合市场需求。菲仕兰运用数字化技术优化需求预测和库存管理，提升产品新鲜度，并通过QR code技术探索无人值守零售，升级消费者服务。百事公司推出"正持计划"，从原料种植到产品包装，实现全产业链的可持续发展监控。雀巢强调全链条食品安全管理，利用虚拟现实、增强现实技术实现食品安全风险的早期预警和监控。

思考：食品物流具有什么特点？食品物流对于促进食品安全及消费者需求精准对接的重要意义何在？

引导知识点

一、食品物流的特点

食品物流相对于其他行业的物流而言，具有以下几个突出特点：

（1）为了保证食品的营养成分和安全性，食品物流要求高度清洁卫生，对物流设备和工作人员也有较高要求。

（2）由于食品具有特定的保鲜期和保质期，因此食品物流对产品的交货时间即前置期有严格标准。

（3）食品物流对外界环境有特殊要求，如适宜的温度和湿度、不同品种的果蔬不能混装、水产品鲜货与冻货不能混装、生熟食品要分开等。

（4）生鲜食品和冷冻食品在食品消费中占有很大比重，所以食品物流必须有相应的冷链。

此外，社会经济和信息化的持续发展，消费者结构的多元化发展，食品电子商务的蓬勃发展等，都会给食品物流带来很大的影响。

二、食品物流对食品行业的影响

食品物流就是物流在食品行业中的应用。人们通常把物流称为"企业的第三利润源泉"，食品物流水平的高低，既关系到食品企业的发展，也关系到食品行业的发展。

1.食品物流对食品安全的影响

随着我国人民生活水平不断提高，人们对食品安全的要求也上了一个新台阶，要求食品新鲜、无污染。食品安全不仅要在食品生产、加工过程中严格把控，而且依赖于后期食品物流的效率与质量。在食品物流运作过程中，先进的冷链技术、快速的区域物流，以及及时、高效、多频次的城市配送，是保证食品安全的关键。

2.食品物流对食品价格的影响

目前，我国的食品价格高，利润却比较低。造成食品价格高的原因有很多，如原料成本高、市场竞争激烈、运输费用高、企业盈利能力低等。值得关注的是，食品的价格中有很大一部分是为了补贴物流成本。中国农科院发布的《2023年中国食物与营养发展报告》显示，包括粮食、蔬菜、水果、肉蛋禽类等在内的食物，2022年损耗浪费总量达4.6亿吨，其中生产流通环节食物损耗3亿吨。一些容易腐坏食品的售价中，有七成是用来补贴在物流过程中损坏货物的支出。因此，营造良好的食品物流环境，提高企业的物流水平，完善企业的物流体系，可以有效缓解我国食品价格高的现状。

3.食品物流对食品企业效益的影响

目前，食品企业间的竞争非常激烈，价格战在食品行业愈演愈烈，从而导致食品企业的利润逐年下降，食品企业出现了亏损甚至倒闭的情况。

不合理的食品物流会降低食品的安全性，提高食品的物流成本，导致食品在市场竞争中处于劣势，最终影响食品企业的效益。因此，食品物流企业应选择先进的物流技术与设备，提升物流管理水平，从而使食品供应链各环节的综合成本最小化，提升食品物流对食品企业效益的积极影响。

4.食品物流对食品企业出口的影响

改进食品物流水平，不仅可以降低企业的物流成本，而且可以使企业运营科学化、标准化、规模化，使企业竞争力增强，使企业产品与国际接轨，满足国际市场的要求。因此，出口企业应加快食品物流建设，整合食品供应链，使企业能够从容应对区域保护主义、技术壁垒和贸易壁垒。

5.食品物流对食品服务业的影响

目前，我国整个食品供应链的服务水平较低，主要表现在企业诚信度低、信息不畅通、服务人员态度差、服务设施落后、订单的供应率和满足率低、运输货损率高、配送不合理和交货不及时等方面。

提升食品物流的水平，可以有效降低食品物流的成本，提升食品供应链上各环节的满意度，提升食品行业企业的产品竞争力，有效促进食品行业整体向健康的方向发展；同时，改进食品物流还可以缓解我国"从农田到餐桌"的食品安全问题，提升我国的食品服务水平。

★ 问题引导

2024年，我国冷链物流需求总量增至3.65亿吨，增长4.3%；1—10月，智利车厘子、马来西亚榴莲电商销售额分别增长107.8%和23.6%。冷链物流总收入为5 361亿元，增长3.7%。新能源冷藏车销量呈爆发式增长，全年销售21 368辆，增长350.8%。

问题：相比其他物流方式，冷链物流有哪些显著特点？

小词典

冷链是指根据物品特性，从生产到消费的过程中使物品始终处于保持其品质所需温度环境的物流技术与组织系统。

引导知识点

冷链物流是以冷冻工艺学为基础，以人工制冷技术为手段，以生产流通为衔接，以达到保持食品质量完好与安全为目的的低温物流过程。

冷链物流包括低温加工、低温运输与配送、低温储存、低温销售四个方面。食品在产地收集后，经过预冷、加工、储存、包装后，运到销售终端，最后卖给终端消费者。因此，冷链物流应遵循"3T原则"，即时间（time）、温度（temperature）和耐藏性（tolerance）。冷链物流的适用范围包括三类，即初级农产品（蔬菜、水果、肉、禽、蛋、水产品、花卉产品），加工食品（速冻食品，禽、肉、水产等包装熟食，冰激凌和乳制品，快餐原料），特殊商品（药品）。

小词典

食品冷链物流是以温度控制为主要手段，使食品从出厂后到销售前始终处于所需温湿度范围内的物流工程。

三、食品冷链物流的基本特征

由于食品冷链是以保证易腐食品品质为目的、以保持低温环境为核心要求的供应链系统，因此它是一个庞大的系统工程，比一般常温物流系统更复杂，建设投资也要大很多。由于易腐食品的时效性要求冷链上的各环节具有更高的组织协调性，因此食品冷链的运作始终与能耗成本相关联，有效控制运作成本与食品冷链的发展密切相关。

1.建设投资大，系统庞大复杂

冷链物流和常温物流相比，其在冷藏库、进出通道、保温车辆等硬件方面和作业环节上对温度、湿度和鲜度有明确的要求，因此冷链物流中心建设初期投入较大，技术含量高。保温、保鲜、节能、环保技术应用于库房规划设计、进出库作业、在途运输、商品交接的各个环节，相应的投资成本、管理成本和营运成本较常温物流系统更高，一般中小型企业难以自建冷链物流系统。

2.要求各环节具有更高的组织协调性

为了保证产品品质，降低产品在输送过程中的损耗，冷链物流中的各个环节必须具有更高的协调性。由于冷链食品含水量高、保鲜期短，并且极易腐烂变质，从而限制了冷链食品的运输半径和交易时间，对冷链物流的作业流程和储运条件也提出了很高的要求。与常温物流相比，冷链物流的运输线路相对集中和固定，常分布于繁华的市区，配送半径一般在150千米以内，通常要求在8小时内送达。对温度要求严格的食品，要用保温车辆或保温器具配送；对鲜度要求严格的食品，每天至少要配送一次。因此，城市交通情况（畅通性、出入限制）、配送位置及门店开关门的时间等因素都对冷链物流的时效性具有直接影响。

3.对冷链食品的安全防护要求高

保证食品品质是冷链物流的灵魂，所有的温度控制措施及环节均为延长产品寿命及保证产品的品质服务。在冷链配送过程中，速食类商品占冷链配送总品项的70%以上，因此对食品的安全防护是冷链物流的重要内容。对冷链食品的安全防护贯穿于冷链配送的各个环节，从向供应商收货开始，到在冷库进行分拣配货作业、配送途中车辆的温度监控，直至最终入库（上架）并交付给最终客户，商品的有效期、温度、湿度、鲜度控制，以及装运器具的清洁卫生、配送人员的健康状况等，都是冷链食品安全防护工作涉及的内容。

4.冷链过程中涉及的学科范围广泛，行业跨度很大

从生物学、微生物学到制冷科学，从食品加工工艺到生鲜食品加工中心的规划设计，从农、林、牧、渔业到信息产业，冷链物流体系涉及多个学科和行业。

四、食品冷链物流的主要环节

食品冷链由冷冻加工、冷冻贮藏、冷藏运输和冷冻销售四个方面构成。

1.冷冻加工

原料前处理、预冷、速冻这三个环节都是生鲜食品冷加工环节，可称其为冷链中的"前端环节"。具体包括：肉禽类、鱼类和蛋类的冷却与冻结，以及在低温状态下的加工作业过程；果蔬的预冷；各种速冻食品和乳制品的低温加工等。在此环节主要涉及冷链装备的冷却、冻结装置和速冻装置。

2.冷冻贮藏

冷冻贮藏包括生鲜食品的冷却储藏和冻结储藏，以及水果蔬菜等食品的气调贮藏，保证了食品在储存和加工过程中的低温保鲜。此环节主要涉及各类冷藏库/加工间、冷藏柜、冻结柜及家用冰箱等。

3.冷藏运输

冷藏运输包括生鲜食品的中、长途运输及短途配送等物流环节。它主要涉及铁路冷藏车、冷藏汽车、冷藏船、冷藏集装箱等低温运输工具。在冷藏运输过程中，温度波动是引起食品品质下降的主要原因之一，所以运输工具应具有良好性能，在保持规定低温的同时，更要保持稳定的温度，这对于长途运输更为重要。

4.冷冻销售

冷冻销售是指由批发商、生产商、零售商共同完成的、低温保存的冷链系统中食品的批发、零售等交易。随着技术的进步和城市各类大型超市的快速发展，连锁超市已经成为冷链食品溯源中冷冻销售的主要渠道。在冷链追溯系统的零售终端，冷库或冷藏展示柜、冷库主要用于完成低温销售，并逐步发展成为冷链食品追溯链的重要一环。

★ 问题引导

冷链物流对食品安全溯源至关重要，加强温度监测和信息追溯是保障食品安全的关键。我国提出冷链物流新要求，如全链条温度可控、过程可视、源头可溯，并形成追溯闭环。《食品冷链物流追溯管理要求》（GB/T 28843—2024）规定了食品冷链物流的追溯管理基本要求、追溯信息、信息采集及记录、追溯信息管理和实施追溯的管理要求，适用于预包装食品冷链物流过程的追溯管理。该标准既能指导物流企业提升追溯管理和精准管控能力，又支撑建立冷链追溯和监管体系，提升了政府监管效能，满足了食品安全需求。

思考：该标准的颁布对促进食品冷链安全有何重要意义？

引导知识点

五、食品冷链物流追溯

追溯是通过记录和标识，追踪和溯源客体的历史、应用情况或所处位置的活动。追溯体系是支撑维护产品及其成分在整个供应链或部分生产和使用环节所期望获取包括产品历史、应用情况或所处位置等信息的相互关联或相互作用的一组连续性要素。食品安全信息追溯系统是其重要组成部分。它的本质是对食品生产—流通—消费服务的全过程进行监管，在此基础上实现对商品信息和经营责任的追溯。

根据食品的流通过程，食品安全信息追溯系统大致可以分为以下几类：

1.原产地（属地）信息追溯系统

这主要针对食品供应的源头等信息，如白菜、大豆的原产地等。

2.食品加工过程信息追溯系统

这主要针对食品的加工环境、加工方法与步骤等信息。食品加工方式的不同会影响食品的品质，对食品的口味、储存时间等也会产生一定的影响。

3.存储与运输信息追溯系统

在食品的储运过程中，有些食品，特别是水产品、肉类、熟食、新鲜水果、蔬菜、饮料等是有一定保质期的，并且要求满足一定的环境条件，如温度、湿度等，如果不符合要求，就可能导致食品腐烂、变质。因此，类似的信息也需要采集和分析，以保证食品的安全性。

> 小资料8-2

食品安全追溯链条

目前，养殖业已建立起完善的食品安全追溯体系，确保市场上销售的禽（畜）

肉产品全程可追溯。以猪肉为例，每头猪在养殖场时即被植入含有 RFID（无线射频识别）技术的耳标，该标签独一无二，详细记录了猪的产地、生长发育历程等信息。当猪被送往屠宰场后，这些信息会自动上传至管理系统。在生猪被加工成白条肉后，会生成一个新的唯一标签，该标签不仅包含之前的所有信息，还会增添屠宰场的相关信息。超市采购白条肉后，会对其进行分割并销售。对于每一份分割品，超市都会分配一个具有唯一识别功能的追溯码，并将这个追溯码与分割包装一同提供给消费者。消费者只需通过超市的查询终端，即可轻松获取猪肉产品的完整追溯信息。结合最新技术，如区块链、大数据等，食品安全追溯链条将更加高效、透明。这些技术不仅提升了信息的准确性和安全性，还使得追溯过程更加便捷，进一步满足了消费者对食品安全的高要求，至此就构成了一个完整的食品安全追溯链条。

课堂提问 ✓

你知道生物疫苗在运输过程中为什么通常应用冷链运输吗？

课堂实训 ✓

如果把冷链物流中的"线"定义为冷藏（冷冻）环境下的运输，那么"节点"有哪些？请描述冷链物流的流程。

案例分组讨论 ✓

恒都牛肉打造技术驱动的食品信任体系，以创新冷链与区块链技术重塑行业标准。在冷链环节，采用 -35℃ 超低温锁鲜技术，牛肉分割后 45 分钟内完成速冻，配合双温区物流及 GPS 温控系统，实现全国 30 余城 48 小时直达，汁液流失率控制在 3% 以下，较传统冷链的保鲜效能提升了 60%。

依托区块链溯源系统，每份产品配备唯一溯源二维码，集成养殖、加工、物流全链条数据。消费者可追溯肉牛出生地、饲喂记录及运输轨迹，2024 年新增的"透明牧场"功能更支持实时查看养殖场动态。该系统已收录超 500 万头牛信息，日均扫码量达 20 万次，助力恒都牛肉成为首个获国家食品安全追溯认证的牛肉生产企业。

中国物流与采购联合会指出，该模式通过技术手段重构信任机制，推动行业透明度升级。目前多家肉企已启动技术合作，其经验被纳入《2025 中国食品安全白皮书》。农业农村部评价称，恒都探索出中小农企数字化转型的可行路径，通过降低信任成本实现优质优价的市场转化，为行业树立"技术治本"的标杆案例。

资料来源　佚名.从牧场到餐桌全程可追溯，恒都牛肉用科技树立消费信心［EB/OL］.［2025-02-18］. https://baijiahao.baidu.com/s? id=1824375665943198664&wfr=spider&for=pc.

问题：（1）结合资料分析，肉类追溯的主要挑战有哪些？

（2）上述追溯系统对推动产业链上下游的标准化改造有何意义？

任务五　了解快递业物流活动

★任务目标

了解快递业物流，具有应用快递业物流的业务运作能力。

小词典

快递是指承运人将物品从发件人所在地通过承运人自身或代理网络送达收件人手中的一种快速服务方式。

快递业物流是指在一定的区域范围内，根据用户要求，对快递货物进行分拣、包装、分类、组配等作业，并以最短的时间送达指定地点的物流活动。

★课堂讨论

近年来，我国快递行业呈现爆发式增长态势。2024 年我国快递业务量达到 1 745 亿件，连续 11 年稳居世界第一。但国际快递中有 75% 的份额被 DHL、UPS、FedEx 所垄断，我国快递行业陷入了价格战。试分析我国快递行业如何才能终结价格战，进而转型升级并提升国际竞争力？

★问题引导

高端快递服务价格高，针对重要、高价值的物品常设保价费。目前，EMS 最高保价可以达 10 万元，顺丰也修改最高保价至 5 万元，仍满足不了消费者的需求。高端需求带来商机，也带来业务流程、法律风险和保险等方面的挑战。

思考：（1）快递物流如何分类？

（2）针对高端快递服务市场，快递物流企业应如何创新服务模式？

引导知识点

一、快递业物流的分类

快递业物流能够在极短的时间内将物品运到目标地点，但是运量相对较小、运费较高，同时由于要经过不同的站点，因此物品容易丢失或损坏，安全系数相对较低。

快递业物流的本质是服务，提高服务质量需要关注快递服务流程与服务传递过程。相对于其他产业的物流来说，快递业物流的作业环节比较少而且简单，但快递业物流对时间的要求非常高，强调以最短的时间完成物流任务，因此其物流成本高于其他产业的物流成本。

（1）快递业物流按照服务地域范围的不同，可分为同城物流、国内物流与国际物流。

（2）快递业物流按照物流客体的不同，可分为快递信件物流、快递包裹物流等。

（3）快递业物流按照快递企业所有制性质的不同，可分为国有快递物流、民营快递物流和外资快递物流。其中，国有快递物流又可分为邮政、航空、铁路等产业的快递物流，民营快递物流以同城物流为主，外资快递物流以国际物流为主。

小思考8-3

快递运输有什么要求？

★问题引导

2024年10月，京东物流与淘天集团达成合作，这一合作意味着京东物流将全面接入淘宝天猫平台，商家和消费者由此受益。京东物流拥有庞大硬件设施，提供一体化供应链服务，能够降低商家成本，提升效率，尤其在服饰行业通过"增值加工+代发"模式助力商家降本增效，实现跨平台服务。

思考：结合快递物流的特点，分析京东物流与淘宝天猫为什么会破冰合作？

引导知识点

二、快递业物流的特征

1.托运人对快递货物的物流时间要求高

时间是托运人委托快递企业提供服务首先要考虑的因素。伴随着社会经济活动的日益频繁，人们对货物送达时间的要求越来越高。对一些商业企业来说，一份商业文件能否及时送达，可能关系到一笔生意能否做成；一批产品能否及时送达，将直接影响企业在客户群中的声誉并对企业市场占有率的高低产生影响。

另外，一些时令性较强的商品，以及客户对某一产品或配件的应急采购等，都要求快递企业提供快捷的送达服务。正是由于客户对物流时间的要求高，因此快递运输所实现的货物时间价值要比普通大宗货物运输高。

履行服务承诺，保证客户对物流时间的要求，是快递企业生存与发展的根本。

2.快递货物通常体积不大、难以替代

快递货物通常体积不大，如通信器材、计算机芯片及配件、服装等。由于产品体积不大，因此快递业通常采用人工装卸作业而非机械装卸作业方式，这使得快递业的劳动密集程度相对较高。

快递货物的另一个特点是难以替代。例如，一些商业合同文件、时令性商品、特殊需要商品或个性化物品等，不仅对时间的要求高，对安全性的要求也非常高。这就对快递企业的服务条件、保险责任、信誉和资金实力等提出了较高的要求。

3.物流路径通常需要"门到门"服务，物流成本较高

与普通大宗货物运输相比，快递货物的托运人对快递企业的服务要求较高，除了运输时间和货物的在途安全外，还要求服务提供者上门取货并送货上门，真正实现货物的"门到门"运输服务。由于快递企业面对的是分散的社会群体，单个货物的体积通常较小，因此运输单位体积货物产生的成本远远高于普通货物。

4.服务对象分散、地域分布广，需要完善的物流网络系统

快递业物流另一个重要的特征是快递企业必须有完善的物流网络系统来支持其业务活动，这是由其服务对象分散和地域分布广等特征决定的。

5.大多数快递业物流需要建立在航空运输的基础上，需要航空运输与物流基地的地面中转紧密配合

一方面，我国地域辽阔，要实现最快速度的运输，1 000千米以内的区域可以凭借公路、铁路进行，1 000千米以外的区域必须依靠飞机才能完成。UPS获得美国至中国的直航权后，从美国到北京、上海等城市的文件运送时间由3天缩短为2天，包裹则由4天缩短为3天。由此可见，只有借助飞机，才能实现最快速度的运输。目前，我国快递业80%的急件都是通过飞机来运送的。

另一方面，航空运输必须与物流基地的地面中转互相配合。由于条件限制，飞机在运送快递货物时，只能选择在大城市降落。中小城市尽管有机场，但由于货物比较零散，而且飞机不能像火车一样做到站站停，因此快递企业必须根据自己的网络结构选择几个点作为物流基地，以集散南来北往的货物，然后统一分拨、派送，从而达到提高物流速度、节约物流成本的目的。

所以，除同城快递物流外，大多数快递业物流需要建立在航空运输的基础上，同时需要航空运输与物流基地的地面中转紧密配合。

6.快递业物流环境以城市为主，并且对物流质量有很大影响

一方面，快递企业在制订物流计划（时间、路径等）时，必须充分考虑城市对货物快递运输工具在地域、时间等方面的限制程度等；另一方面，快递企业在实施物流活动时又会受到道路、停车场等运输基础设施与城市交通政策环境的制约。

★ 问题引导

2024年，中国快递年业务量突破1 700亿件，行业迎来新变革。在经济复苏和政策推动下，快递市场规模持续扩大。在此过程中，退换货需求激增，逆向件成为快递企业提升市场份额的关键，推动了电商售后服务升级。同时，无人机和无人车等自动化设备的应用显著提升了城市配送和末端配送效率。电商平台间的"拆墙互通"推动了物流体系深度整合，提升了行业整体服务质量，加速了物流生态的开放和多元化发展。

思考：电子商务的快速发展如何影响快递行业的变革？

引导知识点

三、电子商务与快递业物流的联系

当今社会，电子商务和快递业物流发展迅猛，两者的紧密结合已成为新的经济发展方向，其相互促进、共赢发展的前景十分广阔。电子商务的发展离不开快递业物流，电子商务依托快递业物流实现了跨越式发展，在消费流通领域中的作用日益突出；电子商务对快递业物流的发展也起到了促进作用，电子商务配送已成为拉动快递业务增长的重要力量。京东商城推出了酝酿已久的"众包物流"新模式，即将外卖O2O的配送工作交给企业外的大众群体来完成。其招聘页面显示：只要拥有一部智能手机且年满18周岁，即可应聘众包兼职配送员，男女不限、时间自由，经培训后上岗，每单配送完成后可获得6元的收入。2015年5月，阿里巴巴联手云峰基金对圆通速递进行战略投资，此次合作是快递巨头与电商巨头的首次直接对接，产业链上下游

由资本层面带动的深度整合，将给整个市场带来巨大影响和示范效应。快递企业和电商企业的"结合"不仅体现在资本层面上，更在于快递企业能够利用移动互联网的优势，在管理监控、运营作业、金融支付等方面实现信息共享，也就是实现整个供应链的信息化。快递企业还能根据用户的消费习惯和需求，在线上为用户推出透明化、标准化的服务和各类线下体验，获得增值收入，实现资本和运力的双聚合。此外，借助"互联网+"整合快递企业与电商企业的相关信息，借助物流园区整合快递企业与电商企业，不仅促进了电商的发展，也带动了快递业的产业升级，实现了快递与电商的高效整合。

2015年5月，商务部发布了《"互联网+流通"行动计划》。该计划提出，将在电子商务进农村、电子商务进中小城市、电子商务进社区、线上线下互动、跨境电子商务等领域打造安全高效、统一开放、竞争有序的流通产业升级版，释放消费潜力。2016年4月，国务院办公厅发布了《关于深入实施"互联网+流通"行动计划的意见》（国办发〔2016〕24号），部署实施"互联网+流通"行动计划，以推进流通创新发展和实体商业转型升级。2018年1月，国务院办公厅发布了《关于推进电子商务与快递物流协同发展的意见》（国办发〔2018〕1号），深入实施"互联网+流通"行动计划，提高电子商务与快递物流协同发展水平。

电子商务与快递业物流的合作是信息化服务与快递物流资源的有机结合，它为广大客户提供了更为快速、经济、便捷的渠道，减少了客户的支出，促进了运营商、供货商与服务商三者的相互联系。在电子商务与快递业物流的合作中，如何处理好配送问题，促进两者的合作优化与创新，是影响我国电子商务与快递业物流发展水平的一个重要因素。

课堂提问 ✓

假设你是淘宝卖家，身在北京，需要给澳大利亚的买家发送货物，货物是一个首饰盒。买家希望能够支付较低廉的运费，并在1周内收到货物。你该用何种方式、何种具体方法才能在最短的时间内以相对便宜的价格将货物安全寄出？大概花多少钱、多长时间？如何跟踪货物的运输情况？

课堂实训 ✓

2024年，第十六个"双11"购物节零售额超过1.9万亿元，同比增速超过8%，创近年最佳成绩。政府以旧换新补贴首次叠加"双11"活动，在天猫平台全面激活家电、家居、家装消费。天猫发布的数据显示，预售开始的第一个小时，天猫大家电成交同比去年"双11"预售首日大涨765%。天猫平台全周期成交额破亿元品牌达589个，同比增长46.5%，88VIP会员规模达4600万。政策利好、平台互联互通、消费预期改善等因素推动品牌消费向好。预售阶段全国邮政快递业揽收快递包裹约19.2亿件，同比增长48.7%。结合当前物流行业的挑战及消费分层化、细分化，设计一个针对"双11"购物节的物流优化方案。

案例分组讨论 ✓

广西两项目入选全国快递进村典型案例

日前，国家邮政局发布了快递进村工作典型案例选编（第一批），桂林市灵川县快递进村项目和来宾市忻城县"快递+电商"合作进村项目入选。

灵川县创新采用"客货邮融合发展模式"，通过快递企业、公交公司、邮政三方协同，构建"县级分拣中心—乡镇站点—村级服务点"三级配送网络。快件经县级中心集散后，由公交或企业车辆直送乡镇客运站（部分需经乡镇网点二次分拣），再通过公交/邮政接力进村。目前已建成1个县级仓配中心、5个乡镇综合服务站、102个村级服务点，实现全县127个行政村快递100%通达。

忻城县打造"快递+电商"共配体系，依托电商产业园配送网络，推行"县—村直投"模式。快递包裹无须经乡镇中转，直接与电商产品拼车配送至村级物流服务点，降低了运输成本。通过整合16条运输线路资源，全县快件代投已覆盖12个乡镇的85个行政村，覆盖率达70.2%，形成电商与快递双向赋能的乡村物流新路径。

资料来源　郭亚琼. 广西两项目入选全国快递进村典型案例［EB/OL］.［2025-02-24］. http：//www.gx.xinhuanet.com/20250224/4c88971cca2a493fb41e1b37909c7574/c.html.

问题：快递进村项目对破解农村物流"最后一公里"难题有何启示？如何通过电商与快递的协同进一步推动农村地区产业与消费双向升级？

任务六　熟悉会展物流运营模式

★任务目标

了解会展物流，具有应用会展物流的业务运作能力。

三 小词典

会展物流是为了满足参展商的展品展览需求，确保展品等特殊商品能够及时、准确地从参展商所在国家（或地区）运送到展览目的地，并在展览结束后将这些展品从展览地运回的一系列活动。

★课堂讨论

各个国家每年都会举办形式多样的博览会、展销会（如2024年3月中国国际教育装备（上海）博览会、2024年11月中国（郑州）国际纺织服装制鞋供应链博览会、2024年3月第二十一届中国零售业（上海）博览会、2024年12月俄罗斯国际专业劳动者安全防护展、2024年12月全球高端食品及优质农产品（深圳）博览会、2024年12月德国慕尼黑国际运动及时尚ISPO博览会、2024年2月法国巴黎（春季）成衣面料及辅料展览会等），从而为众多的商户、商家创造了无限的商机。

试分析会展物流运输流程与一般商品物流运输流程相比有哪些特点。

★ 问题引导

在2024年国际产业合作大会（新加坡）上，顺丰速运新加坡公司作为唯一参展物流企业，展示了其会展物流实力。顺丰提供运输、清关、仓储、配送等综合服务，量身定制解决方案，确保展品按时交付，并提供转运及退运方案。顺丰快递小哥现场服务，网络优势助力客户开拓新加坡市场，服务获客户好评。

思考：顺丰速运新加坡公司可以为会展物流提供哪些关键服务？

引导知识点

一、会展物流的划分

会展物流是物流行业的一个分支，属于项目物流的范畴，主要包括两个方面的内容：一是与会展场馆搭建有关的建材、设备设施的物流服务；二是展览物品的物流服务。会展物流是指为了保证会展的顺利举行，将会展涉及的物品（如展品、商品、行李等）从供应地运到接收地的实体流动过程。根据会展的实际物流需求，将运输、存储、装卸、搬运、包装、流通加工、配送、信息处理等基本功能有机结合，并根据需要提供相应的延伸服务。

▶ **小资料8-3**

根据2025年1月中国会展经济研究会会展统计工作专业委员会发布的《2024年度中国展览数据统计报告》，2024年我国境内共举办经贸类展会3 844场，展览总面积为1.55亿平方米，展会数量与上年基本持平，展览面积同比增长10.1%，中国展览业呈现稳步发展的良好态势。

随着2008年北京奥运会的成功举办以及2010年上海世界博览会的顺利举行，我国在国际会展业中的地位已经得到了极大提升。"没有成功的物流，就没有成功的奥运会。"这是让物流业最感荣耀的一句话。北京奥运会圆满结束后，同样也给物流业留下了一笔宝贵财富。会展物流将借鉴奥运物流的有益经验，不断发展壮大。

根据会展时间和物流服务商业务流程的不同，会展物流可以分为展前物流、展中物流、展后物流三个主要环节。其中，展前物流与展后物流构成了一个回收物流循环。

1.展前物流

会展开始之前的物流活动包括展品进口报关、装箱、运输、卸载等过程。展前物流的要求是准确、及时、标准。展品必须在展览开始前，如期进入展馆施工安装，并且符合展览设计的标准要求。

2.展中物流

会展进行中的物流活动包括展品的库存管理、配送等。展中物流的要求是及时。展览过程中展品的补充或配送都需要及时，否则，发生的缺货损失会使展览效果大打折扣，导致参展商的满意度下降。

3.展后物流

会展结束之后的物流活动统称为展后物流，包括展品装箱、回运及废弃品物流等活动。展品的回运是指参展后，展品仍然回到原来的地方，这样的物流一般在展前就已做好计划，除非展品在参展后就被顾客买走，这种情况也非常普遍。展品的回运也应遵循展品进馆的流程。如果参展商展后签订了售货合同，那么参展商和买家还要协商如何把这些东西运到买家处。展后物流的要求是安全、环保。展览结束之后，展品必须完好、准确地返还给参展商，因此保证展品的安全是至关重要的。在做好展品物流工作的同时，对废弃物的物流也必须按照绿色环保的要求完成。

小思考8-4

如何做好会展物流？

二、会展物流的特点

会展物流是关系到会展成功开展的重要环节之一，会展业的发展为会展物流的发展提供了广阔的空间；同时，优质的会展物流服务又促进了会展业的健康、稳步发展。与一般企业商品流通的"单一输出模式"不同，会展物流是发生在短期内，同时与多个参展企业发生关联的物质流通活动。针对会展的特殊要求，可归纳出会展物流以下特点：

1.物流环节的复杂性

会展期间的物流组织与管理工作是一项极其复杂的系统工程。物流环节的复杂性表现在两个方面：

第一，在明确了会展主题、功能与层次等方面的定位后，物流服务商需要立即依据项目策划书中对会展场馆内部的布局和风格设计，购置或租借用于室内外装潢的材料和用于搭台、摆台的物品；然后，要尽快与参展商取得联系，核定其参展产品的申报单；最后，协助参展商进行这些产品的运输，并安排好仓储。上面这些工作在实际操作时显得非常繁杂且琐碎，每个环节的衔接都要按照既定的程序来开展。

第二，会展物流涉及的运输方式多种多样，在一次展览中要用到的运输工具往往包括车辆、船舶、飞机、火车等，在仓储、装卸、搬运和布展的过程中还可能用到叉车、升降机等多种装卸设备。此外，展品在物流包装方面可能有缓冲、固定、防潮、防水等特殊要求，在进出口报关方面也可能有特殊的要求。

因此，上述两个方面都体现了会展物流环节众多、流程复杂的特点。

在整个物流活动中，不同环节对物流的具体要求不同，而这些环节又是相互依托的，往往牵一发而动全身。一旦某个环节出现问题，就可能导致整个物流活动失败。

2.时间要求的高效性

展览、会议等日程往往是很早就确定好的，在没有遇到非常事件的情况下，展览、会议一般不会延期举行，这就对展品的如期顺利到达提出了严格的要求，所有展品都必须及时、准确地送达指定地点，既不能太早，也不能太晚。太早，参展商需要付出高昂的仓储费；太晚，又会耽误展览、会议的举行。时间要求的高效性不仅仅体

现在对展品到达时间的控制上，还表现在信息传递的高效性上。在会展物流的组织与管理过程中，物流信息管理是一项非常重要的内容，会展组织者应会同各参展商的有关人员不断对各种物流信息进行实时监控，根据反馈信息及时调整物流过程中的具体行动措施。

3.运输过程的安全性

会展物流不仅要确保所运送物品及时到达，还要保证物品安全到达。展品有些是精密仪器、工艺品，有些甚至是价值连城的文物或具有特殊历史文化意义的物品，因此在安全方面不允许有任何闪失。运输过程的安全性之所以重要，一方面是因为展览现场的配件很少，维修保养的技术人员也不多，一旦损坏，不仅很难修复，而且会影响展览的正常进行；另一方面是因为有的展品还需要参加巡回展，如果损坏，就会影响其在下一个目的地的展出。

4.组织管理的专业性

会展业务涉及商务、法律、贸易、营销、管理等诸多专业，又几乎包括了运输、保管、保险等所有物流环节，这就要求为会展提供物流服务的供应商应具有较强的专业能力。例如，物流服务供应商应拥有健全的国际和国内操作网络、专业的报关队伍、专业的会展包装能力、专业的展场操作能力、专业的干线运输能力和转运能力、协助布展的能力、大型展品的装卸和就位能力等，能够在为会展活动提供展品运输的同时，研究、协调和解决会展物流中的一切问题，从而为参展商和会展组织者提供全程服务。因此，专业化程度相对较高是会展物流的一个非常显著的特征。

🔵 小案例8-5

秦始皇陵兵马俑：文物外交的辉煌历程与极致物流保障

自1973年起，秦始皇陵兵马俑开启了境外展览的辉煌历程，成为"文物外交"的典范。至2023年，这些珍贵文物已累计出境展览277次，遍及全球多个国家和地区，激发了全球对中华文化的浓厚兴趣。

兵马俑的境外展览，不仅展示了其精美工艺和震撼军阵，更在物流环节体现了专业与细致。从包装到运输、装卸直至展出，全程由专业团队陪护，确保文物安全无虞。包装部门特制泡沫塑料，根据兵马俑尺寸量身打造，并加入防震材料，提供全方位保护。

在运输过程中，严格控制速度，确保平稳行驶；同时，采取恒温措施，维持适宜温度，防止文物受损。安保工作更是重中之重，全程监控，确保文物安全抵达目的地。文物抵达展览地后，迎接它们的是世界上最先进的文物专用运输车。这些车辆不仅具备防震、恒温等先进功能，车厢周围还装有高科技安全系统围板，即使在车辆断电的情况下也无法轻易打开，为兵马俑提供了又一层坚实的保护屏障。更令人瞩目的是，兵马俑的保险金额巨大，其中一件跪射俑的保险金额就高达320万美元。

资料来源 百度新闻.秦兵马俑境外展 展现中华文化魅力[EB/OL].[2024-12-29].https：//baijiahao.baidu.com/s？id=1819762168238318756&wfr=spider&for=pc.

思考：结合文物的独特性分析如何确保高效运输并实现文物安全保护的最大化？

★问题引导

黑龙江省哈尔滨市邮政分公司成功中标第九届亚洲冬季运动会物流项目，成为该赛事物流保障服务的唯一承运商。为确保赛事物流项目高效运转，分公司已在哈尔滨市和亚布力镇两地建成仓储中心。其中，哈尔滨市仓储中心面积达 4 000 平方米，亚布力镇仓储中心面积达 1 000 平方米，并配备 42 名专业管理人员，全力开展仓内管理、车辆管理以及通清关等服务工作。此外，该分公司还组织了 55 名装卸工人，配备了 60 辆运输车，充分做好应对赛事期间繁重物流任务的准备。

思考：分析第九届亚洲冬季运动会物流系统的组成。

引导知识点

三、会展物流系统的组成

会展物流系统包括物流作业系统和物流信息系统。其中，物流作业系统主要包括仓储、包装、国内运输、进出口报关和清关、国际运输，以及展览中的装卸、搬运、布展等作业；物流信息系统是指参展商和主办方的信息反馈、最佳运输路线的选择、全球定位系统，通过信息系统对会展过程中的各种信息进行收集、分类、汇总、跟踪、查询等处理。相对于国际会展，国内范围的会展除了在作业内容上没有国际运输和进出口环节外，其他方面都是一致的。

从角色分工的角度来讲，无论什么性质的会展，都需要主办者、搭建商、物流服务商、展馆方、信息服务商等的通力协作。从供应链的角度来分析，会展就像一个产品，会展主办者是这个产品供应链上的核心企业，搭建商、物流服务商、展馆方、信息服务商等是其战略合作伙伴。其中，会展物流服务商是会展物流配送系统的主体，其要做的工作概括起来就是保证参展商的展品安全、及时地到达展位，在展会结束后进行回运等。

从活动要素的角度来看，会展物流系统可以分为信息管理系统、仓储配送系统、进出口系统、运输系统、包装系统、装卸与搬运系统等。其中，信息管理系统的核心部分包括会展物流情报中心、会展物流调度中心、会展现场管理中心等；仓储配送系统包括收货查验系统、订单拣货系统和交运出货系统；进出口系统主要针对国际会展的进出口业务，进出口业务处理的效率会直接影响会展的进程；目前广泛流行于会展物流领域的运输系统是以展品集装箱运输为基础的国际多式联合运输。

会展物流系统的目标是实现效益最大化，但是会展物流本身的特殊性使得会展物流活动中存在着大量的"效益背反"现象，这主要表现在以下两个方面：

（1）时间的及时性和成本的矛盾。会展物流要求高度及时，如果为了确保时间而使展品提前到达，那么高昂的仓储费用会导致成本过高；如果想让展品按时到达而忽略了突发事件（如进出口清关过程中可能出现的问题、运输途中的突发事件等），那么可能会延误展品到达目的地的时间。

（2）质量和成本的矛盾。在会展活动中，展品是核心，因此展品的质量成为会展物流关注的另一个要点。首先，为了确保展品质量，装载空间将难以充分利用；其次，包装的好坏与展品的损坏率有直接关系；再次，运输中途转车无法监控，展品丢失现象时有发生；最后，对于巡回展这类特殊的展览，出于保险的考虑，一般都要通过不同的途径向同一地点发送两套展品。

课堂提问 ✔️

在全球化背景下，会展物流如何有效应对跨国运输中的复杂性与不确定性？

课堂实训 ✔️

在课堂上分组模拟展品运输，小组内成员模拟参展商1人、物流公司员工若干人、展会主办方若干人，开展运输活动，注意展品运输的安全性和时效性。

案例分组讨论 ✔️

艺术展品海外展览物流服务方案制订

锦程物流公司收到客户（某文化艺术公司）发来的需求信息如下：在10月份有一批油画和雕塑品等艺术品要运到意大利参展，展出结束后再运回中国。由于客户刚刚开始拓展国际业务，对国际物流运输环节不了解，锦程物流公司业务员便给予了详细专业的解答，制订了物流方案，代办ATA单证册，最终顺利帮助客户完成往返的货物运输。

客户具体业务信息如下：

（1）始发机场：北京

（2）目的机场：佛罗伦萨

（3）货物品名：油画、雕塑品等艺术品18件

（4）货量：5立方米，体积重835千克，实重700千克

（5）报关方式：使用ATA单证册报关

（6）货值：人民币10万元

（7）起运时间：9月20日

（8）展会时间：10月6日

资料来源　锦程物流．文化艺术品展会［EB/OL］．［2025-01-02］．http://www.ejc56.com/Customer-Case/DetailPage-79642.html.

问题：（1）假如你是锦程物流公司的业务员，你觉得客户的需求是什么？

（2）你为客户制订的艺术展品海外展览物流服务方案会包括哪些内容？

●●● 项目考核

1.单项选择题

（1）（　　）就是计划、执行与控制商品从产地到消费者的实际流程，并且在盈利的基础上使顾客满意，它包括商品采购、商品库存、商品销售几个阶段。

A.零售业物流　　　B.便利店物流　　　C.末端物流　　　D.共同物流

（2）零售企业沃尔玛十分重视物流环节，并相继建立了物流配送中心。物流配送

中心主要是为本企业的连锁分店进行配货，同时也可以为其他企业提供货物，这种形式为（　　）。

  A.社会化物流   B.企业自营物流

  C.供应商（或生产商）直接物流   D.共同物流

  （3）对于制造企业生产的平稳有序性，要求各个零部件的需求在时间上具有有序性，要求在不同加工、装配工序上的零部件在时间上具有次序性，这就要求制造业物流具有较高的（　　）。

  A.有序性   B.配套性   C.复杂性   D.高度准时性

  （4）（　　）是指由农产品的销售行为引发的一系列物流活动，包括为销售农产品和满足消费者需要而进行的分拣、配货、装卸、送货等活动。

  A.农业销售物流   B.农产品销售物流   C.农村物流   D.农村电商物流

  （5）（　　）是以冷冻工艺学为基础，以人工制冷技术为手段，以生产流通为衔接，以达到保持食品质量完好与安全为目的的低温物流过程。

  A.冷链物流   B.冷藏物流   C.常温物流   D.冷冻物流

  2.多项选择题

  （1）零售企业具有（　　）等特点。

  A.地理上比较分散   B.产品多样化

  C.送货时间苛刻   D.送货时间宽松

  （2）零售业物流模式按主体的不同，可以分为（　　）。

  A.企业自营物流   B.社会化物流

  C.供应商直接物流   D.共同物流

  （3）制造业物流主要具有（　　）等特点。

  A.复杂性   B.稳定性   C.配套性   D.高度准时性

  （4）农业物流模式的选择依据包括（　　）。

  A.利益性原则   B.效率性原则   C.可持续性原则   D.波动性原则

  （5）根据会展的特殊要求，会展物流具有（　　）等特点。

  A.物流环节的复杂性   B.时间要求的高效性

  C.运输过程的安全性   D.组织管理的专业性

  3.判断题

  （1）零售企业的供货由供应商的物流管理水平决定，完全依赖供货商来经营零售企业的物流，能够使零售企业的商品得到保证。   （　　）

  （2）即时物流是完全按照用户突然提出的要求进行物流活动的方式，是一种灵活性很高的应急物流方式。   （　　）

  （3）制造企业和物流企业的利益是一致的，它们是一方多赚一分、另一方就会少赚一分的关系。   （　　）

  （4）农业物流客体和物流工具的多样性决定了农业物流主体在数量上呈几何级数增长，这增加了农业物流路径的多样性和复杂性。   （　　）

  （5）由于易腐食品的时效性要求冷链上的各环节具有更高的组织协调性，因此食品冷链的运作始终与能耗成本相关联，有效控制运作成本与食品冷链的发展密切相关。   (   )

4.问答题

（1）简述零售业物流模式的选择原则。

（2）简述物流业与制造业的关系。

（3）现代农业物流的分类有哪些？

（4）食品物流对食品行业有什么影响？

●●● 项目实训

1.实践训练

（1）每年10月中旬到12月中旬是大闸蟹上市季节，经销商需要用快递完成送达服务。经销商要求48小时送达，并保证大闸蟹存活；快递费用比普通商品略高。

（2）为了使内陆地区的消费者能吃上新鲜的海蟹，经销商需要用快递完成送达服务。经销商要求48小时送达，并保证海蟹存活；快递费用和大闸蟹一样。

这两单生意能不能接？请说明理由。

2.课外实训

你所在的城市要举办一场大规模的服装展会，主办方负责物流运输，请设计一个物流服务方案。

3.拓展训练

阿里全方位的零售版图初步形成：（1）有1-3天达的传统电商产品——淘宝、天猫、聚划算、淘宝特价版；（2）有次日定点提货的盒马集市；（3）有半日达、当日达或次日达的淘鲜达、天猫超市；（4）有半小时到1小时达的盒马鲜生、饿了么。

阿里将其零售分为以上四个业态并辅以四种物流模式，请写出这四种物流模式的供应链物流流程。

项目九
现代物流业的发展

学习目标

知识目标：

1. 了解绿色物流的内涵、价值和特征。
2. 了解物流及物流系统对环境的不同影响。
3. 了解正向绿色物流管理和逆向绿色物流管理的内容。

能力目标：

1. 能够简单处理物流噪声。
2. 能够进行绿色物流管理。

素养目标：

1. 培养物流人的社会责任感，培养节约意识、可持续发展意识。
2. 培养物流人的创新意识、钻研精神。

价值引领案例

绿色发展 | "铁路蓝"绘就发展与生态共美画卷

学习微平台

拓展阅读 9-1

2024年10月22日，新建黄桶至百色铁路那蒙澄碧河特大桥首个水中墩桩基动工开钻，标志着黄百铁路广西段桥梁工程正式启动。

黄百铁路那蒙澄碧河特大桥只是铁路部门践行绿色发展理念、实现铁路建设与生态环保并重的缩影。放眼万里铁道线，绿水逶迤，青山万重，处处都是"铁路蓝"绘就发展与生态共美的画卷。

建设绿色环保线路，实现生态与速度共舞。在铁路新线建设过程中，铁路部门将环保理念深植于心，从线路设计开始，就细致考量噪声、振动、粉尘等生态影响因素并做好相应方案，保护沿线的绿水青山。除了黄百铁路那蒙澄碧河特大桥外，贵南高铁建设者们在7次跨越澄江湿地公园的澄江双线特大桥上使用了声光屏障、节段拼装梁等环保技术，为"小鸟天堂"筑起绿色屏障；川青铁路专门修建污水处理站，以实际行动守护"地球之肾"的纯净；中老铁路在建设过程中，加装了数十公里的野象防护栏，对野生亚洲象以及原始森林进行温柔的呵护……一项项举措，证明了在飞驰的列车上，既能看到最优美的风景，也能触摸到保护生态的温度。

资料来源　莫小斌. "铁路蓝"绘就发展与生态共美画卷 [EB/OL]. [2024-10-31]. https://cn. chinadaily.com.cn/a/202410/31/WS672306dca310b59111da0e73.htmll.

思考：（1）铁路部门采取了哪些具体措施来实现生态与速度并重的发展目标？

（2）请列举其他铁路建设环保措施及其绿色化意义。

任务一　了解绿色物流

★任务目标

了解绿色物流的内涵、价值和特征。

小词典

绿色物流是指通过充分利用物流资源、采用先进的物流技术，合理规划和实施运输、储存、装卸、搬运、包装、流通加工、配送、信息处理等物流活动，降低物流活动对环境影响的过程。

★课堂讨论

探讨绿色物流与低碳物流、低碳生活的关系。

★问题引导

绿源物流公司，作为一家在行业内享有盛誉的企业，一直致力于提供高效、准时的物流服务。随着全球环保意识的觉醒和可持续发展理念深入人心，公司高层开始意识到，传统的物流模式已无法适应新时代的要求。该公司面临着如何在保持行业领先地位的同时，实现物流活动的绿色化转型，以减少对环境的负面影响，并满足社会对于绿色物流、低碳物流的迫切需求。

思考：如何理解"绿色物流"的内涵？在追求企业经济效益、满足客户需求与承担环境保护责任之间，物流公司如何才能找到平衡点？

引导知识点

一、绿色物流的内涵

1.绿色物流的最终目标是可持续发展

绿色物流是对环境友好的物流，亦称生态型的物流。其根本目的是减少资源消耗、降低废物排放。这一目的实质上是经济利益、社会利益和环境利益的统一，这也正是可持续发展的目标。因此，绿色物流也可称为可持续物流。

一般的物流活动的目标主要是实现企业盈利、满足顾客需求、扩大市场占有率等，最终实现某一主体的经济利益。绿色物流的目标是在实现上述经济利益目标之外，还追求节约资源、保护环境这一既具有经济属性，又具有社会属性的目标。尽管从宏观角度和长远利益来看，节约资源、保护环境与实现经济利益的目标是一致的，但对某一特定时期、某一特定的经济主体来说却是矛盾的。按照绿色物流的最终目标，企业无论是在战略管理中还是在战术管理中，都必须从促进经济可持续发展这个基本原则出发，在创造商品的时间效益和空间效益以满足消费者需求的同时，注重按照生态环境的要求，保持自然生态平衡和保护自然资源，从而为子孙后代留下生存和发展的空间。实际上，绿色物流是可持续发展原则与物流活动目标相结合的一种现代物流观念。

2.绿色物流的活动范围涵盖产品的全生命周期

产品在从原材料的获取到使用消费，直至报废的整个生命周期，都会对环境产生影响。绿色物流既包括对从原材料的获取、产品生产、包装、运输、分销直至送达最终用户手中的前向物流过程的绿色化，也包括对退货品和废物回收逆向物流过程的生态管理与规划。因此，绿色物流的活动范围包括了产品从产生到报废处置的整个生命周期。

产品生命周期不同阶段的物流活动不同，绿色化的方法也不相同。从生命周期的不同阶段来看，绿色物流活动分别表现为绿色供应物流、绿色生产物流、绿色分销物流、废弃物物流和逆向物流；从物流活动的作业环节来看，绿色物流活动一般包括绿色运输、绿色包装、绿色流通加工、绿色仓储等。

3.绿色物流的理论基础包括可持续发展理论、生态经济学理论、生态伦理学理论和循环经济理论

首先，物流过程不可避免地要消耗资源和能源，产生环境污染，要实现长期的、持续的发展，就必须采取各种措施，形成物流与环境之间共生发展的模式。其次，物流系统既是经济系统的一个子系统，又通过物料流动、能量流动建立了与生态系统之间的联系和相互作用关系，因此绿色物流正是通过调节经济目标与环境目标之间的平衡，实现生态与经济的协调发展的。另外，生态伦理学告诉我们，不能一味追求眼前的经济利益而过度消耗地球资源，破坏子孙后代的生存环境，绿色物流及其管理战略将迫使人们对物流中的环境问题进行反思和控制。最后，以物质循环流动、资源循环利用为特征的循环经济，是按照自然生态系统的物质循环和能量流动规律构建的经济系统，其宗旨就是提高环境资源的配置效率，最终降低废物的排放量。绿色物流要实现对前向物流过程和逆向物流过程的环境管理，也必须以物料循环利用、循环流动为手段，提高资源利用效率，减少污染物的排放。

4.绿色物流的行为主体包括公众、政府及供应链上的全体成员

我们知道，产品从原料供应、生产制造、包装、运输到完成使用价值而成为废弃物，每一个阶段都存在着环境问题。专业物流企业对运输、包装、仓储等物流作业环节的绿色化负有责任和义务。处于供应链核心地位的制造企业，不仅要保证产品及其包装的环保性，而且应该与供应链的上游企业、下游企业、物流企业协同起来，从节约资源、保护环境的目标出发，改变传统的物流体制，制定绿色物流战略和策略，实现绿色产品与绿色消费之间的连接，最终使企业获得持续的竞争优势。

另外，各级政府和物流行政主管部门在推广和实施绿色物流战略的过程中具有不可替代的作用。由于物流具有跨地区和跨行业特性，因此绿色物流不是仅靠某个企业或在某个地区就能完成的，也不是仅靠企业的道德和责任就能主动实现的，它需要政府的法规约束和政策支持。例如，对环境污染指标的限制、对包装废弃物的限制、对物料循环利用率的规定等，都有利于企业主动实施绿色物流战略，并与供应链上的企业进行合作，最终在整个经济社会建立起包括生产商、批发商、零售商和消费者在内的循环物流系统。

公众是环境污染的最终受害者。公众的环保意识能促进绿色物流战略的实施，并对绿色物流战略的实施起到监督作用，因此公众也是绿色物流战略实施不可缺少的行为主体。

> **小资料 9-1**
>
> 　　国家邮政局等部门为推进快递业的绿色可持续发展，先后发布了《推进快递业绿色包装工作实施方案》、《关于协同推进快递业绿色包装工作的指导意见》以及《深入推进快递包装绿色转型行动方案》。此外，快递行业首个强制性标准《快递包装重金属与特定物质限量》（GB 43352—2023）已于2024年6月1日正式实施，旨在通过规范快递包装材料中的重金属与特定物质含量，提升快件包装领域的资源利用效率，减少包装耗用量，并降低环境污染。
>
> 　　该系列政策与标准明确了快递业包装工作的总体目标，即依法推进快递包装的生产、节约使用、充分回收与有效再利用，以实现"低污染、低消耗、低排放，高效能、高效率、高效益"的绿色发展目标。政策特别强调了要在绿色化、减量化、可循环三个方面取得显著成效，并设定在重点企业与重点地区实现快递业包装绿色发展的目标。

小思考 9-1

　　为什么要倡导绿色物流？

★ 问题引导

　　2024年10月16日，菜鸟发布《2024财年环境、社会及治理报告》，绿色物流成为其核心议题和亮点。其全链路解决方案覆盖各环节，通过数字化ID管理包材，自研系统促进减碳。2024财年，菜鸟自身运营和价值链实现碳减排45.8万吨。例如，绿色循环箱用RFID芯片管理，清洁电力使用率达54.1%，自营车队新能源车次占比99%，包装方案实现碳减排15.6万吨，回收环节实现碳减排超2.1万吨，回收品还制成练习册捐赠给四川大凉山乡村中小学。

思考：菜鸟实施绿色物流所带来的经济效益与社会影响有哪些？

引导知识点

二、绿色物流的价值

　　有人认为，绿色物流只是一种环保理念，是不切实际的幻想，因为它不仅不能带来任何经济效益，而且会增加企业的物流成本；也有人认为，绿色物流是政府的事情，和企业无关。这些观点都有失公允。国内外的实践足以证明，绿色物流是有价值的，这不仅体现在概念价值上，还体现在实体价值上。

1.绿色物流对企业的经济价值

　　如果采用绿色物流，就必须在绿色物流的各个环节中付出环境管理方面的费用，这在短时期内增加了物流的总成本，相对降低了企业的经济利润和竞争力。特别是在回收和废弃物流中，由于所处理的对象价值较低，因此如果对废弃物的处理费用过高，就会增加企业的开支。另外，回收物流成本过高，也将导致以回收物资为原材料进行生产的企业陷入困境。然而，绿色事业也为绿色物流企业开辟了新的经营与发展领域，给企业带来了新的拥有巨大潜力的商机。如今，世界上许多发达国家都制定了苛刻的环境标准，世界贸易由此形成了绿色壁垒。企业只有将绿色事业作为企业战略发展与日常经营活动中的重要组成部分，才能突破绿色贸易壁垒进入国际市场，提高国际竞争力。目前正在广泛探讨并实施的环境管理系列标准（ISO 14000）被视为企业"通向世界市场的通行证"。实践证明，通过 ISO 14000 认证进入国际市场的企业都获得了丰厚的经济利益回报。

学习微平台

动画 9-1：认识绿色物流

经济价值是物流企业实实在在的收益。最新研究指出，一个具有良好环境表现的企业通常也具有良好的盈利表现。道琼斯可持续发展指数（DJSI）等投资分析统计也证明了这一点。因此，绿色物流是可以为物流企业创造价值的。首先，绿色物流有利于树立良好的企业形象，使企业更容易获得股民和其他投资者的青睐；其次，绿色物流企业通过对资源的集约利用、对运输仓储的科学规划及合理布局，可以大大压缩物流成本，降低物流的环境成本，拓展有限的"第三利润"空间；最后，资源循环、资源回收再利用等逆向物流可以给物流企业带来实际收益，成为物流企业利润的新源泉。

2.绿色物流的社会价值

社会价值是一种虚拟的价值，它包括企业形象、企业信誉、企业责任等。企业伦理学指出，企业在追求经济利益的同时，还应努力树立良好的企业形象并履行社会责任等，形成企业的社会效益。社会价值虽然仅仅是一种概念价值，却会直接影响企业的实体价值，这也是很多跨国公司关注公益事业、关注社会问题的原因。不可否认，绿色物流对现代物流企业的概念价值具有重要作用。绿色物流将物流企业推向可持续发展的前沿，有助于物流企业树立良好的企业形象和赢取公众信任，从而在激烈的市场竞争中占有一定的优势。

绿色消费观念的兴起使得顾客更加青睐环保的产品，员工更愿意为对环保负责的企业工作，银行更愿意向对环保负责的企业提供贷款，保险公司也更愿意向对环保负责的企业提供保险。另外，各种税收优惠政策也越来越多地涉及企业的环保行为，绿色物流企业可以因此获得更多的竞争优势。

随着可持续发展观念不断深入人心，消费者对企业的接受和认可不再仅仅取决于企业是否能够提供质优、价廉的产品与服务，消费者将越来越关注企业是否具有社会责任感，即企业是否节约利用资源、是否对废旧产品的原料进行回收、是否注重环境保护等，这些都是决定企业形象与声誉的重要因素。绿色物流从产品的开发与设计到最终消费，都将考虑这些因素，绿色物流体系的构建不但可以降低回收成本，而且有利于提高企业的知名度，增加企业品牌的价值和寿命，延长产品的生命周期，从而间接增强企业的竞争力。因此，构建绿色物流体系显得至关重要。

3.集约资源

这是绿色物流最本质的内容，也是发展绿色物流的指导思想之一。通过整合现有资源，优化资源配置，企业能够提高资源利用率，减少资源消耗和浪费。这既是可持续发展所提倡的，也是我国发展绿色物流亟待解决的问题。以基础设施建设为例，我国有的地区在新建物流中心时，没有考虑到与原有物流设施的兼容问题，结果新的建起来，旧的就弃置了，从而造成了资源的巨大浪费。这显然与物流发展的方向背道而驰，更不要说绿色物流了。

🔆 小思考9-2

绿色物流的目标与传统物流活动的目标有什么不同？

★ 问题引导

2023年8月，《物流企业绿色物流评估指标》（WB/T 1134—2023）行业标准出台，从实施结果与过程两方面梳理指标，一级指标涵盖五个方面（规模；管理；设施、设备、包装器具；运营；绿色信息披露与生态共建），明确企业分类（运输型物流企业、仓储型物流企业、综合型物流企业）与级别（三星、二星、一星）。2024年12月，中物联依据此标准开展绿色物流星级评估，作为A级物流企业评估的延伸推广。

思考：上述资料反映了绿色物流的哪些典型特征？

📍 引导知识点

三、绿色物流的特征

绿色物流除了具有一般物流所具有的特征外，还具有学科交叉性、多目标性、多层次性、时域性和地域性等特征。

1.学科交叉性

绿色物流是物流管理与环境科学、生态经济学的交叉学科。由于环境问题日益突出，物流活动与环境之间的关系日益密切，因此在研究社会物流和企业物流时必须考虑环境问题和资源问题。同时，由于生态系统与经济系统之间的相互作用，生态系统也必然会对物流这个经济系统的子系统产生影响，因此必须结合环境科学和生态经济学的理论、方法进行物流系统的管理、控制和决策，这也正是绿色物流的研究方法。学科的交叉性使得绿色物流的研究方法非常复杂，研究内容也十分广泛。

2.多目标性

绿色物流的多目标性体现在企业的物流活动要顺应可持续发展战略目标的要求，注重对生态环境的保护和对资源的节约利用，注重经济与生态的协调发展，即追求企业经济效益、消费者利益、社会效益与生态环境效益四个目标的统一。系统论的观点告诉我们，绿色物流的多目标之间通常是相互矛盾、相互制约的，一个目标的增长将以另一个或几个目标的下降为代价。如何取得多目标之间的平衡，正是绿色物流要解决的问题。从可持续发展理论的观点来看，保证生态环境效益是其他三个效益得以保证的关键。

3.多层次性

绿色物流的多层次性体现在以下三个方面：

（1）从对绿色物流的管理和控制主体来看，绿色物流活动可分为社会决策层、企业管理层和作业管理层三个层次，也可以说是绿色物流的宏观层、中观层和微观层。其中，社会决策层的主要任务是通过相关政策和法规等手段传播绿色理念，约束和指导企业的物流战略；企业管理层的主要任务是与供应链上的其他企业协同，共同规划和管理企业的绿色物流系统，建立有利于资源再利用的循环物流系统；作业管理层的任务主要是实现物流作业环节的绿色化，如运输的绿色化、包装的绿色化、流通加工的绿色化等。

（2）从系统论的观点来看，绿色物流系统是由多个单元（或子系统）构成的，如绿色运输子系统、绿色仓储子系统、绿色包装子系统等。这些子系统又可按空间或时间特性划分成更低层次的子系统，即每个子系统都具有层次结构，不同层次的物流子系统通过相互作用构成一个有机整体，最终实现绿色物流系统的整体目标。

（3）绿色物流系统还是另一个更大系统的子系统，这个更大的系统就是绿色物流系统赖以生存和发展的外部环境。这个外部环境包括人口环境、政治环境、文化环境、资源环境等，它们都将对绿色物流的实施起到约束或推动作用。

4.时域性和地域性

时域性是指绿色物流管理活动贯穿于产品的整个生命周期，包括原材料供应，生产物流，产成品的分销、包装、运输直至报废、回收的整个过程。

绿色物流的地域性体现在两个方面：一是随着经济的全球化和信息化，物流活动早已突破了地域限制，形成了跨地区、跨国界的发展趋势，因此物流活动的绿色化也具有跨地区、跨国界的特性；二是绿色物流管理策略的实施需要供应链上所有企业的参与和响应，这些企业很可能分布在不同的城市，甚至不同的国家。例如，欧洲有些国家为了更好地实施绿色物流战略，对托盘的标准、汽车尾气的排放标准、汽车燃料的类型等都进行了限制，不符合标准要求的货运车辆将不允许进入本国。

◉ 小案例9-1

阿里巴巴践行"绿色物流"理念

经过多年的沉淀，2020年9月，阿里仁和数据中心落地杭州，成为中国首座绿色等级达5A级的液冷数据中心，也是全球规模最大的全浸没式液冷数据中心。其能源利用效率PUE低至理论极限1.09，相比传统数据中心每年可省电7 000万度，足够西湖周边所有路灯连续点亮8年。经过长期努力，2021年阿里巴巴每10笔电商订单的能耗约为2005年第一代数据中心时的5%，即能耗降低95%。

菜鸟和中国主要快递公司共同发起低碳行动，努力推广电子面单、装箱算法、智能路径规划、环保袋、循环箱、低碳回收箱、新能源物流车、太阳能物流园等，推动了全行业的绿色低碳转型。电子面单累计用于超过1 000亿个快递包裹，帮助全行业减少了纸张的消耗。

低门槛的交易方式、丰富多样的交易模式和基于阿里生态优势，满足用户在买卖闲置物品方面的绝大部分需求，变浪费为消费，变废物为宝物，推动"无闲置社区"到"无闲置城市"再到"无闲置社会"的建设。据第三方测算，2020年闲鱼平台减少碳排放3 800多万吨，相当于浙江省工业二氧化碳排放量的10%。

此外，阿里巴巴通过高德出行平台，鼓励和引导公众绿色出行；运用云计算和钉钉智慧协同工作平台，推动数字化工作方式的建立等。

资料来源　阿里研究院. 数字技术助力碳中和阿里巴巴案例入选《可持续发展蓝皮书：中国可持续发展评价报告》［EB/OL］．［2021-12-19］．https://www.163.com/dy/article/GSD-SO3N80511DDOK.html.

思考：阿里巴巴践行"绿色物流"理念的价值和意义有哪些？

课堂提问 ✓

哪些物流因素会影响环境？

课堂实训 ✓

我国作为世界上最大的纺织品和服装生产国及出口国，每年纺织产品从原料到半成品，再到成衣出口，物流成本始终是企业最大的一项负担。相比新兴产业，纺织品行业本身利润率不高，对于物流运输成本相对敏感。因此，纺织企业在进行提质增效的同时，亟需降低中间物流运输层的成本。以一家月产值大概1 500万元的纺织企业来计算，对应到物流用车的场景大概是600吨/月。货物要发往全国经销商客户，物流成本占很大比重。如果降低物流成本的措施得到落实，将为企业提升不小的利润空间。请结合政策及企业两个维度分析该如何制订降低物流成本的方案。

案例分组讨论 ✓

2024年以来，连云港市烟草物流中心围绕"一体化、智慧化、绿色化"的目标，积极推行绿色物流建设。其中，绿色运输成为关键一环。早在2020年，中心便尝试引入新能源车辆，但受技术限制未能广泛推广。2024年，随着技术成熟，中心在条件允许地区逐步投入5辆电动货运车辆，运行效果良好，日均减少碳排放291.69千克，同时改善了驾乘人员的作业环境。

另外，物流中心还注重配送线路的深度优化，年初启动弹性配送模式研究，从多个维度展开数据测算，对配送线路进行更广范围、更深层次的优化。此举有效完善了弹性配送路网布局，减少了运输趟次和送货里程，提高了车辆装载率，降低了能源消耗，实现了物流集约高效运输。

未来，物流中心将继续收集车辆运行数据，探索新能源车辆推广应用策略，并持续优化配送线路，推动物流中心配送车辆"油电转换"转型升级，用实际行动绘就物流"绿色画卷"，朝着精益高效、协调共享、绿色循环的发展方向不断迈进。

资料来源　梁路平. 践行绿色理念 绘就烟草物流"生态画卷"[N]. 江苏经济报，2024-09-26.

问题：烟草绿色物流的挑战有哪些？请设想一下烟草绿色物流的下一步发展策略。

任务二　熟悉物流活动与环境

★任务目标

了解物流及物流系统对环境的不同影响，知晓如何减轻物流对环境的不利影响。

★课堂讨论

探讨高铁和磁悬浮列车对环境的影响。

★问题引导

2024年11月14日，在全国城市交通工作会议上，泸州城市绿色货运配送模式入选典型案例。四川省泸州市通过聚焦聚力巩固创建、绿色发展、行业发展"三大板块"，实施织密线网、政策加持、降本增效、奖补激励"四大路径"，深入开展城市绿色货运配送示范建设，持续巩固创建成果。通过降本增效，开启集中配送新模式，降低了配送成本，提高了车辆运输效率。

思考：发展城市绿色货运配送有什么重要意义？

引导知识点

一、物流对环境的影响

物流对环境的影响表现在以下几个方面：

1.废气排放污染

物流工具，尤其是货运汽车，其排放的尾气是当前大气污染的主要来源之一。

> **小资料9-2**
>
> 近年来，我国进入"碳达峰、碳中和"战略目标实施新阶段，国家对物流行业节能减排提出了更高要求。道路运输是行业降低碳排放的重中之重，交通运输业碳排放量占全球温室气体排放量的1/4以上，而道路货运碳排放约占交通运输碳排放总量的60%。
>
> 《绿色低碳道路货运企业要求及评价细则》（T/SCLOG 007—2024）是国内首部针对绿色低碳道路货运企业的团体标准，于2024年7月8日正式发布，并于2024年8月8日起正式实施。标准结合了包括港澳地区在内的行业领先的绿色低碳实践，对绿色低碳管理、运输管理、智慧物流、经营运作、社会效益等方面提出了评价要求，形成了覆盖道路货运全生命周期的指标体系。
>
> 资料来源　深圳物链君．重磅！国内首部绿色低碳道路货运企业团体标准正式发布［EB/OL］．［2024-07-12］．https：//baijiahao.baidu.com/s？id=1804331803489679259&wfr=spider&for=pc.

2.噪声污染

物流噪声污染主要来自火车、货运卡车等大型车辆。与废气、废液污染不同，噪声污染一般只会造成局部的环境问题。噪声污染主要对人的生理产生影响，见表9-1。

表9-1　　　　　　　　　　　噪声污染对人的生理产生的影响

噪声强度（分贝）	对人的生理产生的影响
40	妨碍睡眠
50	妨碍正常听力
60	妨碍两个人在1米距离的会话
70	妨碍打电话
>80	长期作用会影响人的血压，使人产生头痛、惊悸、胃肠不适、激素失调等症状
>90	1天处于这个环境中，会导致听力衰减
>100	每天1个小时处于这个环境中，会导致听力衰减

3.振动污染

火车、汽车在行驶过程中，车体本身、车体与地面的摩擦都会产生振动，振动往往和噪声同时发生。振动通过空气和地面进行传播，过量的振动会使人不舒适、疲劳，甚至导致人体损伤。

4.扬尘污染

物流过程中产生的扬尘污染，主要来自两个方面：一是汽车在低等级路面行驶，造成路面上尘土飞扬，这种情况在发展中国家，尤其是小城镇和农村地区经常出现；二是粉体物流对象在物流过程中，由于物流过程粗放造成扬尘，如粉状物、煤炭、矿石等在运输和装卸过程中出现的扬尘。

扬尘污染的对象包括：一是造成建筑物表面蒙尘，并逐渐侵蚀建筑物表面，使建筑物表面质量下降，尤其是腐蚀性的粉尘，对建筑物表面的危害更大；二是对人的生活环境、卫生状况造成影响；三是对人的生理产生影响，对于长期处于扬尘环境中的人而言，这个影响更为严重。

5.有毒物污染

除了汽车尾气、粉尘之中包含有毒物之外，物流过程中的事故，尤其是装运有毒物的设备和有毒物储存仓库的事故，会造成有毒物大面积扩散，从而对局部环境造成严重的污染。即使没有有毒物污染事故发生，由于有毒物在物流过程中经常会与环境接触，也会对环境造成一定程度的污染。物流机械、装备、工具等在使用或清洗过程中对废物的排放，也会对环境造成污染。有毒物污染的途径一般包括粉尘的扩散，液体和气体的排放、挥发和扩散等，一旦形成火灾、水灾等灾害事故，有毒物就会迅速扩散，从而对环境造成严重的污染。

> **小资料9-3**
>
> 汽车排放污染物的量和比例取决于很多因素，包括发动机的设计、发动机的大小、燃油的性质、车辆使用的状况等。
>
> 德国的一项研究发现，65%的人会受到道路交通噪声的影响，其中25%的人会受到严重影响。
>
> 为了降低道路噪声污染，世界各国都在制定相应的政策，如改进车辆技术、铺设低噪声路面、降低噪声反射、吸收噪声、进行交通限制及规划道路等。

★问题引导

顺丰在全国大中城市共投放了数十万个创意纸箱，激发用户动手对旧纸箱进行改造，传递变废为宝的环保理念。当你收到一个有些特别的快递包裹——快递纸箱的内侧设计了示意线条，按照提示把快递箱拆开平铺，沿着示意线裁开，很快就制作了一个置物架。快递纸箱变废为宝，被再次利用，自己还可以动手参与践行环保。这就是顺丰推出的"'箱'伴计划"中的一个举措。

思考：（1）你认为物流系统对环境的影响有哪些？

（2）顺丰的举措对于推动物流系统对环境的正向影响有何借鉴和启发？

⊙引导知识点

二、物流系统对环境的影响

1.运输对环境的影响

尽管运输是产生环境问题的主要原因，但是国民经济的发展离不开运输。我们不可能彻底清除运输对环境的危害，但可以通过有效的决策和措施，降低运输对环境的污染程度。如果物流决策不合理，就会增加运输过程中的资源消耗，导致严重的环境污染。具体分析如下：

（1）物流网络节点（如货运网点、配送中心）布局不合理，会导致货物迂回运输、重复运输、过远运输或倒流运输等不合理现象的发生。这些不合理现象造成了很多无效运输，人为地增加了在途货车的行驶里程，既增加了能源消耗和运输费用，也提高了货损概率，还加重了城市交通阻塞。

（2）运输系统规划与运输决策不合理，会导致运输工具选择不当、运力不足、非满载运输等现象。例如，弃水走陆、铁路和大型船舶的过近运输等，都会导致运输工具的使用效率和能源利用率降低，从而增加能源消耗。

（3）运输需求信息的不共享以及物流管理理念的落后，会导致大量的车辆空载行驶，造成资源的极大浪费。尤其是在我国，第三方物流、社会化物流市场的发育尚不完善，很多企业倾向于拥有自己的运输车队，这是大量货车空载行驶的主要原因；同时，社会上的物流需求信息和运力供应信息不能互相交流，也是车辆空载行驶的重要原因。

（4）货车在物流节点的空转等待加剧了空气污染。由于认识上的偏差，多数司机在物流节点处等待装货、卸货的时候，经常使车辆原地长时间空转，这不仅增加了燃油消耗，更加剧了空气污染。国外有人进行过统计，汽车在空转的时候，仍然会排放废气和有毒物，由于这时的燃料未能得到充分燃烧，因此有些废气的排放量（如一氧化碳、烃）比车辆行驶时废气的排放量要高出许多。企业管理者必须重视这一问题，加强对司机的宣传教育，让所有司机认识到汽车空转时产生的空气污染问题。

2.装卸搬运对环境的影响

装卸搬运是指发生在物流节点（如仓库、车站、码头、配送中心等）的以人力或机械将物品装入运输设备或从运输设备上卸下的活动，包括货物堆码、上架、移动、取货、备货、货物装载、卸货等作业。搬运是指物品横向或斜向的移动；装卸是指物品上下方向的移动。在物流系统的功能活动中，装卸搬运虽然不产生新的效用或价值，但它是伴随着包装、仓储、运输所必须进行的活动，并且在采购物流、企业内部物流、销售物流等整个供应链物流过程中占有较大的比重，是物流各项活动中发生频率最高的活动。装卸搬运作业质量的好坏和效率的高低不仅影响物流成本，而且与物品在装卸搬运作业过程中的损坏、污染等损失有关，与是否能及时满足客户的服务需求相关联。

装卸搬运对环境的影响主要包括以下三个方面：

（1）不恰当的作业方式造成无效装卸、无效搬运次数增加，以及人力资源和能源动力的浪费。

（2）过多的装卸搬运次数增加了物品在装卸搬运过程中发生损耗的概率，进而造成了自然资源的浪费和废弃物的增加。

（3）装卸机械在作业过程中排出的冷却液、润滑液会对周围环境造成污染。

3.储存对环境的影响

物品通过储存保管，克服了产品生产与需求之间的时间差异，能够使产品具有更好的效用。因此，储存保管是物流创造时间价值的重要手段。当然，为了实现储存功能，被储存物品的质量及其使用价值必须得到保证。现代物流系统已经拥有很多有效维护商品质量、保证商品价值的技术手段和管理手段，人们也正在探索物流系统的全面质量管理问题，希望通过对物流过程的控制及工作质量的提高来保证被储存物品的质量。

储存环节对环境的影响主要表现在以下三个方面：

（1）为了保证被储存物品不丧失使用价值，必须对被储存物品进行维护保养，其中对部分被储存物品采取的技术措施，如在物品表面喷涂化学药剂等，也会对仓库周围的生态环境造成不良影响。

（2）如果保管不当，就有可能造成被储存物品变质、损坏甚至被丢弃，从而造成废弃物污染；有些危险品的泄漏，还会对周围环境造成不良影响。

（3）仓储设施是重要的基础设施，占用了大量土地资源。

4.包装对环境的影响

物流包装容器的种类很多，采用不同的材料、不同的结构形式。与产品直接接触的包装是内包装，一般是一次性包装；为了方便运输、储存及装卸作业，有时还需要对产品进行二次包装，甚至三次包装，典型的包装容器如托盘、集装箱、集装袋、瓦楞箱、罐、桶等。无论是商品的内包装还是物流包装，都需要消耗大量的资源，产生大量的固体废弃物，所以包装对环境的影响是非常大的。

包装对环境的影响主要表现在以下四个方面：

（1）过度包装增加了商品的重量、体积，增加了对运输能力、储存能力的需求。

（2）相当一部分工业品特别是消费品的包装都只能使用一次，并且越来越复杂，这些包装材料不仅消耗了大量的自然资源，废弃的包装材料还是城市垃圾的重要组成部分，处理这些废弃物要花费大量的人力、物力和财力。

（3）不少包装材料是不可降解的，它们长期留在自然界中，会对自然环境造成严重影响。目前，市场上常用的塑料袋、玻璃瓶、易拉罐等包装材料在自然条件下很难降解，会对环境造成污染。

（4）随着物流量的增加，物流包装（如托盘等）在总包装中所占的比重也越来越大。中物联资料显示，2023年我国托盘产量约为3.55亿片，同比下降4%，但托盘保有量继续增长，2023年我国托盘保有量达到17.5亿片，同比增长2.94%。目前，从材质来看，塑料托盘的使用场景和应用范围持续扩大，占有率逐年提升，而木托盘的占有率略有下降，木托盘和塑料托盘的总占有率保持在90%以上。由此可见，托盘消耗的木材资源的数量是巨大的。

5.流通加工对环境的影响

由于流通加工具有较强的生产性，会造成物流停滞、增加管理费用，因此不合理的流通加工方式也会对环境造成不利影响。

流通加工对环境的影响主要表现在以下三个方面：

（1）由消费者分散进行的流通加工，资源利用率低下，浪费能源。例如，餐饮服务企业对食品的分散加工，既浪费资源，又污染空气。

（2）分散的流通加工中产生的边角废料，难以集中和有效再利用，造成了资源浪费和废弃物污染。

（3）如果流通加工中心的选址不合理，不仅会造成费用增加和有效资源的浪费，而且会因为增加了运输量而产生新的污染。

各种流通加工活动均会对环境造成不利影响，具体的影响类型和程度由流通加工的方式决定，采用清洁生产方式可以很好地解决流通加工活动对环境的不利影响问题。

6.物流信息处理对环境的影响

物流信息处理能够促使物流活动更加有效地进行，促进各环节的有效衔接，避免重复和浪费，因此物流信息处理对于节约资源、提高作业效率是有积极作用的。一般认为，物流信息处理对生态环境没有负面影响，但是随着计算机的普及和企业内部信息系统的建设，信息处理功能要素中也出现了环境问题，如机房里密集布设的计算机设备产生的辐射可能危及员工的健康。一些物流企业中的计算机装备比较简单且数量少，因此物流信息处理对环境的影响较小。然而，某些大型物流企业因采用的先进信息技术，如射频技术、全球卫星定位系统等，会产生不同程度的电磁辐射，对环境的影响较大。

📖 小词典

地下物流系统也称地下货运系统（underground freight transport system，UFTS），是指运用自动导向车（AGV）和两用卡车（DMT）等承载工具，通过大直径的地下管道、隧道等运输通路，对固体货物进行输送的一种全新概念的运输和供应系统。

★ 问题引导

自2017年起，菜鸟推行绿色"回箱计划"。2024年11月，中国农业大学、北京化工大学、北京信息科技大学联合实施该计划，通过上门及驿站回收废旧纸箱，促进资源循环利用。两周内，1 100余名学生参与，回收纸箱2 710个、重652.12千克。该活动通过积分兑奖，鼓励纸箱回收，学生在换回礼品的同时也增强了环保意识，共创绿色低碳校园风尚。

思考：高校学生如何践行绿色发展理念？

📍 引导知识点

三、减轻环境负担的措施

从目前的科学技术发展水平来看，物流对环境的负面影响是没有办法消除的，因此，企业必须在管理方面采取若干措施，把减轻环境负担作为管理的目标。若想减轻环境负担，最有效的办法是实现物流合理化。无论是宏观的物流还是微观的物流，都应该实现合理化。

（1）提高铁路运输和水路运输的比重，减少对环境污染最大的公路运输的比重。很多研究表明，在多种可选择的运输方式中，公路的资源占用（包括能源消耗、土地资源占用、人力资源占用等）最高；从对环境的影响来看，公路运输对环境的破坏作用最大。

在管理方面，企业可以采取以下措施来减轻环境的负担：①将合理的铁路、公路、水路结构作为宏观调控的目标，增加铁路运输量，降低公路运输量。②发展多式联运，限制汽车的长距离、大量运输，在减少环境污染的同时提高物流系统的运输能力。③依靠科学技术，采用清洁燃料，从源头降低污染。

（2）采用管道输送的物流方式，减少液体、气体、粉状扬尘对环境的污染。

（3）合理规划物流线路，对物流节点实行集约化管理，使物流节点远离居民稠密地区是解决和降低噪声、扬尘及尾气污染的有效措施。因此，物流基地、物流中心等大型物流节点应当远离城市中心区并且适当集中分布，配送中心应当和居民稠密区保持适当距离。货运配送应当优先采用低排放的新能源物流车辆。大型运输车辆应当限制进入城市地区；同时，对不符合排放标准、噪声过大的运输车辆，应该实行严格的上路行驶限制措施。

课堂提问 ✔

你知道新能源汽车主要包括哪几种类型吗？

课堂实训 ✔

选取一个典型的物流活动案例，如某企业的产品运输过程，分析其对环境的影响。

案例分组讨论 ✔

中百集团物流公司入选全国首批"绿色物流先行企业"

近日，由中国物流与采购联合会举办的"第二届绿色物流与供应链发展大会"在浙江杭州召开。中百集团物流公司入选全国首批"绿色物流先行企业"名单，其发展模式被纳入"绿色物流创新引领案例"和"物流与供应链企业 ESG 创新实践案例"。

中百物流始终秉持绿色发展理念，多措并举构建绿色、智能、高效的物流配送体系。在物流园建设规划方面，中百物流充分利用区位优势，科学规划中央仓一、二期项目用地，合理布局仓库功能分区，并引进现代化物流机器设备，通过集约化管理模式践行节能降耗措施。二期仓创新采用双层坡道库设计，充分利用仓库的垂直空间，实现空间利用率翻倍。

在绿色能源应用方面，中百物流利用多个大型仓储闲置屋顶，应用彩钢瓦屋面、混凝土光伏发电双系统，在提高能源自给率、降低单位产值能耗的同时，实现了碳减排及环保效益的明显提升。

中百物流积极投身绿色货运配送领域，大力引入新能源货车，取得显著成效。其车辆平均使用成本相比传统货车减少 20%～30%，平均碳排放量降低 30%～50%。

中百物流将继续深化绿色发展战略，不断探索和实践新的环保技术和方法，以绿色物流为抓手，带动上下游合作商发展绿色供应链，通过一系列创新举措，促进绿色低碳循环发展经济体系的构建，为保护环境和推动公司可持续发展注入强劲动能。

资料来源　中百集团新闻中心. 中百集团物流公司入选全国首批"绿色物流先行企业"名单［EB/OL］.［2024-12-17］. https://www.whzb.com/archive/3245.html.

问题：上述资料对传统仓储物流模式绿色化转型有何启示？从绿色物流系统观出发，物流企业应通过哪些具体策略推动产业链整体低碳化？

任务三　了解绿色物流管理

★任务目标

了解正向绿色物流管理和逆向绿色物流管理的内容，能够进行绿色物流管理。

★课堂讨论

探讨我们生活中的哪些物品可以再回收利用。

★问题引导

航运业承载全球约 90% 货物运输，其碳排放约占全球 3%，是减碳关键。2023年，国际海事组织设定目标：2030 年航运减排 20%，2040 年减排 70%，2050 年达净零排放。中国则致力于 2030 年前碳达峰、2060 年前碳中和。为实现绿色航运，LNG、甲醇、氨成为主要替代燃料。随着新型燃料发动机技术的发展，中国石化紧跟趋势，在低碳零碳船用发动机润滑技术上取得突破，为航运业绿色低碳转型提供有力支持。

思考：为了更好地开展绿色物流管理，航运业还可以做些什么？

引导知识点

一、正向绿色物流管理

正向绿色物流是指从原材料的供应到生产企业生产出最终产品，再到通过销售渠道把产品销售给最终顾客的过程中实施的绿色物流。企业要进行正向绿色物流管理，应从以下几个方面考虑：

1.绿色供应商管理

供应商的原材料、半成品质量的好坏直接决定了最终产品的性能，所以要实施绿色物流，就要从源头上加以控制。由于政府对企业环境行为的严格管制，因此供应商的成本绩效和运行状况对企业的经济活动产生了直接影响。在绿色供应物流中，企业有必要增加供应商选择和评价的环境指标，即要对供应商的环境绩效进行考察。例如，潜在供应商是否因为环境污染问题而被政府处以罚款？潜在供应商是否因为违反环境规章而存在被关闭的危险？供应商供应的零部件是否采用绿色包装？供应商是否通过 ISO 14000 环境管理体系认证？

2.绿色生产管理

绿色生产包括绿色原材料的供应、绿色设计、绿色制造及绿色包装。

绿色产品的生产首先要求构成产品的原材料具有绿色特性，绿色原材料应符合以下要求：环境友好型；不加任何涂镀，废弃后能自然分解并能被自然界吸收；易加工且加工过程中无污染或污染最小；易回收、易处理、可重复使用。同时，应尽量减少原材料的种类，这样有利于原材料的循环使用。

绿色设计要求面向产品的整个生命周期，即在概念设计阶段，就要充分考虑产品在制造、销售、使用及报废后对环境的影响，使得产品在制造和使用的过程中可拆卸、易回收，不产生毒副作用，保证产生最少的废弃物。

绿色制造追求两个目标：一是通过可再生资源、二次能源的利用及节能降耗措施，缓解资源枯竭的现状，实现持续利用；二是减少废料和污染物的生成及排放，提高工业品在生产和消费过程中与环境的相容程度，降低整个生产活动给人类和环境带来的风险，最终实现经济和环境效益的最优化。

包装是商品营销的一个重要手段，但大量的包装材料在使用一次以后就被消费者遗弃，从而产生了环境污染问题。绿色包装是指节约资源、保护环境的包装，其特点为：材料最省、废弃最少且节约资源和能源；易于回收利用和再循环；包装材料可自然降解并且降解周期短；包装材料对人的身体和生态环境无害。绿色包装要求提供包装服务的物流企业进行绿色包装改造，包括使用环保材料、提高材料的利用率、设计折叠式包装以减少空载率、建立包装回收制度等。从再循环的角度来看，包装物的材料品种越少越好。德国曾对各种材料的循环价值进行评分，并据此收取不同的处理费。

3.绿色运输管理

交通运输工具的大量能源消耗，运输过程中排放的大量有害气体及产生的噪声污染，运输易燃、易爆等危险原材料或产品可能引起的爆炸、泄漏等事故，都会对环境造成很大的影响。因此，进行绿色运输管理，构建企业的绿色物流体系，就显得至关重要。

（1）合理建设配送中心，制订配送计划，以提高运输效率，降低货损量。开展共同配送，减少污染。共同配送的特点是统一集货、统一送货，因此可以明显减少货流，有效消除交错运输，缓解交通拥挤状况，提高市内货物运输的效率，减少空载率，有利于提高配送服务水平，使企业库存水平大大降低，甚至实现"零"库存，最终降低物流成本。

（2）实施联合一贯制运输。联合一贯制运输是指以件杂货为对象，以单元装载系统为媒介，有效地巧妙组合各种运输工具，从发货方到收货方始终保持单元货物状态而进行的系统化运输方式。运输方式的转换包括转向铁路、水路和航空运输。联合一贯制运输是物流现代化的主要标志。

（3）评价运输者的环境绩效，由专业运输企业使用专门运输工具负责危险品的运输，并制定应急保护措施。

目前，许多国家都对运输污染采取了极为严格的管理措施。例如，我国制定了严格的汽车尾气排放标准。由此可以看出，企业如果没有绿色运输，将会加大经济成本和社会环境成本，从而影响企业的经济运行和社会形象。

4.绿色储存管理

储存在物流系统中起着缓冲、调节和平衡的作用，是物流管理的一个中心环节。储存的主要设施是仓库。现代化的仓库是促进绿色物流运转的物资集散中心。绿色仓储要求仓库布局合理，这样才能够节约运输成本。如果仓库布局过于密集，则会增加运输的次数，从而增加资源消耗；如果仓库布局过于分散，则会降低运输的效率，增加空载率。在建设仓库前，企业还应当进行相应的环境影响评价，充分考虑仓库建设对所在地环境的影响。例如，易燃易爆商品的仓库不应设置在居民区，有毒物品的仓库不应设置在重要水源地附近。采用现代储存保养技术，如气幕隔潮、气调贮藏和塑料薄膜封闭等，是实现绿色储存的重要措施。

5.绿色流通加工管理

流通加工具有较强的生产性，这也是流通部门对环境保护大有作为的领域。

绿色流通加工主要包括两个方面：一方面，变分散加工为专业集中加工，采用规模作业的方式提高资源利用效率，以减少环境污染；另一方面，集中处理消费品加工过程中产生的边角废料，以减少分散加工所造成的废弃物污染。

6.绿色装卸管理

装卸是跨越运输和物流设施而进行的，发生在输送、储存、包装前后的商品取放活动中。绿色装卸要求企业在装卸过程中进行正当装卸，避免商品被损坏，从而避免资源浪费以及产生废弃物；绿色装卸还要求企业消除无效搬运，提高搬运活性指数，合理利用现代化机械，从而保持物流的均衡顺畅。

7.产品绿色设计

绿色物流建设应该始于产品设计阶段。企业在进行产品设计时，通过采用产品生命周期分析等技术，能够提高产品在整个生命周期的环境绩效，从而在推动绿色物流建设方面发挥先锋作用。

另外，通过标签表示产品的成分也十分重要，这样做会使将来的回收、处理工作进展顺利。

★ 问题引导

宝山钢铁股份有限公司（以下简称"宝钢"）遵循"减量化、无害化、资源化"的原则，对钢铁生产过程中形成的大量废弃物进行资源化处理，采用"控制源头、减少产生，全程管理、防止污染，循环使用、消灭废弃，科研开发、增大效益"等对策，对生产过程中产生的大量固体废弃物（如高炉渣、钢渣、粉煤灰、污泥和粉尘等）进行集中回收和各种工艺处理，然后将其重新用于烧结等工序或作为水泥原料和建材，这样既节约了资源，又减轻了环境负荷，还创造了可观的经济效益和社会效益。目前，宝钢余能回收总量已达到能源采购量的12%；生产用水已100%实现循环利用；焦炉和高炉煤气的利用率分别提高到100%和99.8%，达到世界领先水平。

思考：宝钢为绿色物流做出了什么贡献？

📍 **引导知识点**

二、逆向绿色物流管理

逆向绿色物流是指所有与资源循环、资源替代、资源回用和资源处置有关的物流活动。由于逆向绿色物流能够充分利用现有资源，减少对原材料的需求，因此常被发达国家作为建设循环型经济的重要举措。实施逆向绿色物流是一项系统工程，需要有完善的商品召回制度、废物回收制度以及危险废弃物料处理制度。

1.废弃物料的处理

企业废弃物料的来源主要有两个：一是生产过程中未能形成合格产品且不具有使用价值的物料，如产品加工过程中产生的废品、废件，钢铁厂产生的钢渣，机械厂切削加工形成的切屑等；二是流通过程中产生的废弃物，如被捆包的物品解捆后产生的废弃的木箱、编织袋、纸箱、捆绳等。随着垃圾堆场的日益减少，掌握有效减少废弃物料产生的方法已经越来越重要。一方面，企业要加强对进料和用料的统筹安排；另一方面，在产品的设计阶段就要考虑资源的可得性和可回收性。

2.回收旧产品

回收旧产品是逆向物流的起点，它决定着整个逆向物流体系能否实现盈利。旧产品的数量、质量、回收方式及返回时间等方面都应在企业控制之内，如果这些方面不能得到有效控制，整个逆向物流体系就可能会一团糟，产品再加工的效率也可能得不到保证。因此，企业必须和负责收集旧产品的批发商及零售商保持良好的沟通。

3.回收产品的检查与处理

对回收产品的测试、分类和分级是一项劳动和时间密集型的工作，如果企业通过设立质量标准，使用传感器、条形码以及其他技术使得测试自动化，就可以改进这道工序。一般来说，在逆向物流体系中，企业应该尽早做出对产品的处置决策，这样可以大大降低物流成本，并且缩短再加工产品的上市时间。

4.回收产品的修理和复原

企业从回收产品中获取价值，主要通过两种方式来实现：一是取出回收产品中的元件，经过修理后再次销售；二是对回收产品重新加工后再次销售。需要注意的是，相对于传统的生产过程而言，对回收产品的修理和再加工具有很大的不确定性，因为回收产品在档次、质量以及生产时间上的差异可能很大，这就要求企业在对回收产品进行分类时，应尽量把档次、质量及生产时间类似的产品整合起来，以降低这种不确定性。

5.再循环产品的销售

回收产品经过修理或复原后就可以投入市场进行销售了。与普通产品的供求一样，企业如果计划销售再循环产品，首先要进行市场需求分析，从而决定是在现有市场销售，还是开辟新的市场，在此基础上制定出再循环产品的销售决策并且进行销售，这样就完成了逆向物流的一个循环。

资源循环、资源回用等逆向物流举措可以给企业带来实际收益，是企业利润的新源泉。2023年，全球逆向物流市场的规模达6 400亿美元。近年来，我国逆向物流市场呈现出强劲的增长势头。中国市场占全球物流市场约18%，2023年中国逆向物流市场规模超过1 100亿美元。这种增长主要得益于电子商务的蓬勃发展、消费者退货率的上升以及企业可持续发展和环保意识的提高。我国逆向物流市场竞争激烈，企业数量众多，但大多数规模较小，服务同质化严重。

课堂提问 ✓

为什么说绿色物流是企业最大限度降低经营成本的必经之路？

课堂实训 ✓

请为某冷链物流企业设计一个绿色物流方案。

案例分组讨论 ✓

食品包装绿色环保会"讲故事"

日前，被誉为"包装设计界奥斯卡"的Pentawards根据2024年获奖作品，总结发布了2024—2025年度包装行业趋势，展现了食品包装设计的新风尚。

1. 英国One Good Thing（OGT）蛋白棒包装

亮点：减少塑料使用，尽量消除产品的存在痕迹。

英国公司This Way Up为One Good Thing（OGT）设计的蛋白棒包装，赢得了2024年Pentawards的最高奖项——钻石奖。该作品将蜂蜡与其他天然材质融合，制成一层轻薄且柔软的薄膜，覆盖于蛋白棒表面。这层薄膜在风干后，既能保护食物，又可咀嚼食用。该可食用包装材料为传统塑料和纸质包装的替代提供了新思路，其出色的防水性能更是帮助食品蛋白棒拓展了消费场景。

2. 泰国鲜橘包装

亮点：可完全转化为肥料，真正实现了"取自自然，回馈自然"。

在泰国北部的一个社区，昔日无用的橘子叶摇身一变也成了包装材料。研发团队在非采摘季时，收集橘园中枯萎的橘叶，将其干燥并磨成粉，放置在模具中定型成为"底座"；橘园采摘时，用与鲜橘一起采摘下来的橘叶包裹鲜橘，放置在该"底座"上；最后，套上一层可降解包装袋。该包装可完全转化为肥料，真正实现了"取自自然，回馈自然"。同时，这也为当地社区成员带来了更多的经济收入。消费者可以根据橘子外包裹着的橘叶颜色来判断其新鲜程度——绿色叶片代表采摘不到5天，黄色叶片为采摘10天左右，褐色叶片为采摘超过30天。这款包装获得了2024年Pentawards的银奖。

资料来源　崔丹阳. 打破常规，食品包装绿色环保会"讲故事"［EB/OL］.［2025-01-09］. https://baijiahao.baidu.com/s? id=1821145132369567577&wfr=spider&for=pc.

问题：试分析绿色包装对绿色物流的重要意义，并举例说明还有哪些典型的绿色包装。

●●●项目考核

1.单项选择题

（1）不合格物品的返修、退货所形成的物品实体流动属于（　　　）。

A.销售物流　　　　　B.回收物流　　　　　C.废弃物物流　　　　D.生产物流

（2）现代化的仓库是促进绿色物流运转的（　　　）中心。

A.物资集散　　　　　B.物资储备　　　　　C.物资包装　　　　　D.物资加工

（3）物流系统对环境的影响中，产生环境问题的主要原因是（　　　）。

A.包装　　　　　　　B.运输　　　　　　　C.仓储　　　　　　　D.信息

（4）绿色物流建设应该始于（　　　），通过采用产品生命周期分析等技术，能够提高产品在整个生命周期的环境绩效，从而在推动绿色物流建设方面发挥先锋作用。

A.产品设计阶段　　　B.运输　　　　　　　C.仓储　　　　　　　D.流通加工

（5）绿色物流的最终目标是（　　　）。

A.可持续发展　　　　B.未来发展　　　　　C.企业实力提升　　　D.品牌形象

2.多项选择题

（1）逆向物流是指所有与（　　　）有关的物流活动，它能够充分利用现有资源。

A.资源循环　　　　　B.资源替代　　　　　C.资源回用　　　　　D.资源处置

（2）绿色物流的特征（　　　）。

A.学科交叉性　　　　　　　B.时域性　　　　　　　　C.多目标性

D.多层次性　　　　　　　　E.地域性

（3）物流对环境的影响包括（　　　）。

A.运输对环境的影响　　　　　　　　B.储存对环境的影响

C.包装对环境的影响　　　　　　　　D.流通加工对环境的影响

（4）绿色物流管理的内容包括（　　　）。

A.正向绿色物流管理　　　　　　　　B.逆向绿色物流管理

C.短期绿色物流管理　　　　　　　　D.持续性绿色物流管理

（5）物流对环境的影响表现在（　　　）。

A.废气排放污染　　　　　　B.噪声污染　　　　　　　C.振动污染

D.扬尘污染　　　　　　　　E.有毒物污染

3.判断题

（1）绿色物流建设是在维护生态环境与实现可持续发展的基础上，对传统的物流体系加以改进，最终形成一个环境共生型的、可持续发展的现代物流系统。（　　　）

（2）不合格物品的返修、退货不属于物流范畴。（　　　）

（3）绿色物流要实现对正向物流过程和逆向物流过程的环境管理，必须以物料循环利用、循环流动为手段，提高资源利用效率，减少污染物的排放。（　　　）

（4）物流过程不可避免地要消耗资源和能源，造成环境污染。为了追求眼前的经济利益，就要消耗地球资源，所以通过经济目标和环境目标之间的平衡，实现生态与经济的协调发展是非常困难的。（　　　）

（5）实施逆向绿色物流是一项系统工程，需要有完善的商品召回制度、废物回收制度以及危险废弃物料处理制度。　　　　　　　　　　　　　　　（　　）

4.问答题

（1）绿色物流具有什么特征？

（2）包装对环境的影响有哪些？

（3）论述绿色物流的发展趋势。

●●●项目实训

1.实践训练

探讨物流如何改进能为绿色物流做出贡献。

2.课外实训

对高校的快递包装进行调查，为快递包装的回收利用出谋划策；快递包装有哪些方面需要改进；促进绿色快递包装发展的对策。

3.拓展训练

绿色物流视角下物流服务商评价指标体系与一般物流服务商评价指标有何不同？请选择一客户（大型设备制造商、中小型零售企业）为其构建绿色物流视角下物流服务商评价指标体系，帮助其选择到合适的物流服务商。

项目十
供应链管理

学习目标

知识目标：

1.了解供应链的特点和类型。

2.了掌握供应链管理的目标、方法和重点。

3.了解牛鞭效应的相关知识。

能力目标：

1.能够进行供应链管理。

2.能够将牛鞭效应相关知识运用到供应链管理中。

素养目标：

1.培养物流人的社会责任感。

2.培养物流人的创新意识、命运共同体意识。

价值引领案例

创新发展丨安得智联：25年供应链创新，领跑"耐力长跑型"企业

  安得智联，一个从美的物流板块蜕变而来的科技型供应链企业，用25年的耐心长跑诠释了供应链管理与创新的真谛。

  从"产品为王"到"渠道为王"，再到如今的"场景为王"，安得智联始终坚守供应链创新的核心战略，不断适应市场需求的变化。通过"T+3"模式与美的集团数字化改革同步，安得智联沉淀下独特的甲方视角和全渠道"一盘货"的供应链能力，成为企业转型的坚实底座。

  面对内卷的存量市场，安得智联以目标驱动、客户驱动、技术驱动为战术，不断迭代供应链模型。其中，"一盘货-少一跳"模式降低了履约成本，提升了经营效率；"一盘货-新增长"业务增长模型则助力品牌和经销商实现共赢。自2021年启动该模式以来，在泛快消领域，安得智联已助力元气森林、银鹭、今麦郎、徐福记等数十个品牌链接数百家优质经销商，帮助品牌在弱势区域构建渠道体系，以供应链拉动品牌商流增长、渠道破局。通过共建、共创、共享的理念，安得智联在区域产业升级等方面发挥了重要作用，如助力新疆农产品"疆品出疆"，推动当地经济新转型。

学习微平台

拓展阅读 10-1

资料来源 山核桃．扎根供应链创新25年，一家"耐力长跑型"企业的破局启示［EB/OL］．［2025-01-09］．https://www.163.com/dy/article/JLF0N6OU05199051.html.

思考：作为一名物流人，安得智联的供应链管理创新对你有何启发？

任务一　了解供应链

★任务目标

了解供应链的特点、基本模型和类型。

小词典

供应链是指生产及流通过程中，围绕核心企业的核心产品或服务，由所涉及的原材料供应商、制造商、分销商、零售商直到最终用户等形成的网链结构。

★课堂讨论

讨论我们日常生活中用到的矿泉水、方便面等产品供应链的构成情况。

★问题引导

市场调查机构 Gartner 近日公布第 20 届全球供应链 25 强年度排名（The Gartner Supply Chain Top 25 for 2024）：施耐德电气（Schneider）、思科系统（Cisco）、高露洁棕榄（Colgate-Palmolive）、微软（Microsoft）、强生（Johnson & Johnson）、帝亚吉欧（Diageo）、英伟达（NVIDIA）、可口可乐（Coca-Cola）、沃尔玛（Wal-Mart）、联想（Lenovo）等入围前十。榜单从《财富》和福布斯全球企业中筛选，设 150 亿美元年收入门槛，排除无实体供应链公司。排名依据业务指标（含财务及 ESG）和社区意见（同行投票及 Gartner 专家反馈）综合评定。

思考：榜单前十供应链有什么特点？

引导知识点

一、供应链的特点

1.复杂性

由于供应链节点组成的跨度（层次）不同，因此供应链节点企业有生产型、加工型、服务型之分，还可分为上游企业、核心企业等。也就是说，供应链往往由多个、多类型甚至多国企业构成，所以供应链的结构模式比一般单个企业的结构模式更为复杂。

2.动态性

供应链因企业战略和适应市场需求变化的需要，其节点需要动态更新，这就使得供应链具有明显的动态性。

3.面向用户需求

供应链的形成、存在、重构，都是基于一定的市场需求而发生的。在供应链体系中，用户的需求拉动是供应链中信息流、物流、资金流运作的驱动力。

4.交叉性

对于产品而言，每种产品的供应链由多个链条组成。供应链节点企业既可以是这个供应链的成员，也可以是另一个供应链的成员，众多的供应链形成交叉结构，增大了协调管理的难度。

5.整体性

考虑总体成本，追求整体利益。

★ 问题引导

惠普（HP）供应链如图10-1所示。

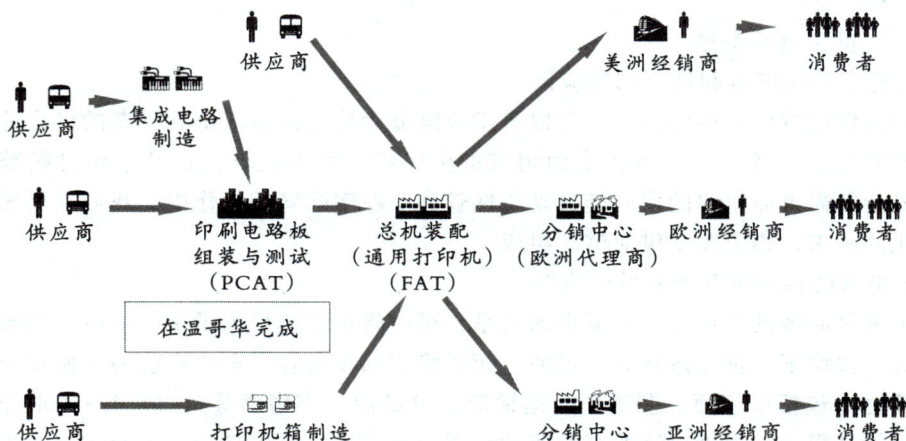

图10-1　HP供应链

思考：根据HP供应链思考常规供应链结构模型是怎样的。

引导知识点

二、供应链的基本模型

一般来说，供应链由所有加盟的节点企业组成，其中通常有一个核心企业（可以是产品制造企业、大型零售企业或原材料供应企业），节点企业在需求信息的驱动下，通过供应链的职能分工与合作（生产、分销、零售），以资金流、商流、物流、信息流为媒介，实现整个价值链的不断增值。供应链基本模型如图10-2所示。

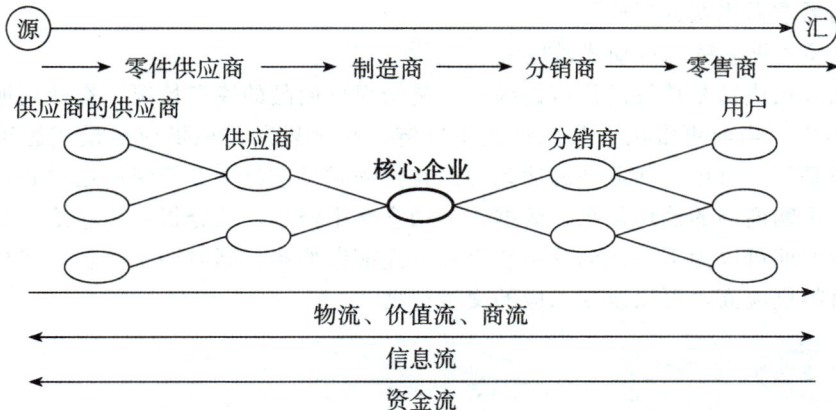

注：核心企业包括制造商、零售商等。

图10-2　供应链基本模型

★问题引导

小麦属于主要粮食作物，电脑属于高科技产品。小麦的供应链和电脑的供应链在类型划分上有何区别？

引导知识点

三、供应链的类型

1.稳定的供应链和动态的供应链

根据供应链稳定性的不同，可以将供应链分为稳定的供应链和动态的供应链。基于相对稳定的、单一的市场需求而组成的供应链，稳定性较强；基于相对频繁变化的、复杂的需求而组成的供应链，动态性较高。在实际管理运作中，我们需要根据不断变化的需求，相应改变供应链的组成。

2.平衡的供应链和倾斜的供应链

根据供应链的容量与用户需求的关系，可以将供应链分为平衡的供应链和倾斜的供应链。假设某个供应链具有一定的、相对稳定的设备容量和生产能力（所有企业能力的综合，包括供应商、制造商、运输商、分销商、零售商等），但用户需求处于不断变化的过程中。当供应链的容量能满足用户需求时，供应链处于平衡状态；当市场变化加剧，供应链出现成本增加、库存增加、浪费增加等现象，并且企业不是在最优状态下运作时，供应链处于倾斜状态。

平衡的供应链可以实现各主要职能（采购/低采购成本、生产/规模效益、分销/低运输成本、市场/产品多样化、财务/资金运转快）之间的平衡。

3.有效性供应链（efficient supply chain）和反应性供应链（responsive supply chain）

根据供应链功能模式（物理功能和市场中介功能）的不同，可以将供应链分为有效性供应链和反应性供应链。有效性供应链主要体现供应链的物理功能，即以最低的成本将原材料转化为零部件、半成品、成品，以及在供应链中的运输等；反应性供应链主要体现供应链的市场中介功能，即把产品分配到能够满足用户需求的市场，以及对未知的需求做出快速反应等。

4.推动式供应链和拉动式供应链

推动式供应链是传统的供应链模式，是指根据商品的库存情况，有计划地将商品推销给客户。当前更常用的是拉动式供应链，顾名思义，该供应链模式源于客户需求，客户是供应链中一切业务的原动力。在拉动式供应链中，零售商通过POS系统采集客户所采购商品的确切信息，数据在分销仓库中经过汇总分析后传递给制造商。这样，制造商就可以为下一次向分销仓库补货提前做准备，同时调整交货计划和采购计划，原材料供应商也可以改变相应的交货计划。

学习微平台

动画10-1：
认识供应链

▶▶ 小资料 10-1

中国如何打造新型制造供应链

新型制造供应链是指在数字化、智能化和全球化背景下，融合先进供应链工程技术（制造技术、物流技术、信息技术、人工智能等），以客户为中心，具备高度韧性和灵活性的供应链生态系统。它不仅是产品和服务的传递通道，更是一个动态变化的生态系统，强调产业链供应链各环节的高效协同、资源的优化配置和对市场变化的快速响应。

新型制造供应链具有以下4个显著特点：它是应对商务环境变化的生态型供应链；它是从功能链到价值链的交付体系；它强化"以客户为中心"的价值导向和服务能力；它不仅仅是软件，而是从模型、逻辑、标准、算法，到节能技术。

资料来源　邱伏生，邱艺凝，王菁菁.中国如何打造新型制造供应链［J］.物流技术与应用，2025（1）.

课堂提问 ✓

有效性供应链和反应性供应链的区别有哪些？

课堂实训 ✓

总结各行业供应链（如制造业供应链、零售业供应链等）的形式，并以典型供应链为例，分析其成功之处。

案例分组讨论 ✓

TCL作为家电行业领军企业，2024年通过AI技术赋能智慧供应链，创造经济效益5.4亿元。

TCL将AI技术渗透至产品设计、生产制造、客户服务等全环节，提升了音画质、质检精度、客户服务响应速度，实现了智能化监控和生产流程优化，降低了设备故障率，提高了生产效率。其AI智能操作系统和小T中控大模型，能够为用户提供个性化体验。TCL还推出小蓝翼AI睡眠新风技术，节电40%。在液晶面板生产中，通过AI智能操作实现了人力减少85%、效率提升70%、产品Cpk（过程能力指数）改善11%的显著效果。TCL构建AI能力平台，实现技术共享复用，降低应用成本，在智慧物料控制、能源管理、供应链平台等应用场景，提升了周转效率，降低了能耗，增强了供应链的竞争力。

TCL与全球科研机构合作，推动AI技术在家电及工业领域的应用发展，成为"家电+AI"变革样本，引领制造业转型升级。

资料来源　斗斗.TCL：AI时代，一家传统家电企业如何焕新进化？［EB/OL］.［2025-02-02］.https：//baijiahao.baidu.com/s？id=1821303477568562242&wfr=spider&for=pc.

问题：分析家电供应链现状及发展趋势。

任务二　认识供应链管理

★任务目标

掌握供应链管理的目标、方法和重点，能够进行供应链管理。

小词典

供应链管理是指从供应链整体目标出发，对供应链中采购、生产、销售各环节的商流、物流、信息流及资金流进行统一计划、组织、协调、控制的活动和过程。

★ 课堂讨论

物流管理与供应链管理有何异同？

★ 问题引导

假设你是国内煤炭、钢铁等大宗商品的供应链服务商，你会如何设定煤炭供应链管理的目标？你又会如何设定钢铁供应链管理的目标？

引导知识点

一、供应链管理的目标

1.总成本最小化

众所周知，采购成本、运输费用、库存成本、制造成本以及供应链物流的其他成本费用都是相互联系的。因此，为了实现有效的供应链管理，必须将供应链各成员企业作为一个有机整体来考虑，并使实体供应物流、制造装配物流与实体分销物流之间达到高度均衡。从这一意义出发，总成本最小化目标并不是指运输费用、库存成本或其他任何供应链物流运作与管理活动的成本最小，而是指供应链运作与管理的所有成本的总和最小。

2.总库存成本最小化

传统的管理思想认为，库存是维系生产与销售的必要措施，上下游企业之间在不同的市场环境下只是实现了库存的转移，整个社会的库存总量并未减少。按照JIT管理思想，库存是不确定性的产物，任何库存都是浪费。因此，在实现供应链管理目标的同时，要将整个供应链的库存控制在最低水平，从而实现总库存成本最小化。

3.总时间周期最短化

在当今的市场竞争环境下，时间已成为赢得竞争的重要因素之一。市场竞争不再是单个企业之间的竞争，而是供应链与供应链之间的竞争。从某种意义上说，供应链之间的竞争实质上是时间的竞争，即必须实现快速、有效的客户反应，最大限度地缩短从客户发出订单到收到货物的整个供应链的总时间周期。

4.产品或服务质量最优化

企业产品或服务质量的好坏直接关系到企业的成败，也直接关系到供应链的存亡。在所有业务完成以后，如果发现提供给最终客户的产品或服务存在质量缺陷，就意味着所有成本的付出将不会得到任何价值补偿，供应链物流的所有业务活动都会变为非增值活动，从而导致整个供应链的价值无法实现。

★ 问题引导

美国供应链管理专家克里斯多夫指出："21世纪的竞争不再是企业与企业的竞争，而是供应链与供应链的竞争。"供应链管理是物流管理的高级形态，是物流管理的发展趋势，这已成为业内共识。

思考：供应链管理有何独特的管理方法？

引导知识点

二、供应链管理的基本方法

1.环节分析法

环节分析法是将供应链流程分解为一系列的环节，每个环节用于连接供应链中两个相继出现的阶段的方法。假设供应链由5个阶段组成，包括供应商、制造商、分销商、零售商和顾客，那么供应链流程可以相应分解为4个环节，包括原料获取环节、生产环节、补充库存环节、顾客订购环节，如图10-3所示。

供应链5阶段

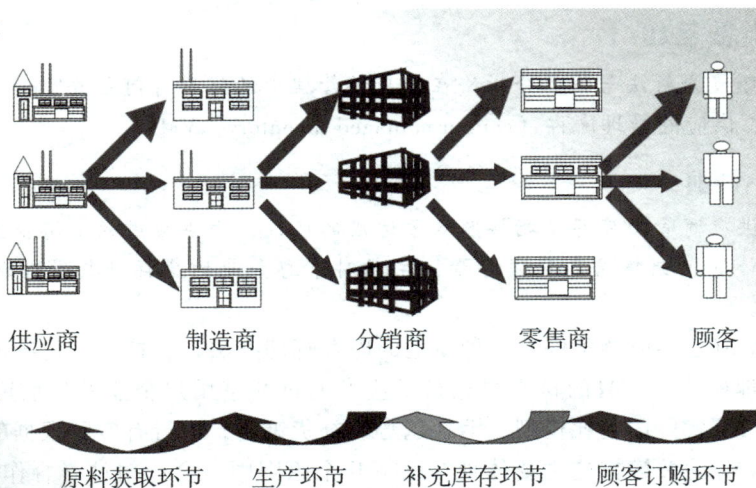

供应商　　　　制造商　　　　分销商　　　　零售商　　　　顾客

供应链4环节

原料获取环节　　生产环节　　补充库存环节　　顾客订购环节

图10-3　环节分析法图示

环节分析法保证了所制定决策的可操作性，因为它清楚地界定了供应链中每个成员的角色和责任。例如，当供应链运营所需的信息系统建立起来时，由于明确了各环节的所有权关系和目标定位，因此供应链流程变得清晰流畅。

2.推拉分析法

推拉分析法是依据对顾客需求的执行顺序，将供应链上的流程分为推动流程和拉动流程的方法。所谓推动流程，即在顾客需求不确定的情况下，对顾客的订购活动进行预测的流程；所谓拉动流程，即在顾客需求已知并确定的情况下，对顾客订单做出反应的流程。供应链上的推拉边界将推动流程和拉动流程区别开来。例如，在戴尔公司，PC机组装线的起点就是推拉边界，PC机组装前的所有流程都是推动流程，而组装过程和此后的流程均是对顾客需求的反应，属于拉动流程。戴尔公司流程的推拉分析如图10-4所示。

在进行与供应链设计相关的战略决策时，供应链的推拉分析法非常有用。由于供应链流程与顾客订购有关，因此推拉分析法要求进一步从全球化的角度考虑问题。

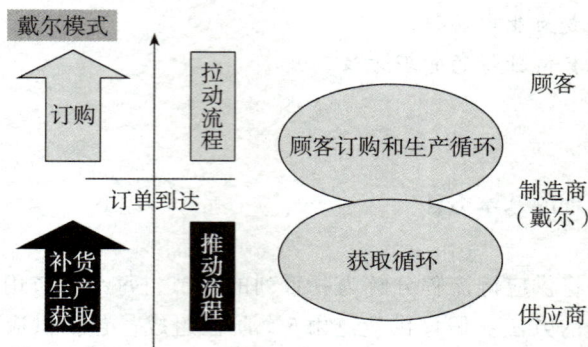

图10-4 戴尔公司流程的推拉分析

小思考10-1

环节分析法与推拉分析法在供应链管理中的作用有何差异？

3.供应商管理库存（vendor managed inventory，VMI）

小词典

供应商管理库存是指按照双方达成的协议，由供应链的上游企业根据下游企业的需求计划、销售信息和库存量，主动对下游企业的库存进行管理和控制的库存管理方式。

VMI是供应链条件下一种新型的库存管理办法，它打破了传统的、各自为政的库存管理模式。VMI的核心思想是供应商通过共享用户企业的当前库存和实际耗用数据，按照实际的消耗模型、消耗趋势和补货策略，进行有实际根据的补货。

VMI的关键措施主要体现在以下几个原则中：合作精神（合作性原则）、使双方成本最小（互惠原则）、框架协议（目标一致性原则）和持续改进原则。

实施VMI的好处是能够以更低的存货成本实现更高的服务水平。首先，在成本缩减方面，供应商借助VMI可以降低顾客需求的不确定性，提高补货频率，使不同顾客之间的订货情况相互协调，从而降低了成本。其次，在改善服务方面，供应商借助VMI可以充分了解顾客的主要需求，使产品的更新更加方便，新货上架速度更快。

小思考10-2

VMI是一种新型、有效的库存管理方法，但是为什么在我国现阶段VMI没有得到普遍应用呢？如何推动VMI的应用？

小资料10-2

供应链共管共享库存驱动零售业降本增效

2024年，商务部等7部门联合印发了《零售业创新提升工程实施方案》。该方案指出"要推动零售业供应链提升"。鼓励大型零售企业发挥优势作用，加强供应链协同，优化流通渠道，高效衔接供销，促进降本增效。支持全供应链共管共享库存，推广集采集配、统仓统配、供应商直配、自动补货等模式，减少多级库存、重复运输及不必要的逆向流通，让信息多跑路、商品少跑路。鼓励企业之间开展同业或异业联盟，发展自有品牌，通过联合研发、联合采购、精选品类等方式降本增效。支持将托盘（周转箱）作为供应链的物流单元、交接单元、数据单元，推广"全链不倒托（箱）"循环共用模式，促进效率提升。

资料来源　摘自《零售业创新提升工程实施方案》。

4.联合管理库存（joint managed inventory，JMI）

📖 **小词典**

联合管理库存是指供应链成员企业共同制订库存计划，并实施库存控制的供应链库存管理方式。

JMI是一种在VMI的基础上发展起来的上游企业和下游企业权责平衡和风险共担的库存管理模式。JMI体现了战略供应商联盟的新型企业合作关系，强调了供应链企业之间的互利合作关系。

JMI是解决供应链系统中各节点企业相互独立的库存运作模式导致的需求放大问题，提高供应链同步化程度的有效方法。JMI强调供应链中的各个节点同时参与、共同制订库存计划，让供应链过程中的每个库存管理者都能从相互之间的协调性出发考虑问题，使供应链各个节点之间的库存管理者对需求的预期保持一致，从而解决需求放大的问题。任何相邻节点需求的确定都是供需双方协调的结果，库存管理不再是各自为政的独立运作过程，而是供需相连的纽带和协调中心。

JMI将供应链系统进一步集成为上游和下游两个协调管理中心，库存连接的供需双方从供应链整体的观念出发，同时参与，共同制订库存计划，从而实现了供应链的同步化运作，部分消除了供应链环节之间的不确定性和需求信息扭曲现象导致的供应链的库存波动。JMI在供应链中实施合理的风险、成本与效益平衡机制，建立合理的库存管理风险的预防和分担机制、库存成本与运输成本分担机制及与风险、成本相对应的利益分配机制，在进行有效激励的同时，避免了供需双方的短视行为；通过协调管理中心，供需双方共享需求信息，从而提高了供应链系统运作的稳定性。

JMI的优点主要体现在：在供应链库存的优化管理方面，简化了供应链库存管理的运作程序；在减少物流环节、降低物流成本的同时，提高了供应链的整体运作效率；提高了供应链的稳定性，为连续补充货物、快速反应、准时供货等创造了条件。

5.快速反应（quick response，QR）

📖 **小词典**

快速反应是指供应链成员企业之间建立战略合作伙伴关系，利用电子数据交换（EDI）等信息技术进行信息交换与信息共享，用高频率小批量配送方式补货，以实现缩短交货周期，减少库存，提高顾客服务水平和企业竞争力为目的的一种供应链管理策略。

QR最早产生于美国的纺织行业，沃尔玛是推行QR的先驱。现在，QR已成为零售商获得竞争优势的一个工具。

QR的实施需要以下几个步骤：条形码和EDI、固定周期补货、先进的补货联盟、零售空间管理、联合产品开发和快速反应的集成。以上每一个步骤都需要以前一个步骤为基础，每一个步骤都比前一个步骤有更高的回报，但需要额外的投资。

QR的优点体现在对厂商和零售商两个方面。对厂商而言，QR可以更好地服务顾客，降低流通费用和管理费用，更好地安排生产计划；对零售商而言，QR可以提高销售额，减少降价损失，加快库存周转，降低采购成本、流通费用和管理成本。

6.有效客户反应（efficient consumer response，ECR）

📖 小词典

有效客户反应是指以满足顾客要求和最大限度降低物流过程的费用为原则，及时做出准确反应，从而使提供的物品供应或服务流程最佳化的一种供应链管理策略。

ECR是1992年从美国的食品杂货业发展起来的一种供应链管理战略。这是一种分销商与供应商为消除系统中不必要的成本和费用并给客户带来更大的利益而进行密切合作的一种供应链管理战略。

ECR作为一个供应链管理系统，需要把营销技术、物流技术、信息技术和组织革新技术有机结合起来，并作为一个整体来利用。其中，营销技术主要包括商品类别管理和店铺货架空间管理；物流技术主要包括连续库存补充计划（CRP）、自动订货（CAO）、预先发货通知（ASN）、供应商管理库存（VMI）、直接转运（cross-docking）、店铺直送（DSD）；信息技术主要包括销售终端（POS）和电子数据交换（EDI）；组织革新技术主要包括企业内部革新技术、企业间的革新技术和成本会计的革新技术。

ECR的优点是减少存货成本、降低缺货率，因此它能够以较低的商品售价提高整体销售额。

📡 小思考10-3

试比较QR与ECR这两种供应链管理方法有何差异。

7.协同计划、预测与补货（collaborative planning，forecasting and replenishment，CPFR）

📖 小词典

协同计划、预测与补货是指应用一系列信息处理技术和模型技术，提供覆盖整个供应链的合作过程，通过共同管理业务过程和共享信息来改善零售商与供应商之间的计划协调性，提高预测精度，最终实现提高供应链效率、减少库存和提高客户满意度的供应链库存管理策略。

CPFR的形成始于沃尔玛所推动的CFAR（collaborative forecast and replenishment），CFAR是利用互联网，通过零售企业与生产企业之间的合作，共同做出商品预测，并在此基础上实行连续补货的系统。后来，在沃尔玛的不断推动下，基于信息共享的CFAR系统又向CPFR发展。

CPFR的本质即协同、计划、预测和补货。协同即建立协同目标，不仅要建立双方的效益目标，而且要确立协同的利益驱动性目标。计划即共同制订合作计划，包括合作财务计划、促销计划、库存政策变化计划、产品导入计划等。预测强调供应链双方共同参与最终的预测、对预测反馈信息的处理及预测模型的制定与修正。补货即共同确认补货相关事宜，包括运输计划、安全库存水平、前置期等。

CPFR的实施主要包括识别可比较的机遇（其关键在于订单预测的整合和销售预测的协同）、数据资源的整合应用（体现在对不同层面的预测比较、商品展示与促销包装的计划、时间段的规定）、组织评判和商业规则界定。

⦾ 引导知识点

三、供应链管理的重点

在供应链管理中，供应商关系管理（supplier relationship management，SRM）和客户关系管理（customer relationship management，CRM）是管理的重点。SRM和CRM在供应链中永远是并重的两端，SRM用来改善与上游企业的关系，CRM用来改善与下游企业的关系。SRM被称为节流管理，CRM被称为开源管理。

⬆ 小思考10-4

为什么供应商关系管理被称为节流管理，而客户关系管理被称为开源管理？

1.供应商关系管理

三 小词典

供应商关系管理是一种致力于实现与供应商建立和维持长久、紧密的合作伙伴关系，旨在改善企业与供应商之间关系的管理模式。

SRM的基本内容包括需求分析、供应商的分类与选择、与供应商建立合作关系、与供应商谈判和采购、供应商绩效评估。

（1）需求分析。准确、及时的需求分析是企业制定决策的一个先决条件，在采购方面也是如此。SRM能够整合企业内部和外部的资源，建立起高效能的采购组织，对自身业务需要的关键性材料或者服务进行战略部署，从而减少日常生产运作中意想不到的问题的发生。

（2）供应商的分类与选择。企业应该确定符合企业战略的供应商特征，对所有供应商进行分类与评估。一般来讲，供应商可以分成交易型、战略型和大额型三类。交易型供应商是指为数众多，但交易金额较小的供应商；战略型供应商是指企业战略发展所必需的少数几家供应商；大额型供应商是指交易数额巨大、战略意义一般的供应商。对供应商进行分类，是为了针对不同类型的供应商制定不同的管理方法，从而实现有效管理。为了实现这种管理方式的转变，企业应该首先与各利益相关方进行充分沟通，并获得支持。

（3）与供应商建立合作关系。首先，与战略型供应商和大额型供应商在总体目标、采购类别目标、阶段性评估、信息共享和重要举措等方面达成共识，并记录在案。其次，与各相关部门开展共同流程改进会议，发现有改进潜力的领域。再次，对每个供应商进行职责定位，以明确其地位与作用。最后，与供应商达成建立合作关系框架协议，并明确关系目标。在这一部分可以做的工作包括：建立供应商管理制度；进行供应商绩效管理和合同关系管理；设计与实施采购流程。SRM 能够使采购流程透明化，提高工作效率和反应能力，缩短周转时间，提高买卖双方的满意度。

（4）与供应商谈判和采购。前面各步骤的工作可以通过与供应商的谈判达成协议。SRM 能够帮助企业跟踪重要的供应商的表现数据，如供应商资金的变化等，以备谈判之用。SRM 在采购过程中还可以实现公司内部与外部的一些功能。公司内部的功能包括：采购信息管理；采购人员的培训管理和绩效管理；供应商资料实时查询；内部申请及在线审批。公司外部的（与供应商之间的）功能包括：在线订购；电子付款；在线招标。

（5）供应商绩效评估。供应商绩效评估是整个供应商关系管理的重要环节。它既是对某一阶段双方合作实施效果的衡量，又是下一阶段供应商关系调整的基础。SRM 能够帮助企业制定供应商绩效评估流程，定期向供应商提供反馈。供应商绩效评估的内容包括技术、质量、响应、交货、成本和合同条款履行等方面。制定供应商绩效评估流程的目的在于为双方提供开放沟通的渠道，以提升彼此的关系；同时，供应商也可以向企业做出反馈，站在客户的角度提出其对企业的看法。这些评估信息有助于改善企业和供应商之间的业务关系，进而提高企业的业务运作效率。

2.客户关系管理

三 小词典

客户关系管理是一种致力于实现与客户建立和维持长久、紧密合作伙伴关系，旨在改善企业与客户之间关系的管理模式。

根据权威机构统计，企业开发一个新顾客的费用是维护一位老顾客费用的 8 倍；顾客满意度提升 5%，企业利润可提高 1 倍；减少 5% 的客户流失率，企业利润可提高 25%～85%。因此，CRM 的本质是培养忠诚顾客，提升客户价值，留住老客户。

CRM 是一种以客户为中心的商业哲学、企业战略和企业文化。它的内容是选择并管理最有价值的客户，使客户关系处于最佳状态，注重以最佳方式提升公司与客户之间的全面关系，从而使企业和客户的整个生命周期价值最大化。

目前，人们对 CRM 的理解可以归纳为三种思路：一是从商业哲学的角度来理解，认为 CRM 是把客户置于决策出发点的一种商业哲学，它使企业与客户的关系更加紧密；二是从企业战略的角度来理解，认为 CRM 是通过企业对客户的引导，实现企业最大盈利的战略；三是从系统开发的角度来理解，认为 CRM 是帮助企业以一定的组织方式来管理客户的软件系统。

CRM 的组织实施必须具备以下几个条件：企业最高管理层的全力支持；员工观念和素质的转变，每个员工在观念和行为上都需要以客户为中心；组织和业务流程的变革；资金和资源配置到位；实施规则和范围的界定；隐私问题和原则的执行。

★ 问题引导

你听说过"牛鞭效应"吗？它是如何影响供应链管理的？

引导知识点

四、供应链中的牛鞭效应

小词典

牛鞭效应是指由供应链下游需求的小变动引发的供应链上游需求变动逐级放大的现象。图10-5为牛鞭效应示意图。

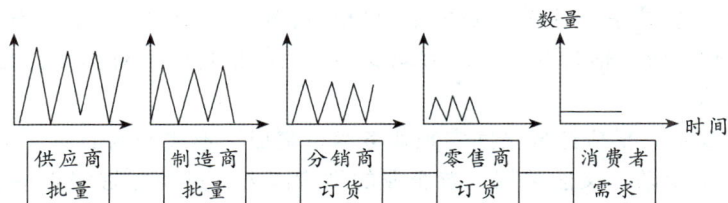

图10-5　牛鞭效应示意图

1.供应链中牛鞭效应产生的原因

牛鞭效应产生的原因主要包括以下几个方面：

（1）需求预测修正。供应链上的成员采用不同的预测模型进行各自的预测，所采用的数据仅限于下游客户的直接订单，缺少对未来情况的掌握，因此其常在预测值上加一个修正增量作为订货数量，从而产生了需求的虚增。

（2）价格波动。零售商和分销商面对价格波动剧烈、促销与打折活动、供不应求、通货膨胀、自然灾害等情况，往往会采取加大库存量的做法，从而使订货量远远大于实际需求量。

（3）订货批量。企业订货常采用最大库存策略，在一个周期内或者汇总到一定数量后再向供应商整批订货，这使得其上游供应商看到的是一个不真实的需求量。

（4）环境变异。政策和社会发展等环境的变化所产生的不确定性，也造成了订货需求量放大。一般而言，应对环境变异最主要的手段就是持有大量库存，且不确定性越大，库存量就越大，但这种高库存代表的并不是真实的需求。

（5）短缺博弈。当市场上某些产品的需求增大时，零售商和分销商就会怀疑这些商品将会出现短缺情况，这会使得零售商和分销商增加订货量；当需求降温或短缺结束后，订货量又突然减少，从而造成了需求预测和判断的失误，产生了牛鞭效应。

（6）库存失衡。传统的营销过程一般是由供应商将商品送交分销商，库存责任仍然归供应商，待销售完成后再进行结算，商品却由分销商掌握和调度。这就导致了分销商普遍倾向于增加订货量以掌握库存控制权，进而使得订货需求加大，产生牛鞭效应。

（7）缺少协作。由于缺少信息交流和共享，企业无法掌握下游企业的真正需求和上游企业的供货能力，只好自行多储货物；同时，供应链上无法实现存货互通有无和转运调拨，零售商和分销商只能各自持有大量库存。

（8）提前期拉长。需求的变动随着提前期的变长而增大，且提前期越长，需求变动引起的订货量就越大。企业由于无法确定交货的准确时间，因此往往希望对交货日期留有一定的余地，从而持有较长的提前期，提前期逐级拉长也导致了牛鞭效应的产生。

2.抑制供应链中牛鞭效应的措施

（1）提高预测的精确度。这需要考虑历史资料、定价、季节、促销和销售额等因素。由于有些数据掌握在零售商和分销商手中，因此上游企业必须与零售商和分销商保持良好的沟通，以便及时获得这些数据。供应链成员间分享预测数据，同时使用相似的预测方法协作预测，能够有效提高预测的准确性。

（2）实现信息共享。这是抑制牛鞭效应最有效的措施之一，供应链成员间通过EDI来实现实时交流和信息共享，能够减少甚至消除信息的不对称性，准确把握下游企业的实际需求。

（3）业务集成。供应链成员间实现业务紧密集成，形成顺畅的业务流，既能减少下游企业的需求变动，又能掌握上游企业的供货能力，进而能够安心享受供给保障，不再虚增需求量。

（4）订货分级管理。根据"二八定律"划分分销商，区别对待每一个分销商，实行订货分级管理，通过关注重要分销商来降低变异概率。

（5）合理分担库存。供应商、分销商和零售商采用JMI、VMI等方式合理分担库存，一旦某处出现库存短缺，可立即从其他地点调拨，以保证供货。这既防止了需求变异的放大，又共担风险，降低了整体库存，从而有效抑制了牛鞭效应。

（6）缩短提前期。一般来说，订货提前期越短，订货量越准确。根据沃尔玛的调查，如果提前26周进货，需求预测误差为40%；提前16周进货，需求预测误差为20%；在销售时节开始时进货，需求预测误差为10%。因此，缩短提前期能够显著抑制牛鞭效应。

（7）业务外包。例如，采用第三方物流策略可以缩短提前期和实现小批量订货，不需要再向一个供应商一次性大批量订货。

（8）建立供应链战略伙伴关系。供需双方在战略联盟中相互信任，公开业务数据，共享信息和业务集成。这样，每一方都能够了解对方的供需情况和能力，从而避免了货物短缺情况下的博弈行为，减少了产生牛鞭效应的机会。

▶▶ 小资料10-3

牛鞭效应作为供应链管理的核心议题，其本质在于需求信息在供应链中的逐级放大，进而引发产能过剩、成本上升等一系列问题。

茶叶是我国最具有代表性的农产品之一。然而，在市场需求多变、供应链日趋复杂的背景下，茶叶行业正遭遇产能过剩的严峻挑战。产能过剩的成因复杂多样，其中全球宏观经济波动、供应链中的牛鞭效应等因素尤为突出。

通过对牛鞭效应在茶叶供应链中的成因进行系统性分析，解决该问题的关键在于三个方面：一是强化联合需求预测机制，运用现代信息技术构建信息共享平台，以实现供应链各环节企业间的协同预测；二是优化供应链结构，发挥产业集聚效应，整合行业资源，调整订货策略，实现批量订购与订货频次的均衡；三是减少供应链的中间环节，缩短供应链长度，提高供应链的灵活性和稳定性。通过这些措施，可以有效抑制牛鞭效应，进而缓解茶产业的产能过剩问题。

资料来源 苏靖贻. 基于牛鞭效应分析茶叶产能过剩问题 [J]. 福建茶叶，2024（11）.

课堂提问 ✔

（1）供应商管理库存与联合管理库存的区别有哪些？

（2）供应链中的牛鞭效应能否彻底消除？

课堂实训 ✔

啤酒游戏

学生每10人一组，角色分别为零售商、批发商、制造商和司机，开展产销活动，重点关注供应链的效率和成本控制。通过实训掌握牛鞭效应的产生原因及解决办法，培养团队协作与沟通能力。

角色分配如下：零售商：8人（可以根据学生人数调整），每人负责管理一家店铺，根据市场需求向经销商订货。经销商：1人，负责接收零售商订单并向制造商订货。制造商：1人，负责根据订单生产啤酒并向批发商发货。司机：2人，负责传递订单和发货单，模拟运输时滞（司机在接到订单后，需在2周后完成送货；司机可设置每车货物数量）。

教师根据市场情况，提出每周的需求量（可以随时调整）。各角色根据客户需求每周进行一次订货与发货操作，共进行n周（老师可以根据课堂时间调整）。

实训结束后各角色统计库存、欠货量、销量及利润，填写利润统计表并上交。各小组反思游戏过程，讨论牛鞭效应的产生原因及解决办法。

案例分组讨论 ✔

比亚迪供应链管理挑战：新能源汽车领军者的市场考验与创新之路

近期，新能源汽车行业领军者比亚迪面临供应链管理挑战。随着市场持续增长，比亚迪2024年第一季度销量增幅达30%，但供应链压力也随之加剧。全球零部件短缺和价格上涨导致成本控制与交付时间受到影响，凸显传统垂直整合模式的局限性。

比亚迪曾凭借高效垂直整合策略迅速崛起，但原材料如锂、钴价格波动及供应不稳，使该模式难以适应市场变化。为保持市场地位，比亚迪需探索供应链合作新模式，加强与下游企业合作，构建紧密合作关系。

为应对挑战，比亚迪已采取行动，如与更多原材料供应商建立合作关系，扩大供给来源，并投资供应链数字化，提升管理效率和透明度。这些策略初见成效，但长期效果尚待市场检验。

新能源汽车行业的健康发展依赖于整个供应链的稳定与创新。建立产业链良性互动机制，确保各参与者能在市场竞争中获利与发展，是行业持续发展的关键。比亚迪需继续探索适应市场变化的供应链策略，与供应链企业实现共生共荣，以维持其在行业中的领先地位，并推动整个新能源汽车行业的繁荣发展。

资料来源　搜狐汽车．比亚迪面对供应链困境：能否实现共生共荣？[EB/OL]．[2024-12-05]．https://news.sohu.com/a/833443426_121885028.

问题：比亚迪该如何进行供应链创新以保持持续领先地位？

●●●项目考核

1.单项选择题

（1）供应链中一切业务的原动力来自客户需求，这样的供应链是（　　）。

A.有效性供应链　　B.反应性供应链　　C.推动式供应链　　D.拉动式供应链

（2）以实现物理功能为主的供应链称为（　　）。

A.倾斜的供应链　　B.有效性供应链　　C.反应性供应链　　D.平衡的供应链

（3）供应商关系管理属于（　　）。

A.开源管理　　　　B.内部管理　　　　C.节流管理　　　　D.交易管理

（4）（　　）的不确定性会造成牛鞭效应。

A.生产与销售　　　B.运输与配送　　　C.需求与供给　　　D.采购与配送

（5）（　　）可以实现各主要职能（采购/低采购成本、生产/规模效益、分销/低运输成本、市场/产品多样化、财务/资金运转快）之间的平衡。

A.倾斜的供应链　　B.平衡的供应链　　C.有效性供应链　　D.反应性供应链

2.多项选择题

（1）实施供应链管理的目标包括（　　）。

A.总成本最小化　　　　　　　　　B.客户服务最优化

C.产品或服务质量最优化　　　　　D.总时间周期最长化

（2）客户关系管理的核心是（　　）。

A.培养新客户　　　　　　　　　　B.提高客户满意度

C.保持老客户　　　　　　　　　　D.培养忠诚客户

（3）CPFR的本质是（　　）。

A.协同　　　　　B.计划　　　　　C.预测　　　　　D.补货

（4）抑制牛鞭效应的措施有（　　）。

A.提高预测的精确度　　B.实现信息共享　　　C.业务集成

D.订货分级管理　　　　E.建立供应链战略伙伴关系

（5）下列说法正确的有（　　）。

A.VMI、JMI是供应链条件下新型的库存管理办法

B.VMI的关键措施主要体现在以下几个原则中：合作精神（合作性原则）、使双方成本最小（互惠原则）、框架协议（目标一致性原则）和持续改进原则

C.JMI是一种在VMI的基础上发展起来的上游企业和下游企业权责平衡和风险共担的库存管理模式

D.JMI是解决供应链系统中各节点企业相互独立的库存运作模式导致的需求放大问题，提高供应链同步化程度的有效方法

3.判断题

（1）小麦的供应链通常属于稳定性供应链、反应型供应链。　　　　　（　　）

（2）推拉分析法是将供应链流程分解为一系列的环节，每个环节用于连接供应链中两个相继出现的阶段的方法。　　　　　　　　　　　　　　　　　（　　）

（3）环节分析法保证了所制定决策的可操作性，因为它清楚地界定了供应链中每个成员的角色和责任。　　　　　　　　　　　　　　　　　　　　　　（　　）

（4）供应链中的拉动流程，即在顾客需求已知并确定的情况下，对顾客订单做出反应的流程。供应链上的推拉边界将推动流程和拉动流程区别开来。　　　（　　）

（5）联合管理库存是指按照双方达成的协议，由供应链的上游企业根据下游企业的物料需求计划、销售信息和库存量，主动对下游企业的库存进行管理和控制的库存管理方式。　　　　　　　　　　　　　　　　　　　　　　　　　　　　　（　　）

4.问答题

（1）简要说明供应链的常见分类。

（2）简述你对 SRM 和 CRM 的认识。

（3）什么是牛鞭效应？分析其产生的原因及解决对策。

● ● 项目实训

1.实践训练

有以下分类：矿泉水、方便面；项链、小礼物；服装；家电。试从不同角度分析其供应链的类型。

2.课外实训

回顾一下从一家便利店购买饮料的情形，描述这个供应链的不同阶段及其涉及的供应链物流。

3.拓展训练

选择某供应链为研究对象，分析如何利用供应链的方法去提升其供应链水平。

主要参考文献

[1] 杰里·拉德. 物流管理实战指南：运输、仓储、贸易和配送 [M]. 欧阳恋群，黄帝，译. 北京：人民邮电出版社，2022.

[2] 顾东晓，章蕾. 物流学概论 [M]. 2版. 北京：清华大学出版社，2021.

[3] 沈小平，卢少平，聂伟. 物流学导论 [M]. 2版. 武汉：华中科技大学出版社，2021.

[4] 姜岩. 物流服务质量管理：理论及应用 [M]. 北京：机械工业出版社，2021.

[5] 崔介何. 物流学概论 [M]. 6版. 北京：北京大学出版社，2024.

[6] 刘刚. 物流管理 [M]. 4版. 北京：中国人民大学出版社，2018.

[7] 黄福华，周敏. 现代企业物流管理 [M]. 3版. 北京：科学出版社，2024.

[8] 梁金萍. 齐云英. 运输管理 [M]. 3版. 北京：机械工业出版社，2021.

[9] 刘敏. 现代物流管理基础 [M]. 3版. 北京：电子工业出版社，2021.

[10] 陈文，吴智峰. 物流成本管理 [M]. 4版. 北京：北京理工大学出版社，2021.

[11] 王桂花，王志凤，高文华. 供应链管理 [M]. 3版. 北京：中国人民大学出版社，2019.

[12] 傅莉萍. 食品物流管理 [M]. 北京：清华大学出版社，2020.

[13] 刘胜春，李严锋. 第三方物流 [M]. 5版. 大连：东北财经大学出版社，2022.

[14] 侯云先，吕建军. 物流与供应链管理 [M]. 2版. 北京：机械工业出版社，2016.

[15] 马跃月，艾比江. 物流管理与实训 [M]. 2版. 北京：清华大学出版社，2013.

[16] 其日格夫，段春媚. 物流成本管理 [M]. 2版. 北京：中国人民大学出版社，2016.

[17] 李创，王丽萍. 物流管理 [M]. 2版. 北京：清华大学出版社，2016.

[18] 宿春君. 博弈论的诡计 [M]. 北京：华夏出版社，2011.

[19] 刘冬，姚丽凤. 现代物流管理理论与实务 [M]. 天津：天津大学出版社，2009.

[20] 杜昊宇. 试论互联网背景下的第三方物流升级策略 [J]. 才智，2019（3）.

[21] 潘灿辉，李依蓉. 第三方物流的发展现状与趋势研究 [J]. 中国市场，2019（7）.